Je veux réussir mon droit

Méthodes de travail
et clés du succès

Isabelle Defrénois-Souleau

Je veux réussir mon droit

Méthodes de travail et clés du succès

13e édition

2022

DALLOZ

DALLOZ

31-35, rue Froidevaux 75685 Paris CEDEX 14

ISBN 978-2-247-21543-0
978-2-247-21923-0

Sommaire

Avant-propos

Je veux réussir mon droit est le guide qui prend l'étudiant par la main et lui apprend comment travailler efficacement.

D'abord tous les exercices propres aux études de droit – la dissertation juridique, le commentaire d'arrêt, l'exposé oral – sont expliqués en montrant chaque fois ce qu'il ne faut pas faire, ce que l'enseignant attend et la marche à suivre pour y parvenir. Des documents, des exemples, des plans illustrent les conseils de méthode pour rendre l'ensemble très concret.

Mais surtout, au-delà des exercices demandés aux examens, l'ouvrage aborde aussi le travail personnel de l'étudiant : comment apprendre et retenir les cours, faire des recherches, classer les documents, se présenter devant un examinateur...

Des conseils pratiques variés et adaptés avec précision à chaque difficulté que l'étudiant est susceptible de rencontrer lui permettront d'optimiser son travail.

Cet ouvrage a pour ambition de suivre au plus près les besoins des étudiants grâce à l'ajout de méthodes et d'exercices demandés en fin de cursus universitaire, telles que la note de synthèse et la recherche par informatique. Tous les arrêts proposés sont pris dans la jurisprudence récente.

L'expérience a démontré que ceux qui utilisent régulièrement Je veux réussir mon droit *se montrent plus sûrs d'eux, plus à jour, en un mot qu'ils dominent au lieu de se laisser dépasser par le rythme du travail universitaire.*

Nous tenons à remercier Madame Merryl Hervieu pour son aide dans la mise à jour de cet ouvrage.

CONSEILS PRATIQUES

Comment utiliser ce livre ?

Cet ouvrage ne peut être utilisé comme un livre de recettes, en se contentant, au fur et à mesure des besoins, d'y prendre la méthode de tel ou tel exercice.

Car le début est indispensable à la compréhension de la suite.

Il faut donc **lire attentivement au moins les 5 premiers chapitres dès le début de l'année**, puis assez vite (avant la fin du 1er semestre) prendre connaissance de l'ensemble des méthodes, à l'exception peut-être des documents et exemples. Cet ensemble forme **un tout cohérent**, avec **une progression logique** et non un catalogue de recettes indépendantes les unes des autres. Il est en cela conforme à l'objet même de la méthodologie juridique, qui est un outil de travail mis au service du droit et une technique au service de la science (juridique). Elle vise à saisir le droit par une présentation à la fois logique, synthétique et ordonnée du droit existant. Elle suppose d'identifier chaque phénomène juridique et d'en comprendre le mécanisme. Pour cela, elle mobilise différentes techniques, les méthodes du droit, mais dans le seul but de les mettre au service de l'étude du droit.

Vous en tirerez donc tout profit en le **lisant attentivement et calmement** et à la condition de garder toujours présent à l'esprit que l'ensemble des éléments de méthode présentés le sont au service de l'étude du droit, qui ne doit pas être réduit à un ensemble de techniques et de mécanismes.

Apprendre le cours

Ne soyez pas l'étudiant...

– *qui tente d'apprendre mécaniquement des centaines de pages, sans comprendre, en comptant seulement sur sa mémoire*
– *qui est toujours désarçonné par la question « Pourquoi ? Pourquoi cette règle, pourquoi cette institution ? »*
– *qui met toutes les rubriques du cours sur le même plan, sans distinguer entre les principes fondamentaux et la réglementation de détail*
– *qui croit qu'il a appris quand il a lu*
– *qui emploie des mots dont il ne connaît pas le sens*
– *qui murmure : « Excusez-moi, j'ai un trou de mémoire »*

CHAPITRE 1

LES CLÉS

Comprendre pour apprendre

Un étudiant en droit doit apprendre chaque année des milliers de pages. Il est hors de question d'assimiler une telle somme de connaissances en ayant recours seulement à la mémoire. Chaque matière doit devenir pour vous un tout cohérent. **Vous retiendrez une matière ou une question lorsque vous en aurez saisi et ressenti la cohérence interne**. Les règles de droit ne sont pas artificielles et arbitraires. Vous devez comprendre leur raison d'être, leur finalité, leur esprit.

Apprendre la terminologie

Le droit a son vocabulaire et vous ne pourrez progresser sans apprendre **par cœur** un assez grand nombre de définitions.

Garder une trace de votre travail

Vous ne pouvez apprendre sans faire des plans, des fiches, des résumés, qui non seulement vous aideront beaucoup à inscrire et garder les questions en mémoire, mais encore vous seront précieux pour les révisions en vue des interrogations écrites, des partiels, des examens.

I. Importance du plan

Les cours de droit et les manuels juridiques sont très structurés, c'est-à-dire que leurs plans comprennent de nombreuses subdivisions. Vous pouvez y trouver des livres, des *parties*, des *titres*, des *chapitres*, des *sections* et des *sous-sections*, des *paragraphes*, des *A, B, C*, des *I, II, III*, des *a), b), c)*, des *1), 2), 3)*, des α, β, γ, etc.

Ne voyez pas dans ces subdivisions une difficulté, mais, au contraire, une aide pour comprendre et retenir un ensemble cohérent.

C'est la connaissance du plan qui vous permet de dominer la matière, de ne pas y être perdu, de la même manière que vous ne vous égarez pas dans une grande ville dont vous connaissez le plan.

A. Au cours

– Notez soigneusement le plan du professeur.

– Changez de feuille à chaque subdivision, sauf les plus petites.

– Et, surtout, lorsque le professeur annonce le plan qu'il va suivre, au début de chaque partie, chapitre ou section, ne regardez pas en l'air d'un air ennuyé (comme font la plupart). Notez l'annonce du plan qui vous permettra par la suite de toujours savoir où vous en êtes et ce qui reste à examiner.

B. Pour entreprendre l'étude d'une question

Commencez toujours par prendre connaissance du plan général, c'est-à-dire des grandes subdivisions. Vous pressentirez ainsi l'ampleur de la matière et son genre.

➜ **Le plan retrace-t-il une évolution dans le temps ?** Avec des subdivisions correspondant à des étapes chronologiques.

Par exemple
I – Le droit romain. II – L'ancien droit. III – Le Code civil. IV – Les réformes postérieures au Code civil.
ou : I – La doctrine classique. II – Les doctrines sociales. III – L'évolution de la jurisprudence. IV – Les réformes législatives récentes.

→ **Le plan est-il descriptif ?** Avec des subdivisions qui présentent une énumération.

Par exemple
I – La loi. II – La coutume. III – La jurisprudence. IV – La doctrine.
ou : I – Les juridictions du premier degré. II – Les juridictions d'appel. III – La Cour de cassation.

→ **Le plan présente-t-il une classification très structurée ?** Permettant de définir des notions en les rangeant dans des catégories et des sous-catégories.

Par exemple
La classification des droits subjectifs ou les classifications des biens.

→ **Le plan présente-t-il une institution comme le mariage, le divorce ou bien un acte juridique comme le contrat ?** Il va alors développer les règles qui les régissent, en exposant d'abord les *conditions* auxquelles ils sont soumis, puis les *effets* qu'ils produiront.

→ **Le plan expose-t-il un problème juridique ?** Il délimite alors ce problème, puis le résout en exposant les règles de solution applicables et leurs exceptions.

Par exemple
Le problème de l'application de la loi dans le temps que l'on résout à l'aide des deux principes de l'application immédiate et de la non-rétroactivité de la loi qui, chacun, comportent des exceptions.

C. Pour se remémorer une question

Au cours de vos révisions, ou pour répondre à une interrogation quelle qu'elle soit, vous devez vous remémorer vos connaissances, souvent rapidement. Vous y parviendrez facilement si vous avez bien assimilé le plan.

Le cerveau fonctionne par associations d'idées qui s'enchaînent de proche en proche. Vous éviterez l'affolement et le trop fréquent trou de mémoire par l'évocation (calme) de l'ensemble dans lequel la question s'intègre, puis de la structure générale de cette question (v. *infra*, chapitre 11, comment se remémorer une question et surmonter le trou de mémoire lors des épreuves orales).

→ **Si la question est assez vaste,** vous devez d'abord absolument savoir sans hésitation dans quelle partie ou chapitre du cours elle se situe (nous vous en donnons le moyen par les conseils pratiques ci-dessous). Puis vous devez vous remémorer ses deux ou trois subdivisions principales qui, si votre travail a été correctement préparé (v. *infra*, p. 6), vous rappelleront par association le plan plus détaillé. Ce plan est alors à noter (si possible) et à ne plus perdre de vue.

→ **Si la question est très étroite et précise,** c'est en la replaçant dans son contexte que vous pourrez y répondre. Nous verrons d'ailleurs (v. *infra*, p. 230) que cette méthode consistant à situer une question dans l'ensemble de la matière crée une impression tout à fait favorable lors d'une réponse orale ou écrite.

CONSEILS PRATIQUES

Matérialiser le plan

Dans chaque matière enseignée, et surtout celles qui font l'objet de travaux dirigés, vous aurez une quantité de notes, travaux et documents. Tout cela doit être très soigneusement rangé et classé au fur et à mesure, et **c'est ce classement qui, dans chaque matière, permettra de matérialiser le plan**.

Il n'est pas conseillé de ranger les documents selon leur origine, avec par exemple d'un côté les notes prises au cours et d'un autre les documents distribués au TD.

Le **classement** doit plutôt être fait **par matières**. Et bien évidemment, il ne s'agit pas seulement de séparer les diverses disciplines, le droit civil du droit constitutionnel ou de l'économie !

À l'intérieur de chaque discipline, vous matérialiserez le plan **en constituant des dossiers subdivisés par un système de sous-dossiers**.

Un cours annuel peut être classé de la manière suivante :

- un dossier pour l'introduction et pour chaque grande partie du cours ;
- à l'intérieur de ces derniers, un sous-dossier pour chaque chapitre ;
- à l'intérieur encore, vous subdiviserez en séparant les sections dans des sous-dossiers spécifiques.

De plus, il est important que vous nommiez clairement chacun des dossiers et sous-dossiers avec si possible le *numéro* du chapitre ou de la section qu'il contient avec son *titre*.

Par exemple

Si votre cours de droit constitutionnel comprenait une introduction et quatre parties, vous auriez en fin d'année cinq dossiers. Le troisième serait intitulé (par exemple) :

IIIe partie – Les institutions politiques de la France

Il contiendrait plusieurs sous-dossiers correspondant aux divers chapitres. Sur l'un d'eux, il serait écrit (par exemple) :

Chapitre VI – Le pouvoir exécutif

Et à l'intérieur, vous auriez placé des sous-dossiers :
Section 1 : Le président de la République.
Section 2 : Le gouvernement, etc.

Pour rendre le plan encore plus apparent et vous le mettre en tête, créez un document comprenant **le plan interne du contenu avec** :
– les intitulés des sections qui composent les chapitres ;
– les titres des paragraphes et les rubriques qui entrent dans les sections.

Dans ces dossiers correspondant aux diverses questions étudiées prendront place non seulement vos notes de cours, mais aussi tous les autres documents et travaux que vous possédez sur la question. Ainsi, dans notre exemple, si vous avez eu une séance de TD portant sur le pouvoir exécutif, vous ajouterez dans le dossier le document distribué, un devoir ou un exposé que vous aurez fait sur la question.
Cette méthode présente deux grands avantages :

➜ Vous assimilez le plan sans aucun effort :
– d'abord en effectuant matériellement le classement et en inscrivant les titres des subdivisions ;
– ensuite parce que chaque fois que vous travaillez une matière ou une question, vous êtes amenés à *manier* vos dossiers et leurs subdivisions, à *voir* les titres se succéder, à constater que tel chapitre est court, tel autre très subdivisé…
Le plan se grave ainsi dans votre esprit sans aucune difficulté (v. *infra*, chapitre 11).

➜ Vous vous constituez, dès le début de vos études, de petits dossiers sur de nombreuses questions, dont certains seront déjà assez approfondis. *Ces dossiers par matières vous seront précieux :*
– d'abord pour vos *révisions* : si vous décidez de revoir, par exemple « Le pouvoir exécutif », vous retrouverez votre documentation réunie, facilement accessible et non éparpillée ;
– ensuite, pour la suite de vos études et même pour le début de votre *vie professionnelle*, vous pourrez retrouver un document ou rafraîchir vos connaissances sans peine.

II. Importance de la terminologie

Le droit, comme chacun sait, a son langage. Et l'on fait souvent aux juristes le reproche de s'exprimer de façon incompréhensible pour le public. On s'indigne qu'un acte notarié, une décision de justice ou même les dispositions de la loi restent bien souvent obscurs pour les non-initiés. Mais ce même public admet fort bien de ne pas comprendre des termes de médecine, d'informatique ou de sociologie.

En réalité, aucune science, même « humaine », aucune technique ne peut se passer d'une terminologie. En ce sens, la science juridique connaît un langage qui lui est propre, que l'on appelle la linguistique juridique. Des notions précises, et souvent abstraites sont désignées par des mots parfois très simples, « la personne », parfois savants, « un créancier chirographaire ». **Connaître le vocabulaire juridique, c'est posséder les clés de la matière**, avoir accès aux classifications, aux raisonnements, aux controverses ; c'est pouvoir s'exprimer. Il s'agit alors d'une véritable technique juridique, en même temps qu'un mode de connaissance du droit. Ce double rôle inhérent à la linguistique juridique suppose d'en maîtriser parfaitement les termes.

A. Apprendre à définir les notions juridiques

1. Qu'est-ce qu'une notion juridique ?

C'est une question délicate !

Vous avez déjà rencontré, en classe terminale, des notions philosophiques, comme la *conscience*, les *valeurs* ou le *temps*. Vous avez appris ce que les philosophes entendent par ces mots et constaté que chacun en adopte souvent une conception qui lui est particulière.

Les notions juridiques, pour la plupart, sont beaucoup plus précises que les notions philosophiques parce que le droit n'est pas seulement une spéculation, une réflexion, mais aussi une **technique, qui fonctionne de la même manière à l'égard de tous**. Chacun ne peut pas définir à sa guise ce qu'est un *droit de créance*, ou ce qu'est un *vol*. Une définition précise est une garantie contre l'arbitraire.

De nombreuses notions juridiques sont donc définies par la loi elle-même. Les auteurs et les tribunaux, eux aussi, créent, affinent ou déforment ou encore adaptent ces définitions.

Certaines sont très précises comme le *contrat*, ou la *récidive*, d'autres plus vagues et en perpétuelle évolution, comme la *faute* ou l'*ordre public*.

Certaines notions juridiques sont désignées par un mot du vocabulaire courant. Ce mot aura alors un sens juridique beaucoup plus précis, et parfois différent de son sens courant. Ainsi : la *possession*, qui est une notion juridique complètement différente de la propriété ou les *meubles*, qui ne désignent pas seulement le mobilier, mais aussi une voiture ou même un fonds de commerce.

2. Les classifications

Beaucoup de définitions correspondent aux catégories et aux sous-catégories des nombreuses classifications juridiques.

Par exemple

– dans la catégorie des **lois**, on devra savoir définir les lois *constitutionnelles*, les lois *organiques*, les lois *parlementaires*, les lois-*cadres*, les lois *de programme* ;

– dans la catégorie des **droits subjectifs**, on devra distinguer les droits *extra-patrimoniaux* des droits *patrimoniaux*, et dans ces derniers, définir les droits *réels*, les droits *personnels* et les droits *intellectuels* ;

– dans la catégorie des **infractions pénales**, la loi délimite très précisément les *contraventions*, les *délits* et les *crimes*.

Vous comprendrez très vite que ces notions juridiques constituent les matériaux, abstraits et généraux, de toute construction, de tout raisonnement. Pour les utiliser à bon escient, il est indispensable d'en connaître les définitions.

B. Apprendre à traduire en termes juridiques les faits, les actes, les situations de la vie courante

Le vocabulaire juridique est souvent spécifique. Le terme choisi peut, par son seul énoncé, traduire une notion ayant un sens juridique précis, qui va emporter toute une série de conséquences juridiques. Les situations concrètes de la vie de tous les jours doivent donc, en droit, faire l'objet d'une transcription spécifique. Un client vient voir son avocat ou son notaire, lui expose son affaire et lui pose une question.

Par exemple

« Mon père vient de mourir. Je souhaiterais installer ma famille dans la grande maison qu'habitaient mes parents, mais ma mère ne veut pas la quitter pour un appartement plus petit. A-t-elle le droit d'habiter dans cette maison jusqu'à sa mort ? »

Le juriste traduira : la mère est le *conjoint survivant*, d'après la nouvelle loi elle est, avec les descendants, *héritière* des biens du défunt. Or, le conjoint survivant peut choisir d'hériter de l'*usufruit* de la succession, c'est-à-dire de garder l'usage et la jouissance des biens jusqu'à sa mort. La mère peut ainsi rester dans la maison si elle le souhaite.

Cette démarche intellectuelle, qui consiste à faire entrer des faits, des actes, des situations, sous des notions ou des catégories juridiques est le *propre du juriste*. On l'appelle la **qualification juridique des faits** et nous la retrouverons comme composante du raisonnement juridique (v. *infra*, p. 171). Elle nécessite évidemment une parfaite connaissance des définitions.

C. Apprendre la précision technique

Le vocabulaire juridique est en principe d'une grande précision technique. Il a pour conséquence de situer un fait dans l'ordonnancement juridique et de prévoir les règles qui lui seront applicables. Dans certains domaines, c'est la *richesse du vocabulaire juridique* qui permet d'être précis.

Par exemple

Une décision de justice rendue par un tribunal est appelée *jugement*, mais on appelle *arrêt*, les décisions rendues par les *cours d'appel*, la *Cour de cassation*, le *Conseil d'État*, la *Cour européenne des droits de l'homme* et la *Cour de justice de l'Union européenne*.

De même, une personne poursuivie pour une *infraction pénale* sera désignée par des termes différents selon les étapes du procès, le genre d'infraction qu'elle a commise et la juridiction qui va la juger.

Si on parle du *prévenu*, on sait qu'il a commis une contravention ou un délit et qu'il va être traduit devant un tribunal correctionnel. La *personne mise en examen* est soupçonnée d'avoir commis un crime ou un délit et son procès en est à la phase de l'instruction. L'*accusé* va être traduit devant la cour d'assises, qui dira s'il est ou non *coupable*.

Mais attention ! Une telle richesse de terminologie ne se trouve pas partout. Bien des mots sont susceptibles d'avoir plusieurs sens ou ne prennent de sens précis qu'accolés à un adjectif ou au sein d'une expression.

Par exemple

Le mot **droit** : droit *positif*, droit *subjectif*, droit *personnel*, droit *international public*, droit *de grève*, droit *d'auteur*..., ou encore le mot **acte** : acte *juridique*, acte *notarié*, acte *administratif*, acte *de commerce*, acte de *l'état civil*...

Il faut alors connaître le sens des expressions complètes et ne pas les confondre.

Attention également aux notions juridiques qui ne trouvent de sens qu'en fonction de leur application en justice. On observe en effet parfois l'imprécision de certains termes juridiques : l'expression juridique peut être volontairement indéterminée ; il en est ainsi des «standards juridiques». Ceci permet de donner au langage juridique une souplesse et une capacité d'adaptation.

Par exemple
L'intérêt de l'enfant, la bonne foi ou l'abus de droit sont des standards juridiques.
En y recourant, le juge a une grande latitude dans l'élaboration de la solution juridique. Il faudra alors connaître les applications de ces standards juridiques en jurisprudence.
Attention, enfin, au recoupement de certains termes juridiques avec ceux du langage commun. La technicité du vocabulaire juridique conduit en effet à donner à des termes communs au droit et au langage courant des sens différents.
Par exemple, le terme «réticence» renvoie, au droit, au silence ; est réticent celui qui se tait, alors que dans un sens courant, la réticence est une attitude de réserve.

D. Se familiariser avec le langage judiciaire

Dans chaque « spécialité » du droit, la pratique a sa terminologie propre : le notariat, la banque, le droit des sociétés, le droit fiscal, le droit social, le droit européen... ont leur vocabulaire.

Dans les premières années, on vous demande surtout de connaître la terminologie *judiciaire*. Attention ! les adjectifs *juridique* et *judiciaire* n'ont pas le même sens :

- juridique signifie qui a rapport au *droit* ;
- judiciaire signifie qui a rapport au *procès* et aux *tribunaux*.

1. Importance pour l'étude de la jurisprudence

La terminologie judiciaire vous est nécessaire pour étudier la jurisprudence (c'est-à-dire l'ensemble des décisions de justice rendues à propos d'une question) et pour savoir **comprendre et commenter les arrêts** (v. *infra,* chapitres 2, 3 et 6). On ne peut pas étudier l'art et la science du droit sans en voir *l'application pratique aux justiciables.*

Or, il est apparu, il y a une vingtaine d'années, que le vocabulaire judiciaire était devenu assez désuet et souvent trop technique, par suite, difficilement compréhensible pour le public auquel il est destiné.

2. La modernisation du langage judiciaire

Une commission de modernisation du langage judiciaire a donc été créée, et le garde des Sceaux (ministre de la Justice) a recommandé aux chefs des juridictions françaises de tenir compte des travaux de cette commission. Il vous sera utile, pour compléter les lexiques dont vous disposez, de connaître ces recommandations sur le vocabulaire.

Document

Commission de modernisation
du langage judiciaire

Recommandations sur le vocabulaire

La commission de modernisation du langage judiciaire s'est attachée à rechercher les moyens de rendre le langage judiciaire plus clair, plus moderne, plus intelligible et plus français.

Il importe en effet que la justice se fasse mieux comprendre de ceux pour qui elle est faite.

Cependant la commission a estimé qu'il n'était pas souhaitable ni possible d'éliminer les termes techniques.

Ses travaux ont porté sur les points suivants :

I. – Expressions latines

Le Code civil n'emploie aucune expression latine. Le législateur les évite lui aussi. Leur exemple doit être suivi d'autant mieux qu'elles peuvent toutes être remplacées par des expressions françaises sans perdre de leur valeur.

La commission propose quelques exemples de traduction ; elle souhaite que chacun s'efforce de les améliorer.

Accessorium sequitur principale .... L'accessoire suit le principal.

Actor sequitur forum rei .... Le litige doit être porté devant le tribunal du défendeur.

Actori incumbit probatio .... La preuve incombe au demandeur.

Affectio societatis .... Intention de s'associer.

Contra non valentem agere .... La prescription ne court pas contre

non currit præscriptio .... celui qui ne peut exercer ses droits.

Electa una via, non datur recursus ad alteram .... Une fois choisie la juridiction civile, le recours à la juridiction pénale devient impossible.

Error comunis facit jus .... L'erreur commune crée le droit.

Fraus omnia corrumpit .... La fraude vicie tout.

Fraus omnia corrumpit .... La fraude vicie tout.

Infans conceptus pro nato habetur quoties .... L'enfant conçu est considéré comme né

de commodis ejus agitur quand son intérêt est en cause.

Nemo auditur propriam turpitudinem allegans.........Personne n'a le droit de se prévaloir de sa propre faute.

Nulla pœna sine lege ....Pas de peine sans loi.

Pater is est quem justæ nuptiæ ....Est présumé père le mari

demonstrant ....de la mère.

Quæ temporalia sunt ad agendum, perpetua sunt ad excipiendum ....Ce qui, le délai expiré, ne peut plus fonder une demande peut toujours être opposé en défense.

Ad nutum ....À son gré (ou au gré de).

Ad litem..Pour le procès.

Damnum emergens..Perte éprouvée.

Lucrum cessans...Manque à gagner.

De cujus..Défunt.

Ex æquo et bono..En équité.

Exceptio non adimpleti contractus..............................Exception d'inexécution.

In bonis...Maître de ses biens.

In limine litis...Dès le début de la procédure.

Intuitus personæ..En considération de la personne.

Penitus extranei...Complètement étrangers.

Post nuptias...Après mariage.

Pretium doloris..Indemnisation des souffrances.

Prorata temporis..Au prorata du temps (ou à proportion du temps).

Res nullius...Chose sans propriétaire.

Ultra petita ....Au-delà de l'objet de la demande.

Les mots suivants sont devenus français :

Ad hoc, alibi, boni, pro forma, prorata, quitus, quorum, ratio et récépissé.

Si l'emploi d'une formule latine est nécessaire, il convient, d'une part, de la citer entièrement (il est, en effet, pénible de lire par exemple : « la règle *nemo auditur...* », tronçon de phrase dénué de sens, même pour ceux qui connaissent le latin) et, d'autre part, de la traduire ensuite ou de l'expliquer.

II. – Expressions étrangères

Des expressions étrangères, anglaises notamment, s'infiltrent de plus en plus dans le français contemporain. La tendance officielle la plus récente est de les remplacer par des termes français ;

III. – Archaïsmes et locutions surannées

En ce qui concerne le vocabulaire français, la commission propose la suppression de tous les archaïsmes et locutions surannées.

Ceux-ci peuvent en effet être facilement remplacés.

Par exemple :

Remplacer:..*Par:*

Le Sieur X..M. X...

La dame Y… ....Mme Y…
La demoiselle Z… ....Mlle Z…
La veuve N… ....Mme veuve N… ou Mme N…

Emender. ....Réformer.
Es qualités de tuteur. ....En qualité de tuteur.
Es privé nom ....En son nom personnel.
En privé nom. ....En son nom personnel.
Agissant poursuites et diligences de son gérant ....Représenté par son gérant.

Exploit. ....Acte (d'huissier de justice).
Jugement (ou arrêt) querellé (ouentrepris). ....Jugement (ou arrêt) attaqué (ou contesté).
Condamne en tous les dépens. ....Condamne aux dépens.
Ouï M. X… en son rapport, en leurs conclusions ....Après avoir entendu lerapport de M. X…,
et plaidoiries Me Z… et Me Y…, ...les avocats et le ministère public.
le ministère public entendu.
Il échet. ....Il échoit, il convient ou il incombe.

Il faut éviter le plus souvent : ledit, le susdit, le susnommé, dont s'agit, dont est cas, il appert, il s'évince, de céans…

IV. – Expressions discourtoises

Moderniser le langage c'est aussi l'adapter à l'esprit du temps et pour cela bannir les locutions disgracieuses, choquantes, voire traumatisantes, les locutions inutiles ou creuses, les termes ambigus.

Il convient d'éviter les termes peu courtois tels que « le nommé X… », « la fille Y… », « la femme Z… » que l'on peut remplacer par M. X…, Mme Y…, Mme Z…

De même, il est préférable d'écrire M. René Dupont que Dupont René.

V. – Locutions inutiles ou creuses

Il faut s'exprimer d'une manière facile à comprendre pour les profanes.

Toute locution inutile ou creuse doit être proscrite.

Par exemple :

« Relaxe X… des fins de la poursuite sans peine ni dépens » devrait se limiter à « Relaxe M. X… ».

« Ordonnons que les pièces de la procédure seront transmises à M. le procureur de la République pour être par lui requis ce qu'il appartiendra » pourrait devenir « Ordonnons la transmission des pièces de la procédure à M. le procureur de la République ».

« Déboute X… de toutes ses demandes, fins et conclusions » et « Déboute X… de toutes ses demandes à toutes les fins qu'elles comportent » pourraient le plus souvent être remplacés par « Déboute M. X… de ses demandes » ou « Rejette les demandes de M. X… ».

« Déclare X… convaincu (ou atteint et convaincu) du délit de… » peut se remplacer par « Déclare X… coupable du délit de… ».

« Dit que le jugement sortira son plein et entier effet pour être exécuté selon ses forme et teneur » peut se remplacer par « Ordonne l'exécution du jugement ».

Si l'on dit que « l'expert déposera son rapport au greffe dans le délai de… », il est inutile d'ajouter : « pour être ensuite par les parties conclu et par le tribunal statué ce qu'il appartiendra ».

VI. – Expressions peu intelligibles ou ambiguës

Il serait souhaitable d'éviter le plus possible de désigner les parties par leurs qualités dans le procès : « le défendeur », « l'opposant », « l'appelant », « l'intimé », et plus encore « le concluant » – souvent employé à tort –, « le signifié » – grammaticalement incorrect –, « le requérant », « le requis ».

En effet, ces termes peuvent dérouter le justiciable car ils ne lui sont pas familiers. Il est préférable d'appeler les parties par leurs noms. Depuis une loi du 23 mars 2019, pour préserver l'identité des parties, leurs noms ne sont de toute façon plus mentionnés.

Cependant, il sera parfois commode et utile d'écrire par exemple « les défendeurs », s'ils sont nombreux ou « les consorts X... » ou « M. X... et consorts ».

Les expressions suivantes, relevées au hasard de la lecture de nombreuses décisions par la commission, lui ont paru mériter la censure :

« Sous les affirmations de droit » ;

« Sujets passifs de l'action » ;

« Venir aux droits et actions de » ;

« Faire adjonction » ;

« Sollicite l'adjudication de son exploit introductif d'instance ».

Par exemple, la formule utilisée en matière de dépens « Me X..., avocat, sous ses affirmations de droit » (ou « aux offres de droit ») pourrait être remplacé par « Me X..., avocat, qui affirme en avoir fait l'avance sans avoir reçu provision ». De même, « intérêts de droit » doit être remplacé par « intérêts au taux légal ».

Un mot aussi fréquent que « louer » peut être ambigu : mieux vaut dire « prendre à bail » ou « donner à bail ».

L'expression « à personne » dans le sens « à la personne » peut conduire à des contresens.

De même, l'expression « aux torts et griefs » doit être réduite à « aux torts ».

3. La modernisation du style judiciaire

Le langage judiciaire est complété par un style propre et spécifique qui se traduit souvent par une mise en forme particulière. En tant que mode de transmission et de compréhension de ce qui est transmis, ces règles de mise en forme doivent répondre à un impératif de clarté et d'accessibilité. Dans cette perspective, la Cour de cassation a adopté de nouvelles règles de rédaction applicables à tous ses arrêts à compter du 1er octobre 2019 (v. chap. 2).

Autrefois, les phrases de la Cour de cassation étaient toujours introduites par des « attendus ». L'arrêt de cassation était précédé d'un visa (« vu l'article... », indiquant le texte de loi ou le principe général qui a été violé par les juges du fond), à la différence de l'arrêt de rejet. L'attendu final de l'arrêt de rejet commençait par « mais attendu que ». L'arrêt de rejet faisait souvent l'objet d'un contresens chez les étudiants qui confondaient l'attendu qui résumait l'argument (le moyen) du demandeur au pourvoi (« alors que... »), avec l'attendu final (« mais attendu que ») par lequel la Cour de cassation réfutait les moyens du pourvoi.

Dorénavant, les « attendus » disparaissent au profit d'une rédaction en style direct, accompagnée d'une numérotation des paragraphes. Tous les arrêts sont rédigés selon un même plan :

1. Faits et procédure
2. Examen des moyens du pourvoi (critique de la décision attaquée)
3. Dispositif de l'arrêt (ce qu'il décide : par ces motifs, casse ou rejette).

En outre, les arrêts les plus importants bénéficient d'une motivation développée (enrichie) afin de permettre un accès au droit plus précis et plus explicite.

Document

Extraits du dossier de presse de la Cour de cassation sur la réforme du mode de rédaction des arrêts pour la conférence de presse du 5 avril 2019.

Des solutions concrètes ont été formalisées pour servir de règles rédactionnelles.

Objectifs de la réforme

Parmi les objectifs principaux de la réforme, la motivation en forme développée doit permettre un accès au droit plus précis et plus informé. Elle doit rendre la décision plus intelligible: Un arrêt peut être regardé comme bien motivé dès l'instant où sa seule lecture suffit à tout juriste pour en comprendre le sens et la portée.

Style de rédaction : pour tous les arrêts

Que leur motivation soit traditionnelle ou développée, avant la fin de l'année 2019, tout arrêt devra comporter trois parties bien identifiées et nommées comme telles (faits et procédure, examen des moyens, dispositif, v. supra).

La phrase unique, introduite par des attendus, sera abandonnée au profit d'une rédaction en style direct, accompagnée d'une numérotation des paragraphes assortis de titres de plusieurs niveaux.

Pour des exemples concrets, se reporter au chapitre 2.

CONSEILS PRATIQUES

Le fichier de définitions

Les définitions doivent impérativement être sues par cœur. Aucune hésitation ne vous est permise sur le sens d'un mot ou d'une expression. C'est là le principal effort que vous aurez à fournir au cours de vos études de droit. Mais c'est un travail indispensable pour suivre et progresser, réussir les devoirs, les interrogations, les examens.

Une parfaite connaissance des définitions empêche de commettre une erreur dans la compréhension d'un sujet ou de l'intitulé d'une question ; elle permet de ne jamais rester muet à l'oral : au début de vos études, il est déjà important de savoir définir les termes de la question.

Il est indispensable que vous possédiez un lexique des termes juridiques et que vous vous y référiez très souvent (v. *infra*, p. 112).

Pour apprendre, retenir et réviser aisément vos définitions, **il peut être utile de vous constituer un petit fichier**, où vous inscrirez en majuscules, le terme à définir. Puis vous y ferez figurer :

– *l'étymologie du mot*, si elle est éclairante ;

Par exemple

Le mot *obligation* a pour étymologie *ob-ligatio,* ce qui montre qu'il s'agit d'un lien de droit ;

– la définition donnée par votre professeur ;
– d'autres définitions prises dans des manuels ou des lexiques et qui vous paraissent particulièrement claires, riches ou originales ;
– toujours des exemples, les plus concrets possibles, car dans l'abstraction les idées restent vagues.

Vous retiendrez beaucoup mieux ce qu'est une obligation si vous en donnez des exemples : une créance de somme d'argent, l'obligation de ne pas faire de concurrence.

Si le mot a plusieurs sens, ou un sens large et un sens étroit, vous les séparerez nettement :

Par exemple

Loi signifie au sens large *règle écrite, générale et permanente* et, au sens étroit, *règle écrite votée par le Parlement.* Et, *délit* désigne au sens large *toute infraction pénale,* mais au sens étroit seulement les infractions *punies par la loi d'une peine correctionnelle,* c'est-à-dire d'un emprisonnement pouvant aller jusqu'à cinq ans et d'une amende.

Si le terme en question s'insère dans une *classification ou un système hiérarchisé*, indiquez :

– de quel ensemble ou grande catégorie il fait partie ;

– quels sont les autres éléments qui y entrent avec lui ;
– et enfin les sous-catégories qu'il contient.

Par exemple
Les droits réels :
– font partie de l'ensemble des droits patrimoniaux,
– avec les droits personnels et les droits intellectuels,
– et se subdivisent en droits réels principaux et en droits réels accessoires.

Éventuellement, vous pouvez citer un mot, une théorie célèbre élaborée par un auteur ou une jurisprudence particulièrement importante.

Par exemple
Sous le mot *patrimoine,* vous mentionnerez la théorie d'Aubry et Rau.

La fiche doit être rédigée très lisiblement de manière claire et aérée.
Par la suite, en approfondissant vos connaissances, vous aurez probablement des éléments nouveaux à y ajouter.
Faire la fiche vous apprendra déjà beaucoup et elle constituera un excellent instrument de travail pour vos révisions. Apprenez-la quasiment par cœur.
Cette méthode du fichier est très efficace ; mais si, dans certaines matières, elle vous paraît un peu lourde ou superflue, vous pourrez faire ressortir les définitions par d'autres procédés :
– en les signalant en marge de vos notes de cours, de vos polycopiés ou manuels (v. *infra,* p. 16) ;
– en les notant de manière particulièrement apparente dans vos résumés (v. *infra,* p. 19) ;
– en les inscrivant sur la couverture de vos dossiers (v. *supra,* p. 5).

III. La lecture du cours

Si vous êtes allé au cours et que vous l'avez suivi attentivement, la première lecture en sera facilitée. Si, au contraire, c'est une prise de connaissance de questions totalement nouvelles, il faudra y consacrer plus de temps.

Que lire ? Par quoi commencer ? Cela dépend beaucoup des possibilités qui vous sont offertes. La meilleure méthode consiste à lire :

– d'abord le **cours du professeur** ;
– puis un **manuel** ;
– puis, sur certaines questions, un **traité plus approfondi.**

A. Le cours du professeur

1. Un polycopié ou un manuel fait par votre professeur

Vous devez vous le procurer. C'est le meilleur instrument de travail qui soit. Il vous dispense de prendre des notes pendant tout le cours au lieu de comprendre et de réfléchir. Vous pouvez ne prendre que des notes succinctes, puisque vous trouverez détails et précisions dans le polycopié ou le manuel. Le cours vous sera plus profitable. Vouloir tout noter nuit souvent à la compréhension.

Et si, pour des raisons de santé ou de travail, vous ne pouvez suivre le cours, vous n'en souffrirez pas trop.

C'est dans ce polycopié ou ce manuel que doit se faire la première lecture.

2. Les notes prises au cours

Bien prises, les notes de cours pourraient être un bon instrument de travail. Malheureusement, ce n'est pas toujours le cas. Les étudiants y attachent à la fois trop et trop peu d'importance.

C'est y attacher *trop d'importance* que de passer des heures à *recopier* (parfois sans même chercher à comprendre) les notes prises par un camarade lors d'un cours que l'on a manqué. Certains étudiants gaspillent un temps considérable dans ce copiage automatique. Tel n'est pas le but de l'enseignement universitaire. Les banques de données existent, et il ne s'agit pas d'être un simple répétiteur de connaissances. On en voit même souvent qui recopient des notes pendant un autre cours… engrenage fatal !

En revanche, c'est accorder *trop peu d'importance* aux notes de cours que d'en écrire des pages *illisibles*, compactes, sans alinéa ni marge avec le seul souci de noter toutes les phrases *in extenso*. À l'université, l'étudiant vient apprendre se forger une opinion, à comprendre un mécanisme, à interpréter ce qui est dit, à argumenter, bref, à prendre une position et à savoir la défendre. Il ne s'agit donc pas d'entendre un cours mais de le comprendre.

Relire de telles notes sera un travail fastidieux et même décourageant. Vous vous fatiguerez beaucoup pour un résultat quasiment inutilisable, et lors de vos révisions, plutôt que d'entreprendre le décryptage de ces pages gribouillées, vous vous rabattrez sur un précis ou un mémento. Il vous faut perdre moins de temps, vous fatiguer moins, être plus efficace.

➔ **Vous vous servirez peu de vos notes de cours** si vous disposez d'un polycopié ou d'un manuel fait par le professeur et portant exactement sur les mêmes questions. Au cours, attachez-vous donc à suivre, à comprendre et à retenir en notant seulement le plan détaillé et quelques idées essentielles ainsi que, bien entendu, les questions que l'on vous signalerait comme non traitées ailleurs.

➔ **Vous avez besoin de notes de cours bien prises** s'il n'existe ni polycopié, ni manuel de votre professeur.

Le **plan** doit y être très apparent (v. *supra*, p. 3 et s.), les **définitions** doivent ressortir, l'ensemble doit être **aéré et clair**. N'écrivez pas les phrases telles quelles, comme dans une dictée, mais faites l'effort de les **raccourcir en trois ou quatre mots** ; allez très souvent à la ligne et laissez une grande marge.

Pour être utilisables lors de vos révisions, **ces notes doivent être relues dans les deux ou trois jours** qui suivent, afin de les améliorer, les souligner, les rendre bien claires et, les *classer* dans les dossiers correspondants. C'est un travail rapide, mais très profitable (v. *infra*, tout au long de l'année se tenir à jour, p. 223).

Si vous ne pouvez pas assister régulièrement au cours, ne recopiez pas des notes (sauf peut-être sur des points très particuliers où la pensée de votre professeur est tout à fait originale).

Faites plutôt l'effort intelligent de *résumer un manuel* (v. *infra*, p. 21). Cela vous apprendra bien davantage. En outre, vous pouvez *relever le plan du cours* surtout s'il ne correspond pas à celui des manuels.

B. Un précis ou un manuel

Vous devez acquérir un précis ou un manuel, en plus du cours du professeur :

– dans les matières faisant l'objet de TD et d'un examen écrit ;

– dans les autres matières s'il n'existe pas de polycopié ou de livre fait par le professeur ou si vos notes ne sont pas parfaites (ce qui est le cas le plus fréquent). Il est dangereux et fatigant de compter uniquement sur les notes de cours si l'on ne sait pas très bien les prendre.

Vous *choisirez* ce livre d'après les conseils de vos professeurs et chargés de TD, et aussi d'après vos goûts personnels : allez en bibliothèque et consultez les divers manuels existant sur votre programme, voyez comment ils se présentent et choisissez celui qui convient le mieux à votre forme d'esprit (sur les précis et manuels, v. *infra,* p. 85). Il est important de consulter chaque fois la dernière édition publiée.

Sur chaque question étudiée, **la lecture de ce manuel devra toujours suivre immédiatement celle du cours.**

Faites l'effort de *comparer* le plan, les définitions, les raisonnements, les théories et de *vous interroger* sur les différences éventuelles. Si certaines de ces différences vous choquent, demandez-en la raison à votre chargé de TD.

Mais ne perdez jamais de vue que le droit n'est pas une science exacte, que chaque auteur digne de ce nom repense les problèmes à sa manière, et qu'il vous appartient, en dernière analyse, d'adopter les conceptions qui vous conviennent le mieux, *à condition de savoir les justifier.*

C. Un traité plus approfondi

Sur certaines questions que vous devez (ou que vous souhaitez) étudier de manière plus complète, vous consulterez avec profit des ouvrages développés et approfondis. Ce sont des livres onéreux : ne les achetez que lorsque vous êtes sûr d'être bien orienté. Prenez simplement l'habitude d'aller fréquemment en lire des passages à la bibliothèque, et de toujours vous y référer pour un devoir ou un exposé important. Vous y trouverez notamment retracées toutes les évolutions de la jurisprudence et de la doctrine (sur les traités et l'usage que vous devez en faire, v. *infra,* p. 86 et s.).

CONSEILS PRATIQUES

Comment lire ?

Même d'une simple lecture, il doit vous rester quelque chose ; ce doit être un travail efficace et non du temps perdu et de la fatigue.

Lisez lentement, avec une grande concentration

Il ne s'agit pas de parcourir le texte distraitement ou avec précipitation. Décidez de vous plonger dans une question ; concentrez-vous dans le calme, en vous ménageant un temps suffisant (au moins une heure). Il n'est pas question de lire sans comprendre. Vous devez parvenir à comprendre très clairement ce que vous lisez. Abordez la matière en prenant connaissance du plan et des définitions : aucun mot ne doit vous rester obscur.

Puis « lisez comme la poule boit » ; c'est la recommandation d'un grand professeur de droit : comme la poule qui boit relève la tête après chaque gorgée pour avaler, relevez la tête après chaque phrase pour y réfléchir et l'assimiler. Lisez en pensant, en comparant, en vous posant des questions, c'est-à-dire de manière *active*.

Lisez le crayon à la main

Vos polycopiés, vos documents de TD, vos notes de cours, et même les manuels qui vous appartiennent doivent être soulignés et annotés. Le texte lu sera ainsi préparé pour être résumé et révisé facilement. Il est très utile de **souligner ou de surligner** les groupes de mots ou les phrases importants. Mais il est sans aucun intérêt de souligner (ou de recopier) des paragraphes entiers. Souligner a pour but de faire ressortir l'essentiel. Lorsque tout est souligné, plus rien ne ressort.

Le travail intelligent et profitable consiste à **faire un effort pour distinguer l'important du détail**, isoler des mots mais peu de phrases, et ne faire apparaître **que l'ossature du texte**. De la sorte, cette ossature apparaît d'un coup d'œil et **le résumé de la question se trouve préparé**.

Des indications notées en marge vous aideront aussi à préparer le travail de révision : marquez d'un signe les définitions (déf.) et les questions qui vous sont signalées comme étant particulièrement importantes (T.I.). Sous l'intitulé d'un chapitre, il vous sera utile de noter les titres des sections qu'il contient, et, sous le titre des sections, le titre des paragraphes. C'est encore un moyen de vous mettre en tête le plan interne de chaque question. Et si un passage vous paraît incompréhensible, mettez un point d'interrogation en marge pour penser à en demander l'explication.

Pour permettre ce travail d'annotation, vos notes de cours doivent être disposées de manière très aérée. Lorsque, quelque temps plus tard, vous ouvrirez à nouveau le livre ou le dossier, vous vous retrouverez **en pays connu et balisé**, au lieu de vous sentir aussi perdu et étranger que la première fois.

IV. Le résumé du cours

Le résumé a deux grands mérites : bien graver la question dans la mémoire, et faciliter considérablement les révisions. Cependant, c'est un exercice moins facile qu'il n'y paraît et qui fait appel à l'intelligence. Il faut se montrer judicieux tant dans le choix des questions à résumer que dans le choix des points à faire figurer dans le résumé.

A. Sélectionner des questions de cours

Dans un cours, tout n'est pas à mettre sur le même plan. Il y a des introductions, des évolutions historiques, des classifications, des définitions. De plus, il y a l'étude de notions juridiques (comme le *patrimoine*), d'institutions (comme le *Parlement* ou le *mariage*), de mécanismes (comme le *contrôle de la constitutionnalité des lois*), c'est-à-dire de **questions formant un tout cohérent** et qu'il importe de connaître avec leur plan, leur terminologie et leurs règles propres.

→ **Si vous allez au cours, vous entendrez parfois le professeur insister sur l'importance de telle ou telle question ;** et vous repérerez aussi par vous-même les points auxquels votre professeur porte un intérêt particulier parce qu'il les développe soigneusement ou qu'il y revient souvent.

Vous devez accorder la plus grande importance à ces indices. Il arrive fréquemment que des professeurs aiguillent ainsi leurs étudiants dans leurs révisions et soient fort déçus de constater qu'ils n'ont pas été entendus.

→ **Toutes les questions ayant fait l'objet d'une séance de TD** doivent être considérées comme importantes. Faire le résumé du cours sera la meilleure préparation de la séance, surtout si vous savez y intégrer la documentation qu'il vous est demandé d'étudier. Par ailleurs, il est rare qu'un examen écrit porte sur une question n'ayant pas été traitée aux TD.

→ **Méritent encore une attention particulière :**

- les questions délicates dont l'étude nécessite un bon esprit juridique ;
- les questions faisant l'objet d'une abondante jurisprudence ;
- les questions d'actualité ;
- les questions très classiques, revenant régulièrement dans les sujets d'examen.

Mais attention : que cette sélection des questions à travailler à fond, et donc à résumer, ne vous incite pas à négliger le reste. Aucune impasse n'est jamais conseillée. Il s'agit simplement d'appliquer son intelligence à faire des efforts utiles, à être efficace.

B. Résumer une question de cours

Au début, le résumé vous paraîtra peut-être un peu long à faire. mais ce n'est pas du temps perdu, c'est au contraire *du temps investi utilement.* Il n'existe pas de meilleur moyen de comprendre et de retenir une question, pas de meilleur instrument de révision. Mais il faut apprendre à faire un bon résumé :

- un résumé n'est pas un plan détaillé du cours ;
- un résumé n'est pas une copie en style télégraphique ;
- un résumé est très aéré, sans phrase, coloré et souligné.

Il exige l'application et la synthèse des trois conseils données dans ce chapitre ; car le résumé d'une question de cours doit contenir :

- un *bon plan,* très apparent ;
- de *bonnes définitions,* clairement signalées ;
- les *points soulignés* lors d'une lecture attentive du cours.

N'entreprenez pas de résumer 100 pages de manuel d'un coup. Prenez une question bien circonscrite, ayant son unité.

Pour que votre résumé soit facile à revoir, l'ensemble de la question doit pouvoir être présenté en deux ou trois pages. Cela nécessite un réel effort pour ramasser les phrases en trois ou quatre mots, les paragraphes en deux ou trois lignes. Sauf quelques détails mineurs, presque toutes les informations contenues dans le texte doivent être mentionnées, mais d'un mot.

Ne rédigez pas, mais présentez les termes des énumérations les uns sous les autres, les évolutions ou les enchaînements avec des flèches.

Indiquez par exemple

Les définitions	: Déf. : ...
Le problème	: I – Pb. : ...
Le principe de solution	: II – Princ. : ...
Les exceptions	: III – Excep. : ...
Les conditions	: I – Cdt^{on} : 1°)...
	2°)...
	3°)...

Les effets	: II – Effets : 1°)… 2°)…
La théorie d'un auteur	: Th. Planiol : …
La jurisprudence	: Jurisp. : → 1998 : …
1998 : Revirement :	
Les sanctions	Sanctions : 1°)… 2°)…

Toutes ces rubriques ne constituent que des exemples ; il peut, bien entendu, s'en présenter beaucoup d'autres. À vous de les trouver, dans le texte que vous résumez ou par vous-même.

Soyez persuadé que la **présentation du résumé** a la plus grande importance. Écrivez bien, utilisez des couleurs, sautez des lignes. Vous vous habituerez vite à faire ce travail rapidement, dès que vous aurez mis au point vos propres méthodes.

Lorsque vous serez un peu chevronné, vous pourrez entreprendre l'exercice intéressant et profitable qui consiste à faire le résumé d'une question de cours à l'aide de plusieurs ouvrages différents, par exemple vos notes de cours, un manuel et quelques éléments pris dans vos documents de TD. Une telle synthèse est un travail de plus haut niveau qui vous prépare bien à des exercices tels que l'exposé ou la dissertation.

CHAPITRE 2

Lire et comprendre une décision de justice

Ne soyez pas l'étudiant…

- *noyé dans les sources du droit*
- *ignorant de la terminologie judiciaire*
- *rebuté par le style et la présentation des décisions*
- *qui ne fait pas la différence entre un arrêt de cassation et un arrêt de la Cour de cassation*
- *qui prend les références des décisions pour un code secret*

LES CLÉS

Avoir compris le rôle de la jurisprudence

C'est l'ensemble des décisions de justice rendues par les tribunaux qui forme la jurisprudence. Les tribunaux rendent des jugements qui se présentent comme l'application de la règle de droit à un cas particulier. La règle étant générale et abstraite, il est souvent nécessaire de l'interpréter pour l'appliquer au cas. La jurisprudence est donc constituée d'un ensemble d'interprétations qui font autorité (en droit privé tout au moins, la jurisprudence administrative ayant un rôle créateur plus marqué).

Dans ces conseils de travail, vous ne trouverez pas un cours de droit sur la jurisprudence, son rôle en tant que source de droit et la place qu'elle occupe dans l'ensemble du droit positif. Cette question est amplement et savamment développée dans les cours et manuels. C'est d'ailleurs l'une des plus fondamentales de l'Introduction au droit, et il convient d'y accorder une grande attention.

Avoir étudié la formation de la jurisprudence

En ce qui concerne plus précisément les mécanismes par lesquels la jurisprudence se forme et acquiert son autorité, il est nécessaire pour bien les comprendre de travailler les points suivants :

- Le principe de séparation des deux ordres de juridiction, administratif et judiciaire, et le rôle du Tribunal des conflits.
- Quelques notions d'organisation judiciaire et de procédure sur la *hiérarchie des tribunaux* et la *marche des procès,* en tenant compte de la suppression récente des tribunaux d'instance.
- Le mécanisme du double degré de juridiction.
- Le rôle de la Cour de cassation et le mécanisme du pourvoi en cassation.
- Quelques principes fondamentaux, tels que l'obligation du juge de statuer sous peine de déni de justice (art. 4, C. civ.), et l'interdiction des arrêts de règlement (art. 5, C. civ.) ; ou l'obligation du juge de statuer en droit (art. 12, C. pr. civ.) et de motiver ses jugements (art. 455, C. pr. civ.).
- Et en deuxième année, pour étudier la jurisprudence administrative, quelques notions sur l'importance du contentieux en droit administratif, l'organisation des juridictions et la compétence juridictionnelle du Conseil d'État.

Il est indispensable que vous ayez étudié ces questions avant de vous attaquer à la lecture de décisions de justice, sinon vous ne comprendriez même pas les conseils de méthode.

Se montrer persévérant

Ne soyez pas découragé par vos premières expériences : une décision ne se lit pas comme un article de journal ni même comme une page de manuel. C'est un véritable travail, qui exige beaucoup d'attention. Même un juriste chevronné doit souvent lire plusieurs fois une décision avant d'être en mesure de l'utiliser. Car la présentation est compacte, le raisonnement est très dense, et la construction du texte, souvent en une seule phrase, n'en facilite pas l'accès.

Il importe de lire beaucoup d'arrêts, de se familiariser avec leurs modes de raisonnement, leur style, leur terminologie. En ce domaine, rien ne vaut l'expérience, et les conseils pratiques qui suivent doivent vous permettre de l'acquérir.

Faire preuve de souplesse

Depuis la fin de l'année 2019, la Cour de cassation a opté pour une nouvelle méthode de rédaction des arrêts qu'elle publie. Il faudra donc que vous maîtrisiez les deux méthodes de rédaction, la nouvelle évidemment, mais également l'ancienne, sauf à vous priver des clés nécessaires à la lecture et à la compréhension des arrêts rendus jusqu'alors.

Ce ne sera pas nécessairement facile, du moins dans un premier temps, la nouvelle structure des arrêts, en particulier de cassation, ayant changé de manière significative.

I. Se familiariser avec la présentation

Les décisions de justice offrant quelque intérêt sont **publiées dans des revues ou recueils juridiques ainsi que sur divers sites Internet** (v. *infra*, p. 108). Tout juriste professionnel est abonné à quelques-unes de ces publications, et habitué à la consultation de legifrance afin de se tenir au courant de l'évolution du droit.

Les *Bulletins (civil et criminel) de la Cour de cassation* publient exclusivement les arrêts rendus par cette juridiction.

D'autres revues, d'origine privée, contiennent de la *jurisprudence,* mais aussi des articles d'auteurs sur les sujets les plus variés (c'est-à-dire de la *doctrine*) et les textes des lois, au fur et à mesure de leur promulgation (c'est-à-dire de la *législation*).

Dans la partie « jurisprudence », les décisions importantes sont reproduites intégralement et *annotées,* ce qui signifie qu'elles sont suivies du commentaire d'un auteur, appelé *note* ou *observations.* Ce commentaire, naturellement, aide beaucoup à la compréhension de la décision.

Le *Recueil Lebon* publie la jurisprudence *administrative* : arrêts du Tribunal des conflits, arrêts du Conseil d'État, jugement des tribunaux administratifs, souvent annotés.

Documents

Dans les pages suivantes, vous trouverez reproduits des arrêts, tels qu'ils sont publiés dans les revues les plus répandues ou sur légifrance.

Prenez connaissance de cette présentation, voyez comment est construite une décision de justice.

Nous commencerons par deux arrêts de la Cour de cassation (c'est ceux que vous étudierez le plus souvent), l'un de cassation, l'autre de rejet, présentés selon l'ancienne méthode. Comme ils sont très clairs, nous pourrons les « radiographier », c'est-à-dire en voir l'ossature et les articulations. Ceux-ci seront suivis de deux arrêts, l'un de cassation, l'autre de rejet, rendus selon les nouvelles normes de rédaction.

UN ARRÊT DE CASSATION DE LA COUR DE CASSATION (ANCIENNE RÉDACTION)

publié au *Bulletin civil*

Civ. 2e, 20 mars 1996, *Bull. civ.* II, n° 67, p. 42

RADIOGRAPHIE	PHOTOGRAPHIE
Mots-clés renvoyant aux tables alphabétiques et analytiques du *Bulletin civil* (remarquablement bien faites)	**ACCIDENT DE LA CIRCULATION. - Véhicule à moteur. - Définition. - Dameuse.**
Sommaire	*Une dameuse ne constitue pas un véhicule terrestre à moteur au sens de l'article 1er de la loi du 5 juillet 1985.*
Date, nature de la décision	**20 mars 1996.** **Cassation.**

Sur le moyen unique, pris en sa première branche :

ARRÊT

Visa

Vu l'article 1er de la loi du 5 juillet 1985 ;

Motifs

Attendu que **cette loi s'applique** aux victimes d'un accident de la circulation dans lequel est impliqué **un véhicule terrestre à moteur** ainsi que ses remorques ou semi-remorques ;

Attendu, **selon l'arrêt attaqué** et les productions, que Mme Gauer a fait une chute sur un trottoir alors qu'un ouvrier de la société ETM y effectuait des travaux à l'aide d'un engin de damage dépourvu de roues et qu'il manipulait par le manche ; que, blessée, elle a demandé réparation de son préjudice à cette société et à son assureur, la Caisse d'assurances mutuelle du bâtiment ;

Attendu que, pour accueillir la demande, **l'arrêt énonce que la dameuse**, disposant d'un moteur permettant de produire des vibrations nécessaires pour tasser le sol et animer son déplacement, **doit être considérée comme un véhicule terrestre à moteur** ;

Qu'en statuant ainsi, **alors que cet outil ne constituait pas un véhicule au sens du texte susvisé**, la cour d'appel en a violé les dispositions ;

PAR CES MOTIFS, et sans qu'il y ait lieu de statuer sur la seconde branche du moyen :

Dispositif (ici, arrêt de cassation avec renvoi)

CASSE ET ANNULE, dans toutes ses dispositions, l'arrêt rendu le 8 avril 1994, entre les parties, par la cour d'appel de Colmar ; remet, en conséquence, la cause et les parties dans l'état où elles se trouvaient avant ledit arrêt et, pour être fait droit, les renvoie devant la cour d'appel de Metz.

N° du greffe, noms des parties

N° 94-14.524. Caisse d'assurances mutuelle du bâtiment et autre contre Mme Gauer.

Magistrats ayant participé de façon prépondérante à l'élaboration de l'arrêt et cabinets d'avocats aux Conseils ayant défendu les parties (SCP : société civile professionnelle).

Président : ***M. Michaud, conseiller doyen faisant fonction.*** – Rapporteur : ***M. Dorly.*** – Avocat général : ***M. Monnet.*** – Avocats : ***la SCP Vier et Barthélemy, la SCP Delaporte et Briard.***

Références d'arrêts ayant statué dans le même sens (c'est-à-dire ayant pris des décisions similaires).

À RAPPROCHER :

Civ. 2e, 8 janvier 1992, *Bull. civ.* II, n° 4, p. 3 (rejet) ;

Civ. 2e, 31 mars 1993, *Bull. civ.* II, n° 131, p. 69 (rejet), et les arrêts cités ;

Civ. 2e, 9 juin 1993, *Bull. civ.* II, n° 198, p. 107 (cassation), et l'arrêt cité.

• Construction de l'arrêt

Cette construction est classique pour les arrêts de cassation.

→ Les motifs

Le visa caractérise les *arrêts de cassation* (les arrêts de rejet n'en comportent pas). La Cour de cassation ne peut casser un arrêt attaqué par un pourvoi qu'en visant un texte de loi (ou un principe équivalent). Le texte visé est la règle applicable en l'espèce, mais violée ou mal interprétée par l'arrêt attaqué.

Puis se trouvent exposés :

- la *règle applicable* ;
- les *faits* selon l'arrêt attaqué ;
- la *décision prise par la cour d'appel* ;
- les *motifs de l'arrêt attaqué.*

Enfin, au dernier paragraphe, l'arrêt adopte le moyen de cassation en déclarant que la cour d'appel a violé le texte de loi visé.

→ Le dispositif

Casser un arrêt, c'est l'*annuler* : redondance.

Les parties se retrouvent au point où elles en étaient avant l'arrêt cassé, c'est-à-dire *après la décision de première instance*, ici l'ordonnance du juge de la mise en état, et elles sont *renvoyées* devant une autre cour d'appel (afin que la règle du double degré de juridiction soit respectée).

• Décodage de la référence

« Civ. 2e, 20 mars 1996, *Bull. civ.* II, n° 67, p 42 » signifie : arrêt de la Cour de cassation, deuxième Chambre civile, rendu le 20 mars 1996, publié au *Bulletin civil de la Cour de cassation*, numéro de mars 1996, deuxième partie, n° 67, p. 42.

Le *Bulletin civil de la Cour de cassation* est l'organe *officiel*, dans lequel cette juridiction publie mensuellement les arrêts rendus par cinq chambres et auxquels elle entend donner une certaine audience. Les arrêts y sont reproduits par ordre *chronologique* (on les y trouve donc d'après leur date) et sans aucune note ou commentaire. Chaque arrêt porte un numéro qui figure dans la référence (v. p. 87 et s. des indications détaillées sur les *Bulletins de la Cour de cassation*).

UN ARRÊT DE REJET DE LA COUR DE CASSATION (ANCIENNE RÉDACTION) publié au *Recueil Dalloz*

Ass. plén. 15 févr. 2013, pourvoi n° 11-14637, *D.* 2013. 741

Sommaire : *Selon l'article 53 de la loi du 29 juillet 1881, qui doit recevoir application devant la juridiction civile, l'assignation doit, à peine de nullité, préciser et qualifier le fait incriminé et énoncer le texte de loi applicable. Est nulle une assignation retenant pour le même fait la double qualification d'injure et de diffamation.*

Faits : *LA COUR :* - **Sur le moyen unique :**

Attendu, **selon l'arrêt attaqué** (Paris, 15 février 2011), **rendu sur renvoi après cassation** (1re civ., 8 avril 2010, pourvoi n° 09-14. 399), que Mme Y... a fait diffuser sur le forum du site Internet « Aufeminin.com » des propos faisant état de pratiques commerciales malhonnêtes imputées à M. X... ; que celui-ci et la société Docteur Dominique X... (la société)

Procédure antérieure

ont fait assigner Mme Y… et la société « Aufeminin.com SA » du chef de diffamation et d'injures en raison de passages déterminés de ces propos ; que, par ordonnance du 19 décembre 2007, le juge de la mise en état a annulé l'assignation en son ensemble en raison de son imprécision ;

Motifs

Décision de l'arrêt attaqué

Moyen de cassation soulevé par le pourvoi

Attendu que M. X… et la société font grief à **l'arrêt de confirmer l'ordonnance**, alors, **selon le moyen** : […] que satisfait aux prescriptions de l'article 53 de la loi du 29 juillet 1881 la citation introductive d'instance qui indique exactement au défendeur les faits et les infractions qui lui sont reprochés et le met ainsi en mesure de préparer utilement sa défense sans qu'il soit nécessaire que la citation précise ceux des faits qui constitueraient des injures et ceux qui constitueraient des diffamations ; qu'en présence de propos échelonnés sur la toile et liés par un même dessein, la citation introductive qui articulait les propos poursuivis et précisait les qualifications requises ne pouvait être déclarée imprécise ; qu'en se déterminant comme elle l'a fait, la cour de renvoi a violé les dispositions de l'article 53 de la loi du 29 juillet 1881, ensemble l'article 6 de la Convention de sauvegarde des droits de l'homme et des libertés fondamentales […].

En droit

Mais attendu que selon l'article 53 de la loi du 29 juillet 1881, qui doit recevoir application devant la juridiction civile, l'assignation doit, à peine de nullité, préciser et qualifier le fait incriminé et énoncer le texte de loi applicable ; qu'**est nulle une assignation retenant pour le même fait la double qualification d'injure et de diffamation ;**

En fait

Et attendu qu'ayant constaté que des propos identiques ou quasiment identiques, même figurant pour certains dans des commentaires publiés à des dates distinctes, se trouvaient poursuivis sous deux qualifications différentes, **la cour d'appel en a déduit à bon droit**, sans encourir les griefs du moyen, **que** ce cumul de qualifications étant de nature à créer pour les défenderesses une incertitude préjudiciable à leur défense, **l'assignation était nulle en son entier ;**

D'où il suit que le moyen n'est pas fondé ;

Dispositif

Par ces motifs,

REJETTE le pourvoi ;

• Construction de l'arrêt

Cette construction est courante pour les arrêts de rejet.

→ **Dans le premier paragraphe,** l'arrêt relate les données de l'affaire, les faits, l'assignation initiale, la procédure qui l'a suivie et enfin le sens de l'arrêt attaqué (remarquez bien que l'arrêt attaqué est un deuxième arrêt d'appel, rendu **sur renvoi** après une première cassation).

→ **Dans le deuxième paragraphe** figure la demande devant la Cour de cassation, c'est-à-dire le moyen de cassation soulevé par le pourvoi.

→ **Dans les troisième et quatrième paragraphes,** l'arrêt de rejet expose sa propre position. La locution « Mais attendu que » indique que la Cour de cassation prend elle-même la parole pour donner son interprétation de la loi (art. 23...) et enfin en tirer les conséquences : nullité de l'assignation et rejet du pourvoi.

• Décodage de la référence

L'assemblée plénière de la Cour de cassarion statue parce qu'il s'agit d'un deuxième pourvoi dans la même affaire. Depuis quelques années, les arrêts sont classés selon le numéro de pourvoi, en plus de la date de la décision.

Ass. plén. 15 févr. 2013, pourvoi n° 11-14637, *D.* 2013. 741 signifie donc : arrêt rendu par l'assemblée plénière de la Cour de cassation le 15 février 2013, numéro de pouvoi 11-14637, publié au Reccueil Dalloz en 2013, p. 741.

UN ARRÊT DE CASSATION DE LA COUR DE CASSATION (NOUVELLE RÉDACTION)
Civ. 1re, 27 nov. 2019, n° 18-14.675

Mots clés : Libertés et droits fondamentaux ; Protection des données personnelles ; Déréférencement ; Proportionnalité

Sommaire : Le droit au déréférencement d'une donnée personnelle sensible ne peut être refusé que si l'inclusion du lien litigieux s'avère strictement nécessaire à la protection du droit des internautes à l'information.

Faits et procédure

Selon l'arrêt attaqué (Paris, 6 décembre 2017), rendu en référé, M. N..., qui exerce la profession d'expert-comptable et commissaire aux comptes, a, par jugement du tribunal correctionnel de Metz du 17 novembre 2011, été déclaré coupable d'escroquerie et de tentative d'escroquerie et condamné à quatre mois d'emprisonnement avec sursis et 20 000 euros d'amende, ainsi qu'à payer une certaine somme à l'administration fiscale. Par arrêt du 9 octobre 2013, devenu définitif, la cour d'appel de Metz a confirmé ce jugement, sauf en ce qu'elle a porté la peine d'emprisonnement à dix mois avec sursis.

Les 18 novembre 2011 et 15 novembre 2013, deux comptes-rendus d'audience relatant cette condamnation pénale ont été publiés sur le site Internet du journal « Le Républicain lorrain ».

Soutenant que ces articles, bien qu'archivés sur le site du journal, étaient toujours accessibles par le biais d'une recherche effectuée à partir de ses nom et prénom sur le moteur de recherche Google, et reprochant à la société Google Inc., aux droits de laquelle vient la société Google LLC, exploitant de ce moteur de recherche, d'avoir refusé de procéder à la suppression des liens litigieux, M. N... l'a assignée aux fins de déréférencement.

Examen du moyen

M. N... fait grief à l'arrêt de rejeter sa demande de déréférencement, alors que, « selon les articles 38 et 40 de la loi n° 78-17 du 6 janvier 1978 relative à l'informatique, aux fichiers et aux libertés, dans leur rédaction applicable au litige, toute personne physique a le droit de s'opposer, pour des motifs légitimes, à ce que des données à caractère personnel la concernant fassent l'objet d'un traitement ; elle peut exiger du responsable d'un traitement que soient notamment verrouillées ou effacées les données à caractère personnel la concernant, dont la collecte, l'utilisation, la communication ou la conservation est interdite ; que les articles 12, sous b), et 14, premier alinéa, sous a), de la directive 95/46/CE du Parlement européen et du Conseil, du 24 octobre 1995, relative à la protection des personnes physiques à l'égard du traitement des données à caractère personnel et à la libre circulation de ces données, dont les articles susvisés réalisent la transposition en droit interne, doivent être interprétés en ce sens que, dans le cadre de l'appréciation des conditions d'application de ces dispositions, il convient notamment d'examiner si la personne concernée a un droit à ce que l'information en question relative à sa personne ne soit plus, au stade actuel, liée à son nom par une liste de résultats affichée à la suite d'une recherche effectuée à partir de son nom ; que cette dernière pouvant, eu égard à ses droits fondamentaux au titre des articles 7 et 8 de la Charte des droits fondamentaux de l'Union européenne, demander que l'information en question ne soit plus mise à la disposition du grand public du fait de son inclusion dans une telle liste de résultats, ces droits prévalent, en principe, sur l'intérêt de ce public à accéder à ladite information lors d'une recherche portant sur le nom de cette personne, sauf à ce qu'il apparaisse, pour des raisons particulières, telles que le rôle joué par ladite personne dans la vie publique, que l'ingérence dans ses droits fondamentaux est justifiée par l'intérêt prépondérant dudit public à avoir, du fait de cette inclusion, accès à l'information en question ; que la juridiction saisie d'une demande de déréférencement est tenue de porter une appréciation sur son bien-fondé et de procéder, de façon concrète, à la mise en balance des intérêts en présence ; qu'en se bornant à relever, pour exclure l'existence d'un trouble manifestement illicite à raison du fait qu'une simple recherche à partir du nom de M. G... N... renvoyait à des articles traitant d'une condamnation pénale dont il avait fait l'objet en 2011 pour une infraction fiscale commise dans le cadre de sa sphère privée, que les données litigieuses étaient pertinentes au regard de la profession de l'intéressé, que ces informations intéressaient le public et que M. N... devait être considéré comme ayant un rôle dans la vie publique, sans vérifier ni constater que le droit à l'information du public présentait, au jour où elle statuait, un caractère prépondérant, nonobstant le caractère sensible des données en cause et la gravité de l'atteinte aux droits fondamentaux de M. N... qui résultait de leur traitement, et alors même qu'elle relevait que ces données n'étaient pas relatives à la vie professionnelle de ce dernier, la cour d'appel a méconnu son office et a violé les articles 38 et 40 de la loi n° 78-17 du 6 janvier 1978 relative à l'informatique, aux fichiers et aux libertés, dans leur rédaction applicable en l'espèce transposant la directive 95/46/CE du Parlement européen et du Conseil, du 24 octobre 1995, relative à la protection des personnes physiques à l'égard du traitement des données à caractère personnel et à la libre circulation de ces données, ensemble les articles 9 du code civil et 809 du code de procédure civile. »

Réponse de la Cour

Vu les articles 9, 38 et 40 de la loi n° 78-17 du 6 janvier 1978 relative à l'informatique, aux fichiers et aux libertés, dans leur rédaction applicable au litige, issue de la loi n° 2004-801 du 6 août 2004, ensemble les articles 9 du code civil et 809 du code de procédure civile :

Aux termes du premier de ces textes, les traitements de données à caractère personnel relatives aux infractions, condamnations et mesures de sûreté ne peuvent être mis en oeuvre que par les juridictions, les autorités publiques et les personnes morales gérant un service public, agissant dans le cadre de leurs attributions légales, les auxiliaires de justice, pour les stricts besoins de l'exercice des missions qui leur sont confiées par la loi, et les personnes morales mentionnées aux articles L. 321-1 et L. 331-1 du code de la propriété intellectuelle, agissant au titre des droits dont elles assurent la gestion pour le compte des victimes d'atteintes aux droits prévus aux livres Ier, II et III du même code aux fins d'assurer la défense de ces droits.

Il résulte des deuxième et troisième textes que toute personne physique a le droit de s'opposer, pour des motifs légitimes, à ce que des données à caractère personnel la concernant fasse l'objet d'un traitement et peut exiger du responsable d'un traitement que soient, selon les cas, rectifiées, complétées, mises à jour, verrouillées ou effacées les données qui sont inexactes, incomplètes, équivoques, périmées, ou dont la collecte, l'utilisation, la communication ou la conservation est interdite.

Ces dispositions réalisent, respectivement, la transposition, en droit interne, des articles 8, paragraphe 5, 12, sous b), et 14, premier alinéa, sous a), de la directive 95/46/CE du Parlement européen et du Conseil du 24 octobre 1995, relative à la protection des personnes physiques à l'égard du traitement de données à caractère personnel et à la libre circulation de ces données, applicable en la cause, à la lumière de laquelle elles doivent être interprétées.

Par arrêt du 24 septembre 2019 (GC e.a. contre Commission nationale de l'informatique et des libertés, C-136/17), la Cour de justice de l'Union européenne a dit pour droit que :

– les dispositions de l'article 8, paragraphes 1 et 5, de la directive 95/46 doivent être interprétées en ce sens que l'interdiction ou les restrictions relatives au traitement des catégories particulières de données à caractère personnel, visées par ces dispositions, s'appliquent, sous réserve des exceptions prévues par cette directive, également à l'exploitant d'un moteur de recherche dans le cadre de ses responsabilités, de ses compétences et de ses possibilités en tant que responsable du traitement effectué lors de l'activité de ce moteur, à l'occasion d'une vérification opérée par cet exploitant, sous le contrôle des autorités nationales compétentes, à la suite d'une demande introduite par la personne concernée ;

– les dispositions de l'article 8, paragraphes 1 et 5, de la directive 95/46 doivent être interprétées en ce sens que, en vertu de celles-ci, l'exploitant d'un moteur de recherche est en principe obligé, sous réserve des exceptions prévues par cette directive, de faire droit aux demandes de déréférencement portant sur des liens menant vers des pages web sur lesquelles figurent des données à caractère personnel qui relèvent des catégories particulières visées par ces dispositions ;

– les dispositions de la directive 95/46 doivent être interprétées en ce sens que, lorsque l'exploitant d'un moteur de recherche est saisi d'une demande de déréférencement portant sur un lien vers une page web sur laquelle des données à caractère personnel relevant des catégories particulières visées à l'article 8, paragraphe 1 ou 5, de cette directive sont publiées, cet exploitant doit, sur la base de tous les éléments pertinents du cas d'espèce et compte tenu de la gravité de l'ingérence dans les droits fondamentaux de la personne concernée au respect de la vie privée et à la protection des données à caractère personnel, consacrés aux articles 7 et 8 de la charte des droits fondamentaux de l'Union européenne, vérifier, au titre des motifs d'intérêt public important visés à l'article 8, paragraphe 4, de ladite directive et dans le respect des conditions prévues à cette dernière disposition, si l'inclusion de ce lien dans la liste de résultats, qui est affichée à la suite d'une recherche effectuée à partir du nom de cette personne, s'avère strictement nécessaire pour protéger la liberté d'information des internautes potentiellement intéressés à avoir accès à cette page web au moyen d'une telle recherche, consacrée à l'article 11 de cette charte.

Il s'ensuit que, lorsqu'une juridiction est saisie d'une demande de déréférencement portant sur un lien vers une page internet sur laquelle des données à caractère personnel relatives aux infractions, condamnations et mesures de sûreté sont publiées, elle doit, pour porter une appréciation sur son bien-fondé, vérifier, de façon concrète, si l'inclusion du lien litigieux dans la liste des résultats, affichée à la suite d'une recherche effectuée à partir du nom d'une personne, répond à un motif d'intérêt public important, tel que le droit à l'information du public, et si elle est strictement nécessaire pour assurer la préservation de cet intérêt.

Pour rejeter la demande de déréférencement formée par M. N..., l'arrêt retient que, si l'infraction d'escroquerie au préjudice de l'administration fiscale a été commise par l'intéressé dans la sphère privée, il n'en reste pas moins que le référencement des liens litigieux conserve un caractère pertinent en raison de sa profession, dès lors que celui-ci est amené, en sa qualité d'expert-comptable, à donner des conseils de nature fiscale à ses clients et que ses fonctions de commissaire aux comptes appellent une probité particulière. Il ajoute qu'en tant que membre d'une profession réglementée, M. N... doit être considéré comme ayant un rôle dans la vie publique. Il en déduit que l'intérêt des internautes à avoir accès à l'information relative à sa condamnation pénale, en lien avec sa profession, doit prévaloir sur le droit à la protection des données à caractère personnel de M. N....

En se déterminant ainsi, sans rechercher, comme il le lui incombait, si, compte tenu de la sensibilité des données en cause et, par suite, de la particulière gravité de l'ingérence dans les droits de M. N... au respect de sa vie privée et à la protection de ses données à caractère personnel, l'inclusion des liens litigieux dans la liste des résultats était strictement nécessaire pour protéger la liberté d'information des internautes potentiellement intéressés à avoir accès aux pages internet concernées, à défaut de quoi serait caractérisé un trouble manifestement illicite au sens de l'article 809 du code de procédure civile, la cour d'appel n'a pas donné de base légale à sa décision.

PAR CES MOTIFS, et sans qu'il y ait lieu de statuer sur les autres branches du moyen, la Cour :

CASSE ET ANNULE, mais seulement en ce qu'il rejette la demande de déréférencement formée par M. N..., l'arrêt rendu le 6 décembre 2017, entre les parties, par la cour d'appel de Paris ;

• Construction de l'arrêt

La structure est tripartite, obéissant au découpage suivant :

I. Faits et procédure

II. Enoncé du moyen

III. Réponse de la Cour

Les nouveautés sont multiples :

– Les faits et la décision attaquée sont regroupés au sein d'un même paragraphe.

– Le moyen du pourvoi est reproduit dans le corps de la décision alors que dans l'ancienne méthode, la Cour de cassation se contentait d'exposer la position de la juridiction attaquée avant de la critiquer, au dernier paragraphe, par l'adoption du moyen de cassation et la cassation de l'arrêt contre lequel le pourvoi est formé.

– Les motifs de l'arrêt attaqué sont mentionnés après l'énoncé du moyen, dans « La réponse de la Cour ».

– Le visa ne figure plus au début de la décision. Introduisant la réponse de la Cour, il est ainsi déplacé dans le dernier paragraphe de l'arrêt de cassation.

UN ARRÊT DE REJET DE LA COUR DE CASSATION (NOUVELLE RÉDACTION)

Civ. 1re, 13 févr. 2020, n° 19-22.192

Mots-clés : Violences conjugales ; Mesures de protection ; Ordonnance du juge ; Conditions d'obtention

Sommaire : La délivrance d'une ordonnance de protection suppose que le juge constate qu'il existe des raisons sérieuses de considérer comme vraisemblables tant la commission des faits de violence allégués que le danger actuel auquel la victime ou un ou plusieurs enfants sont exposés.

Faits et procédure

Selon l'arrêt attaqué (Paris, 4 juillet 2019), le juge aux affaires familiales a, le 23 janvier 2019, délivré à Mme A... une ordonnance de protection aux termes de laquelle il a fait interdiction à M. D... d'entrer en relation avec elle et de porter une arme, dit que l'autorité parentale sur leurs deux enfants communs serait exercée conjointement par les parents, fixé provisoirement leur résidence habituelle au domicile de la mère, dit que le droit de visite de M. D... s'exercerait dans un cadre médiatisé et autorisé Mme A... à dissimuler son domicile ou sa résidence et à élire domicile chez son avocat.

Examen du moyen

Mme A... fait grief à l'arrêt de rejeter sa demande d'ordonnance de protection alors :

« 1°/ que dès lors qu'elles estiment qu'il existe des raisons sérieuses de considérer comme vraisemblables les faits de violence dénoncés par la femme à l'égard de son conjoint, les autorités judiciaires de l'Etat ont l'obligation positive de la protéger des violences de celui-ci ; qu'en l'espèce, la cour d'appel a constaté que les violences physiques invoquées par Mme A..., à l'appui de sa demande d'ordonnance de protection, étaient vraisemblables ; qu'en refusant pourtant de faire droit à cette demande, la cour d'appel, qui n'a pas tiré les conséquences légales qui s'évinçaient de ses propres constatations, a violé les articles 2, 3 et 14 de la Convention de sauvegarde des droits de l'homme et des libertés fondamentales ;

2°/ dès lors qu'il constate que les faits de violence dénoncés par la femme à l'égard de son conjoint sont vraisemblables, le juge est tenu de faire droit à la demande d'ordonnance de protection dont il est saisi ; qu'en l'espèce, la cour d'appel a constaté que les violences physiques invoquées par Mme A..., à l'appui de sa demande d'ordonnance de protection, étaient vraisemblables ; qu'en refusant pourtant de faire droit à cette demande, la cour d'appel, qui n'a pas tiré les conséquences légales qui s'évinçaient de ses propres constatations, a violé les articles 515-9 et 515-11 du code civil ;

3°/ que dès lors qu'il constate que les faits de violence dénoncés par la femme à l'égard de son conjoint sont vraisemblables, le juge est tenu de faire droit à la demande d'ordonnance de protection dont elle le saisit, peu important que les torts, à l'origine des violences, soient imputables à l'un ou l'autre des conjoints ; qu'en l'espèce, la cour d'appel a constaté que les violences physiques invoquées par Mme A..., à l'appui de sa demande d'ordonnance de protection, étaient vraisemblables ; qu'en refusant de faire droit à cette demande, au motif, en réalité inopérant, que « les relations du couple sont manifestement difficiles depuis plusieurs années et empreintes de violences verbales imputables tant à l'un qu'à l'autre des conjoints », la cour d'appel a privé sa décision de base légale au regard des articles 515-9 et 515-11 du code civil ;

4°/ que dès lors qu'il constate que les faits de violence dénoncés par la femme à l'égard de son conjoint sont vraisemblables, le juge est tenu de faire droit à la demande d'ordonnance de protection dont elle le saisit, peu important que ces faits de violence aient ou non été réitérés ; qu'en l'espèce, la cour d'appel a constaté que les violences physiques invoquées par Mme A..., à l'appui de sa demande d'ordonnance de protection, étaient vraisemblables ; qu'en refusant de faire droit à cette demande, au motif, en réalité inopérant, que Mme A... « n'a jamais soutenu que d'autres scènes de violence physiques aient pu avoir lieu », ni rapporté la preuve que « des menaces de mort ont été proférées par M. D... à son encontre », la cour d'appel a privé sa décision de base légale au regard des articles 515-9 et 515-11 du code civil ;

5°/ que pour apprécier l'existence d'un danger actuel, auquel la victime des violences est exposée, le juge ne peut se fonder sur des circonstances de fait qui ne sont que la conséquence du respect, par le conjoint violent, des mesures de protection ordonnées contre lui ; qu'en retenant, pour décider que Mme A... n'était exposée à aucun danger actuel, que, depuis l'ordonnance déférée, M. D..., qui connaissait le lieu d'exercice professionnel de son ancienne compagne, n'avait pas pour autant cherché à la rencontrer ou à l'impressionner, quand cette circonstance ne résultait que du respect de l'interdiction faite à M. D..., par l'ordonnance de protection du 23 janvier 2019, de rencontrer ou d'entrer en relation avec Mme A... de quelque façon que ce soit, la cour d'appel a une nouvelle fois privé sa décision de base légale au regard des articles 515-9 et 515-11 du code civil ;

(...)

Réponse de la Cour

L'article 515-9 du code civil prévoit que lorsque les violences exercées au sein du couple mettent en danger la personne qui en est victime, un ou plusieurs enfants, le juge aux affaires familiales peut délivrer en urgence à cette dernière une ordonnance de protection.

Selon l'article 515-11 du code civil, dans sa rédaction antérieure à celle issue de la loi n° 2019-1480 du 28 décembre 2019, l'ordonnance de protection est délivrée, dans les meilleurs délais, par le juge aux affaires familiales, s'il estime, au vu des éléments produits devant lui et contradictoirement débattus, qu'il existe des raisons sérieuses de considérer comme vraisemblables la commission des faits de violence allégués et le danger auquel la victime ou un ou plusieurs enfants sont exposés.

Ces deux conditions sont cumulatives.

Après avoir constaté que les relations du couple sont manifestement difficiles depuis plusieurs années et empreintes de violences verbales imputables tant à l'un qu'à l'autre des conjoints, l'arrêt relève que si des violences physiques invoquées par Mme A... dans la nuit du 13 au 14 novembre 2018 sont vraisemblables, la crainte décrite par celle-ci que M. D... s'en prenne physiquement à elle et aux enfants, ce qui l'a conduite à quitter le domicile conjugal, apparaît quelque peu excessive, dès lors qu'elle n'a jamais soutenu que d'autres scènes de violences physiques aient pu avoir lieu et n'a pas plus rapporté la preuve d'éléments permettant d'établir que des menaces de mort ont été proférées par M. D... à son encontre. Il ajoute que depuis la décision déférée, ce dernier a pu rencontrer ses enfants à son domicile et qu'aucun élément médical ne permet de soutenir que ceux-ci éprouvent de la crainte à rencontrer leur père.

En l'état de ces constatations et appréciations, c'est dans l'exercice de son pouvoir souverain que la cour d'appel, qui était tenue de se placer à la date où elle statuait, a, sans inverser la charge de la preuve, estimé que Mme A... ne démontrait pas l'existence d'un danger actuel pour elle ou pour ses enfants, de sorte que la délivrance d'une ordonnance de protection n' était pas justifiée.

Le moyen n'est donc pas fondé.

PAR CES MOTIFS, la Cour :

REJETTE le pourvoi,

• Construction de l'arrêt

À l'instar de celle des arrêts de cassation, la structure est également tripartite, et répond au même découpage. La différence de présentation avec l'ancienne méthode est toutefois moins marquée. Quelques remarques cependant :

– Le premier paragraphe contient les faits et le sens de la décision attaquée.

– Le deuxième paragraphe relate uniquement le moyen de cassation soulevé par le pourvoi sans se référer, comme dans l'ancienne méthode, au sens de l'arrêt attaqué, désormais précisé seulement au premier paragraphe.

– Le troisième et dernier paragraphe expose la position de la Cour de cassation, mais celle-ci n'est plus introduite par le fameux « Mais attendu que… ». La Cour indique son interprétation de la loi et après avoir restitué la motivation de l'arrêt attaqué, en déduit que le moyen n'est pas fondé et que le pourvoi doit être rejeté.

II. Comprendre la décision

Cette deuxième étape vous mènera à pénétrer le sens de ce que vous lisez. Les décisions proposées sont simples. Elles doivent être lues plusieurs fois. Les conseils pratiques vous indiqueront quelles sont les questions utiles à vous poser ; exercez-vous à y répondre.

Documents

Nous continuons, au fil des exemples, à vous montrer des revues usuelles.

UN ARRÊT DE CASSATION
publié au *Répertoire Defrénois*

Civ. 3e, 17 janv. 2007, *Bull. civ.* III, n° 5, p. 3 ; *Defrénois* 2007, art. 38612.

38612. CONTRATS ET CONVENTIONS – Promesse de vente – Promesse unilatérale – Dol – Réticence dolosive – Obligation d'information – Obligation d'information à la charge de l'acquéreur – Valeur du bien vendu (non)

VENTE – Vice du consentement – Dol – Obligation d'information – Obligation d'information à la charge de l'acquéreur – Valeur du bien vendu (non)

L'acquéreur, même professionnel, n'est pas tenu d'une obligation d'information au profit du vendeur sur la valeur du bien acquis.

Civ. 3e, 17 janv. 2007

Portant cassation d'un arrêt rendu par la cour d'appel de Paris le 27 octobre 2005.

« *Sur le moyen unique* :

« **Vu** l'article 1116 du Code civil ;

« Attendu, **selon l'arrêt attaqué**, que M. X., marchand de biens, bénéficiaire de promesses de vente que M. Y. lui avait consenties sur sa maison, l'a assigné en réalisation de la vente après avoir levé l'option et lui avoir fait sommation de passer l'acte ;

« Attendu que pour prononcer la nullité des promesses de vente, **l'arrêt retient que** le fait pour M. X. de ne pas avoir révélé à M. Y. l'information essentielle sur le prix de l'immeuble qu'il détenait en sa qualité d'agent immobilier et de marchand de biens, tandis que M. Y., agriculteur devenu manœuvre, marié à une épouse en incapacité totale de travail, ne pouvait lui-même connaître la valeur de son pavillon, **constituait un manquement au devoir de loyauté** qui s'imposait à tout contractant et **caractérisait une réticence dolosive** déterminante du consentement de M. Y., au sens de l'article 1116 du Code civil ;

« Qu'en statuant ainsi, **alors que l'acquéreur, même professionnel, n'est pas tenu d'une obligation d'information au profit du vendeur sur la valeur du bien acquis**, la cour d'appel a violé le texte susvisé »

Président : M. Weber. – Rapporteur : M. Rouzet. – Avocat général : M. Guérin. – Avocats : la S.C.P. Delaporte, Briard et Trichet ; la S.C.P. de Chaisemartin et Coujon.

CONSEILS PRATIQUES

Pour vous exercer

➔ Remarquez immédiatement :

- la juridiction : ici, Cour de cassation, 3e chambre civile ;
- le genre de l'arrêt : ici, cassation ;
- sa date : ici, 17 janvier 2007 ;
- son domaine : ici, la responsabilité contractuelle.

→ Vérifiez votre connaissance de la terminologie. Pour comprendre l'arrêt, il faut savoir (au besoin, en recherchant dans un lexique) ce que signifie :
- assignation ;
- sommation ;
- promesse de vente ;
- réalisation de la vente ;
- option d'achat ;
- nullité d'une convention ;
- réticence dolosive.

→ Recherchez la structure de l'arrêt de cassation. En vous aidant des articulations soulignées ainsi que des modèles précédents, essayez de trouver et de nommer les diverses subdivisions de l'arrêt.

→ Trouvez les mots pour expliquer ce que vous avez compris. Vous ne pouvez être sûr d'avoir compris que quand vous êtes capable d'expliquer. Après avoir bien relu l'arrêt et les observations, essayez de dire :
- la question qui se posait ;
- la manière dont l'arrêt l'a tranchée ;
- pourquoi l'argumentation du pourvoi n'apparaît pas dans l'arrêt ;
- la position de la Cour de cassation ;
- à quoi fait référence le visa (« vu... »).

• Décodage de la référence

« Civ. 3ᵉ, 17 janv. 2007, *Bull.* III, nº 5, p. 3 ; *Defrénois* 2007, art. 38612 » signifie :

– d'une part arrêt rendu par la 3ᵉ chambre civile de la Cour de cassation le 17 janvier 2007, publié à la troisième partie du *Bulletin civil* de la Cour de cassation de l'année 2007, en page 3 sous le numéro 5 ;

– d'autre part, que cet arrêt a également été publié au *Répertoire du notariat Defrénois,* année 2007, article 38612.

Le *Répertoire du notariat Defrénois* ou simplement *Defrénois* est une revue juridique spécialisée (cf. *infra,* chapitre 4).

UN ARRÊT DE LA COUR DE CASSATION
publié à la *Gazette du Palais*

Civ. 1re 2 oct. 2013, pourvoi n° 12-23568, *Gaz. Pal.* 21 nov. 2013, p. 14

RADIOGRAPHIE | **PHOTOGRAPHIE**

Juridiction
Date

COUR DE CASSATION, 1re CHAMBRE CIVILE
2 OCTOBRE 2013
PRÉSIDENT : M. CHARRUAULT ; AVOCAT : ME LE PRADO
DÉCISION ATTAQUÉE : JURIDICTION DE PROXIMITÉ DE VILLENEUVE-SUR-LOT, 4 MAI 2012

Sur le moyen unique :

Faits
1re demande

Attendu, **selon le jugement attaqué** (juridiction de proximité de Villeneuve-sur-Lot, 4 mai 2012), que les époux X... qui avaient acheté un voyage en Thaïlande auprès de la société Consult voyages exerçant sous l'enseigne Cap Univers (la société) en ont **demandé l'annulation** après avoir été avertis de la suppression de la visite d'un site et des modifications des conditions dans lesquelles le voyage devait se dérouler, dues aux inondations ;

Demande devant la Cour de cassation

Attendu que la société fait grief au jugement de la condamner à rembourser à M. X... la somme que celui-ci avait payée, **alors, selon le moyen :**

Moyen de cassation

1°/ que le caractère essentiel de l'élément du contrat que le fournisseur de voyage est amené à modifier en raison de la survenance d'un événement extérieur est celui qui a été défini comme tel par les parties, par exemple dans les conditions particulières, ou, à défaut, doit être interprété in abstracto, comme un élément communément tenu pour essentiel, sauf à mettre en péril la sécurité juridique du contrat visé par l'article L. 211-13 du code du tourisme ; qu'en l'espèce, la juridiction de proximité a constaté que les époux X... avaient, à l'audience, fait valoir que la visite, annulée, de la ville d'Ayuthaya « revêtait un caractère particulier », et sentimental, du fait que les époux X... s'y étaient rencontrés ; que dès lors, en affirmant, pour estimer que les époux X... étaient fondés à annuler unilatéralement le voyage qu'ils avaient commandé et à en exiger le remboursement auprès de la société, que la suppression de la visite de la ville d'Ayuthaya résultait en une modification d'un élément essentiel du contrat, sans expliquer en quoi cette visite, dont la société soulignait, sans être contredite, qu'elle durait moins de deux heures sur 13 jours de voyage et portait sur le site archéologique d'un village rasé par les birmans en 1797, devait communément être admis comme constituant pour tout acheteur un élément essentiel du contrat, la juridiction de proximité, qui ne constatait de surcroît nullement que les époux X... auraient, au moment de contracter, informé la société de l'importance prétendument capitale que revêtait pour eux la visite de la ville d'Ayuthalaya, ni moins encore que cette visite aurait été mentionnée comme essentielle dans quelque document contractuel que ce soit, a privé sa décision de base légale au regard de l'article L. 211-13 du code du tourisme et de l'article 1134 du code civil ;

2°/ que la société faisait valoir, pièces à l'appui, qu'elle n'avait à aucun moment affirmé que la visite de Bangkok serait annulée, et qu'elle avait au contraire dispensé des informations rassurantes sur cette visite qui était simplement décalée dans le déroulement du programme ; que dès lors en déclarant que les époux X... étaient fondés à résilier unilatéralement le contrat et à en demander le remboursement du fait que le risque de ne pas visiter la capitale, ou de le faire à tout le moins dans des conditions difficiles résultait en une modification d'un élément essentiel du contrat, sans expliquer de quelles circonstances elle déduisait la réalité du risque d'annulation de la visite de Bangkok invoqué par les époux X..., la juridiction de proximité a privé sa décision de base légale au regard de l'article L. 211-13 du code du tourisme et de l'article 1134 du code civil ;

3°/ qu'en retenant que le simple risque, qui plus est fermement contesté par le fournisseur de voyage, d'annulation de la visite de Bangkok ou de son déroulement dans des conditions difficiles, justifiait la résiliation unilatérale du contrat par ces derniers, comme leur demande de remboursement du prix du voyage, la juridiction de proximité, qui n'a pas caractérisé l'existence d'une modification, avant le départ, d'un élément, qui plus est essentiel, du contrat, n'a pas tiré de ses constatations les conséquences légales, et a violé les articles L. 211-13 du code du tourisme et 1134 du code civil ;

Solution de la Cour de cassation

Mais attendu qu'ayant constaté, d'une part, que la visite de la ville d'Ayuthaya revêtait un caractère particulier pour les acheteurs et, d'autre part, que le risque de ne pas visiter la capitale ou de le faire à tout le moins dans des conditions difficiles était contraire à ce qu'un touriste était en droit d'attendre d'un tel voyage, la juridiction de proximité en a exactement déduit qu'un des éléments essentiels du contrat était rendu impossible à la suite d'un événement extérieur qui s'imposait au vendeur justifiant ainsi légalement sa décision ;

Dispositif

Qu'ainsi le moyen qui, pris en sa deuxième branche manque en fait, n'est pas fondé pour le surplus ;

Par ces motifs,
REJETTE le pourvoi ;

La construction de l'arrêt est proche de celle de l'arrêt de rejet expliqué p. 30. Un seul moyen de cassation est soulevé, fondé sur trois arguments (trois branches pas vraiment bien claires en l'espèce). Remarquez que c'est un jugement qui est attaqué devant la Cour de cassation.

CONSEILS PRATIQUES

Pour vous exercer

→ À l'aide d'un cache, couvrez les indications données sur la gauche de la page.

Puis :

- notez la juridiction, la nature de l'arrêt, sa date, son domaine ;
- soulignez les articulations de la décision ;
- retrouvez par vous-même toutes les indications cachées.

→ Vérifiez vos connaissances :

- quelle est ici la cause de nullité du contrat ? ;
- est-ce simplement une cause de nullité ?

→ Après avoir bien relu l'arrêt, essayez de dire :

- la question qui se posait ;
- ce qu'a décidé le jugement attaqué ;
- ce qu'a décidé la Cour de cassation.

UN ARRÊT D'APPEL
publié au *Recueil Dalloz*

Paris, 23 avr. 2003, D. 2003. J. 2716

Radiographie | **Photographie**

Cour d'appel de Paris (14e ch. A)
23 avr. 2003

Sommaire

La fragilité psychologique de la future épouse, ses antécédents familiaux perturbés et la situation administrative du futur époux (en situation irrégulière sur le territoire français) ne suffisent pas à faire échec au droit de se marier qu'ils revendiquent à juste titre dès lors qu'il constitue une liberté fondamentale.

↑

Saisi par la Mairie du XXe arrondissement de Paris, le procureur de la République a ordonné le 10 juin 2002 un sursis à la célébration du mariage envisagé par Madame F… et Monsieur D… pour enquête sur le sérieux du consentement matrimonial des intimés ; à l'issue de l'enquête, le procureur de la République a, **par lettre** du 5 juillet 2002, **notifié au Maire que le mariage** « ***n'est pas autorisé*** », aux motifs qu'il s'agit du troisième dossier de mariage présenté par Madame F... avec une personne étrangère, que Madame F... ne paraît pas jouir de toutes ses facultés mentales, que Monsieur D... est en situation irrégulière sur le territoire français ; Sur assignation délivrée par Madame F... et Monsieur D... le 15 novembre 2002, **le président du Tribunal de grande instance de Paris statuant en référé** a, **par ordonnance** du 27 novembre 2002, **rejeté leur demande en mainlevée de l'opposition** du 5 juillet 2002, au motif que n'était pas prouvée une véritable intention matrimoniale ; Madame F... et Monsieur D... ont interjeté appel de l'ordonnance le 13 décembre 2002 et déposé le 16 janvier 2003 des conclusions tendant à l'infirmation de la décision, à la mainlevée de l'opposition et à l'autorisation de leur mariage ; **Monsieur le Procureur général a conclu le 14 février 2003 à la confirmation de l'ordonnance.**

Faits et procédure antérieurs

Demandes en appel

LA COUR : Considérant que **la décision déférée a été rendue à l'issue d'une procédure non conforme** aux dispositions des articles 66, 175-2 et 177 du Code civil ; qu'en effet **l'opposition du Ministère Public** aurait dû être **signifiée par acte d'huissier de justice** et non notifiée par lettre simple ; qu'en outre, la demande de **mainlevée n'a pas été soumise au Tribunal de grande instance** qui était seul compétent, à l'exclusion du juge des référés, pour en connaître ; – Considérant que la fragilité psychologique de Madame F..., ses antécédents familiaux perturbés et la situation administrative de Monsieur D... ne suffisent pas à faire échec au droit de se marier qu'ils revendiquent à juste titre dès lors qu'il constitue **une liberté fondamentale** ; que les circonstances relevées par la Ministère Public ne sont pas exclusives de la **volonté des futurs époux de vivre une véritable union matrimoniale** ; qu'aucun autre fait du dossier n'est de nature à contredire la stabilité et la sincérité des liens qu'ils ont établis depuis plus d'un an ni à révéler leur intention d'éluder les conséquences légales du mariage ; que l'ordonnance doit en conséquence être infirmée.

Sur la procédure

Motifs de l'arrêt — **Sur le fond**

Par ces motifs, **infirme l'ordonnance, donne mainlevée de l'opposition à mariage formée par Monsieur le procureur de la République** le 5 juillet 2002, [...].

Dispositif

Composition de la juridiction : MM. Lacabarats, prés. – Lautru, av. gén. – Me Habibi-Alaoui, av. – *Décision attaquée :* Tribunal de grande instance de Paris (ord. réf.), 27 nov. 2002 (Infirmation).

Mots-clés : MARIAGE. – Opposition – Procureur de la République – Fragilité psychologique – Intention matrimoniale

Notez que la Cour de Paris utilise traditionnellement l'expression « considérant que » plutôt que l'expression « attendu que ».

• Décodage de la référence

« Paris, 23 avril 2003, *D.* 2003.2716 » signifie arrêt rendu par la Cour d'appel de Paris, le 23 avril 2003, publié au *Recueil Dalloz* 2003, partie jurisprudence p. 2716.

Remarquez que le seul nom de la ville, dans la référence, indique un arrêt de la cour d'appel de cette ville.

CONSEILS PRATIQUES

Pour vous exercer

➜ Relevez immédiatement

- la juridiction ;
- la décision dont il est fait appel ;
- le genre de l'arrêt d'appel (infirmatif ou confirmatif) ;
- sa date ;
- son domaine.

➜ Vérifiez votre connaissance de la terminologie

Vous devez comprendre le sens des mots et expressions suivants :

- opposition à mariage ;
- mainlevée de l'opposition ;
- statuer en référé ;
- liberté fondamentale.

➜ Rechercher la structure de l'arrêt

Cachez les indications données en marge et retrouvez-les vous-même.

➜ Trouvez les mots pour expliquer

- les faits ;
- la procédure ;
- la décision de la Cour d'appel de Paris ;
- ses motifs de procédure et de fond.

UNE DÉCISION DU CONSEIL D'ÉTAT

Juge des référés, 24 janv. 2020, n° 437328

Vu la procédure suivante :

Mme A...... a demandé au juge des référés du tribunal administratif de Rennes, statuant sur le fondement de l'article L. 521-2 du code de justice administrative, d'une part, d'ordonner la suspension de l'exécution de la décision du 22 août 2019 par laquelle le centre hospitalier universitaire de Brest a refusé de prendre les mesures permettant un transfert d'embryon post-mortem et, d'autre part, d'enjoindre au directeur du centre hospitalier universitaire de Brest de prendre, dans un délai de sept jours à compter la notification de la présente ordonnance, toutes mesures utiles pour permettre le déplacement de ses embryons vers le centre de reproduction assistée de l'hôpital de Barcelone en Espagne. Par une ordonnance n° 1906270 du 20 décembre 2019, le juge des référés du tribunal administratif de Rennes a rejeté sa requête.

Par une requête et un mémoire en réplique, enregistrés les 3 et 16 janvier 2020 au secrétariat du contentieux du Conseil d'Etat, Mme A...... demande au juge des référés du Conseil d'Etat, statuant sur le fondement de l'article L. 521-2 du code de justice administrative :

1°) de l'admettre provisoirement au bénéfice de l'aide juridictionnelle ;

2°) d'annuler l'ordonnance du 20 décembre 2019 et de faire droit à ses conclusions de première instance ;

3°) de mettre à la charge du centre hospitalier universitaire de Brest la somme de 4 000 euros à verser à la SCP Spinosi, Sureau, son avocat, au titre des articles L. 761-1 du code de justice administrative et 37 de la loi du 10 juillet 1991.

Elle soutient que :

– la condition d'urgence est remplie dès lors que la loi espagnole n'autorise le recours à une insémination en vue d'une conception posthume que dans les douze mois suivant la mort du mari, ce délai arrivant à échéance le 21 avril 2020 en l'espèce ;

– la décision contestée porte une atteinte grave et manifestement illégale aux stipulations de l'article 8 de la convention européenne des droits de l'homme et au droit de propriété du fait de l'existence avérée d'un projet parental, de la volonté exprimée par son défunt mari qu'elle puisse bénéficier d'une assistance médicale à la procréation à l'étranger en utilisant les embryons conservés du couple, et de la circonstance que la requérante a pour volonté de transférer les embryons du couple et non les seuls gamètes de son mari.

Par un mémoire en défense, enregistré le 13 janvier 2020, le centre hospitalier universitaire de Brest conclut au rejet de la requête. Il fait valoir qu'il n'est porté aucune atteinte à une liberté fondamentale.

L'agence de la biomédecine a présenté des observations le 13 janvier 2020.

Vu les autres pièces du dossier ;

Vu :

– la convention européenne de sauvegarde des droits de l'homme et des libertés fondamentales ;

– le code de la santé publique ;

– le code de justice administrative ;

Après avoir convoqué à une audience publique, d'une part, Mme A……, d'autre part, le centre hospitalier universitaire de Brest et l'agence de la biomédecine ;

Vu l'audience publique du 16 janvier 2020 à 15 heures au cours de laquelle ont été entendus :

– Me Spinosi, avocat au Conseil d'Etat et à la Cour de cassation, avocat de Mme A…… ;

– Me Coudray, avocat au Conseil d'Etat et à la Cour de cassation, avocat du centre hospitalier universitaire de Brest ;

– Me Molinié, avocat au Conseil d'Etat et à la Cour de cassation, avocat de l'agence de la biomédecine ;

– la représentante de l'agence de la biomédecine ;

et à l'issue de laquelle le juge des référés a clos l'instruction ;

Considérant ce qui suit :

1. Aux termes de l'article L. 521-2 du code de justice administrative : « Saisi d'une demande en ce sens justifiée par l'urgence, le juge des référés peut ordonner toutes mesures nécessaires à la sauvegarde d'une liberté fondamentale à laquelle une personne morale de droit public ou un organisme de droit privé chargé de la gestion d'un service public aurait porté, dans l'exercice d'un de ses pouvoirs, une atteinte grave et manifestement illégale. Le juge des référés se prononce dans un délai de quarante-huit heures ».

2. Eu égard à son office, qui consiste à assurer la sauvegarde des libertés fondamentales, il appartient au juge des référés, saisi sur le fondement de l'article L. 521-2 du code de justice administrative, de prendre, en cas d'urgence, toutes les mesures qui sont de nature à remédier aux effets résultant d'une atteinte grave et manifestement illégale portée, par une autorité administrative, à une liberté fondamentale, y compris lorsque cette atteinte résulte de l'application de dispositions législatives qui sont manifestement incompatibles avec les engagements européens ou internationaux de la France, ou dont la mise en oeuvre entraînerait des conséquences manifestement contraires aux exigences nées de ces engagements.

3. Aux termes de l'article L. 2141-2 du code de la santé publique : « L'assistance médicale à la procréation a pour objet de remédier à l'infertilité d'un couple ou d'éviter la transmission à l'enfant ou à un membre du couple d'une maladie d'une particulière gravité. (...) L'homme et la femme formant le couple doivent être vivants, en âge de procréer et consentir préalablement au transfert des embryons ou à l'insémination. Font obstacle à l'insémination ou au transfert des embryons le décès d'un des membres du couple, le dépôt d'une requête en divorce ou en séparation de corps ou la cessation de la communauté de vie, ainsi que la révocation par écrit du consentement par l'homme ou la femme auprès du médecin chargé de mettre en oeuvre l'assistance médicale à la procréation. » L'article L. 2141-4 du même code prévoit que : « I.- Les deux membres du couple dont des embryons sont conservés sont consultés chaque année par écrit sur le point de savoir s'ils maintiennent leur projet parental. / II.- S'ils n'ont plus de projet parental ou en cas de décès de l'un d'entre eux, les deux membres d'un couple, ou le membre survivant, peuvent consentir à ce que : 1° Leurs embryons soient accueillis par un autre couple dans les conditions fixées aux articles L. 2141-5 et L. 2141-6 ; / 2° Leurs embryons fassent l'objet d'une recherche dans les conditions prévues à l'article L. 2151-5 ou, dans les conditions fixées par cet article et les articles L. 1121-4 et L. 1125-1, à ce que les cellules dérivées à partir de ceux-ci entrent dans une préparation de thérapie cellulaire à des fins exclusivement thérapeutiques ; / 3° Il soit mis fin à la conservation de leurs embryons. / Dans tous les cas, le consentement ou la demande est exprimé par écrit et fait l'objet d'une confirmation par écrit après un délai de réflexion de trois mois. En cas de décès de l'un des membres du couple, le membre survivant ne peut être consulté avant l'expiration d'un délai d'un an à compter du décès, sauf initiative anticipée de sa part. (...) IV.- Lorsque les deux membres d'un couple, ou le membre survivant, ont consenti, dans les conditions prévues aux articles L. 2141-5 et L. 2141-6, à l'accueil de leurs embryons et que ceux-ci n'ont pas été accueillis dans un délai de cinq ans à compter du jour où ce consentement a été exprimé par écrit, il est mis fin à la conservation de ces embryons. » Il résulte de ces dispositions qu'en principe, la conservation d'embryons ne peut être autorisée en France qu'en vue de la réalisation d'une assistance médicale à la procréation entrant dans les prévisions légales du code de la santé publique et qu'il n'est pas possible de recourir à l'assistance médicale à la procréation à l'aide des embryons conservés par un couple dont l'homme est décédé.

4. En outre, l'article L. 2141-9 du code de la santé publique prévoit que : « Seuls les embryons conçus avec les gamètes de l'un au moins des membres d'un couple et dans le respect des principes fondamentaux prévus par les articles 16 à 16-8 du code civil peuvent entrer sur le territoire où s'applique le présent code ou en sortir. Ces déplacements d'embryons sont exclusivement destinés à permettre la poursuite du projet parental de ce couple ; ils sont soumis à l'autorisation de l'Agence de la biomédecine. »

5. M. et Mme A...... ont procédé à un dépôt de gamètes dans le centre d'étude et de conservation des oeufs et du sperme du centre hospitalier universitaire (CHU) de Brest dans le but de recourir à une assistance médicale à la procréation. Il a été procédé en 2018 à la conservation de cinq embryons conçus à partir des gamètes du couple et à une fécondation in vitro permettant la naissance d'un enfant en décembre 2018. A la suite du décès de M. A......, le 21 avril 2019, Mme A...... a demandé que les embryons conservés au CHU de Brest soient déplacés en Espagne afin d'y débuter une grossesse. Par une décision du 22 août 2019, le CHU de Brest a rejeté sa demande. Mme A...... relève appel de l'ordonnance du 20 décembre 2019 par laquelle le juge des référés du tribunal administratif de Rennes, statuant sur le fondement de l'article L. 521-2 du code de justice administrative, a rejeté sa requête tendant à la suspension de l'exécution de cette décision et à ce que soient prises toutes mesures utiles pour permettre le déplacement des embryons en Espagne.

6. L'interdiction posée par l'article L. 2141-2 du code de la santé publique de procéder, en cas de décès du mari, à un transfert d'embryon au profit de sa veuve, relève de la marge d'appréciation dont chaque Etat dispose pour l'application de la convention européenne de sauvegarde des droits de l'homme et des libertés fondamentales et elle ne porte pas, par elle-même, une atteinte disproportionnée au droit au respect de la vie privée et familiale, tel qu'il est garanti par les stipulations de l'article 8 de cette convention, ni au droit de propriété en l'absence de droit patrimonial sur le corps humain, ses éléments et ses produits. Les dispositions de l'article L. 2141-9 de ce même code qui interdisent également que des embryons conservés en France puissent faire l'objet d'un déplacement, s'ils sont destinés à être utilisés, à l'étranger, à des fins qui sont prohibées sur le territoire national, visent à faire obstacle à tout contournement des dispositions de l'article L. 2141-2 et ne méconnaissent pas davantage, par elles-mêmes, les exigences nées de l'article 8 de la convention européenne.

7. Toutefois, la compatibilité de la loi avec les stipulations de la convention européenne de sauvegarde des droits de l'homme et des libertés fondamentales ne fait pas obstacle à ce que, dans certaines circonstances particulières, l'application de dispositions législatives puisse constituer une ingérence disproportionnée dans les droits garantis par cette convention. Il appartient par conséquent au juge d'apprécier concrètement si, au regard des finalités des dispositions législatives en cause, l'atteinte aux droits et libertés protégés par la convention qui résulte de la mise en oeuvre de dispositions, par elles-mêmes compatibles avec celle-ci, n'est pas excessive.

8. Il résulte de l'instruction que la demande tendant à ce que les embryons issus des gamètes du couple soient déplacés vers un établissement médical espagnol résulte d'un projet parental auquel le mari de Mme A...... a consenti de son vivant. Toutefois, il n'est pas contesté que la demande de déplacement en Espagne n'est fondée que sur la possibilité légale d'y faire procéder à un transfert d'embryon post-mortem, Mme A......, de nationalité française,

n'entretenant aucun lien avec l'Espagne et ne faisant état d'aucune circonstance particulière. A cet égard, le fait que l'objet du litige concerne non les gamètes de son mari mais les embryons conçus grâce à ses propres gamètes ne constitue pas une circonstance de nature à établir que la décision contestée porterait une atteinte excessive aux stipulations de l'article 8 de la convention européenne de sauvegarde des droits de l'homme et des libertés fondamentales.

9. Il résulte de ce qui précède que Mme A...... n'est pas fondée à soutenir que c'est à tort que par l'ordonnance attaquée, le juge des référés du tribunal administratif de Rennes a rejeté sa demande. Sa requête ne peut dès lors qu'être rejetée. Il y a lieu, dans les circonstances de l'espèce, d'admettre Mme A...... au bénéfice de l'aide juridictionnelle provisoire. Les dispositions de l'article L. 761-1 du code de justice administrative et de l'article 37 de la loi du 10 juillet 1991 font en revanche obstacle à ce qu'une somme soit mise à la charge du centre hospitalier universitaire de Brest qui n'est pas, dans la présente instance, la partie perdante.

ORDONNE :

*Article 1er* : Mme A...... est admise au bénéfice de l'aide juridictionnelle à titre provisoire.

*Article 2e* : La requête de Mme A...... est rejetée.

*Article 3e* : La présente ordonnance sera notifiée à Mme A......, au centre hospitalier universitaire de Brest et à l'agence de la biomédecine.

UN ARRÊT DU TRIBUNAL DES CONFLITS (*Blanco*) reproduit dans *Les grands arrêts de la jurisprudence administrative (GAJA)*

RADIOGRAPHIE

T. confl. : Tribunal des conflits

Blanco : nom de la partie. En droit administratif, il est d'usage de le mentionner dans la référence et de désigner l'arrêt par ce nom.

Rec. : *Recueil Lebon*

Conclusions du commissaire du Gouvernement David.

ARRÊT

PHOTOGRAPHIE

COMPÉTENCE – RESPONSABILITÉ
T. confl. 8 févr. 1873, *Blanco*, *Rec.* 1er supplt 61, concl. David
(*D.* 1873.3.17, concl. David ; *S.* 1873.3.153. concl. David)

Cons. que l'action intentée par le sieur Blanco contre le préfet du département de la Gironde, représentant l'État, a pour objet de faire déclarer l'État civilement responsable, par application des art. 1382, 1383 et 1384 du code civil, du dommage résultant de la blessure que sa fille aurait éprouvée par le fait d'ouvriers employés par l'administration des tabacs ;

Passage ayant valeur de **principe** signalé en italique dans l'ouvrage.

Cons. que la responsabilité, qui peut incomber à l'État pour les dommages causés aux particuliers par le fait des personnes qu'il emploie dans le service public, ne peut être régie par les principes qui sont établis dans le code civil, pour les rapports de particulier à particulier ;

Que cette responsabilité n'est ni générale, ni absolue ; qu'elle a ses règles spéciales qui varient suivant les besoins du service et la nécessité de concilier les droits de l'État avec les droits privés ;

Dispositif (résumé entre parenthèses).

Que, dès lors, aux termes des lois ci-dessus visées, l'autorité administrative est seule compétente pour en connaître ;... (Arrêté de conflit confirmé.)

OBSERVATIONS

Une enfant ayant été renversée et blessée par un wagonnet de la manufacture des tabacs, le conflit avait été élevé devant les tribunaux judiciaires, saisis par le père de l'enfant d'une action en dommages-intérêts contre l'État comme civilement responsable des fautes commises par les ouvriers de la manufacture.

Le Tribunal des conflits devait ainsi résoudre la question de savoir, pour reprendre les termes des conclusions du commissaire du gouvernement David, « quelle est, des deux autorités administrative et judiciaire, celle qui a compétence générale pour connaître des actions en dommages-intérêts contre l'État ». L'arrêt rendu à cette occasion devait connaître une fortune singulière. On l'a considéré pendant longtemps comme l'arrêt de principe, la « pierre angulaire » du droit administratif tout entier ; aujourd'hui certains auteurs soutiennent qu'il est périmé,...

UNE DÉCISION DU CONSEIL CONSTITUTIONNEL publiée à la *Semaine juridique*

Cons. const., 26 mars 2003, *JCP* 2003. II. 10066

10066 – Le Conseil constitutionnel ne tient ni de l'article 61, ni de l'article 89, ni d'aucune autre disposition de la Constitution le pouvoir de statuer sur une révision constitutionnelle.

Radiographie | **Photographie**

Sommaire

La compétence du Conseil constitutionnel est strictement délimitée par la Constitution ; elle n'est susceptible d'être précisée et complétée par voie de loi organique que dans le respect des principes posés par le texte constitutionnel ; le Conseil constitutionnel ne saurait être appelé à se prononcer dans d'autres cas que ceux qui sont expressément prévus par ces textes.

L'article 61 de la Constitution donne au Conseil constitutionnel mission d'apprécier la conformité à la Constitution des lois organiques et, lorsqu'elles lui sont déférées dans les conditions fixées par cet article, des lois ordinaires ; le Conseil constitutionnel ne tient ni de l'article 61, ni de l'article 89, ni d'aucune autre disposition de la Constitution le pouvoir de statuer sur une révision constitutionnelle.

Cons. const., 26 mars 2003, déc. no 2003-469 DC.

Mots-clés : Lois et règlements – Constitutionnalité – L. constit. n° 2003-276, 28 mars 2003 – Organisation décentralisée de la République – Révision constitutionnelle – Conseil constitutionnel – Pouvoir de statuer (non).

Juris-Classeur : Administratif, fasc. 1414, par Guillaume Drago.

LE CONSEIL CONSTITUTIONNEL – [...] Vu la Constitution, notamment ses articles 61 et 89 ; – Vu l'ordonnance du 7 novembre 1958 portant loi organique sur le Conseil constitutionnel ; [...]

Règle applicable — **En général**

• 1. Considérant que la compétence du Conseil constitutionnel est strictement délimitée par la Constitution ; qu'elle n'est susceptible d'être précisée et complétée par voie de loi organique que dans le respect des principes posés par le texte constitutionnel ; que le Conseil constitutionnel ne saurait être appelé à se prononcer dans d'autres cas que ceux qui sont expressément prévus par ces textes ;

En particulier sur les art. 61 et 89

• 2. Considérant que l'article 61 de la Constitution donne au Conseil constitutionnel mission d'apprécier la conformité à la Constitution des lois organiques et, lorsqu'elles lui sont déférées dans les conditions fixées par cet article, des lois ordinaires ; que le Conseil constitutionnel ne tient ni de l'article 61, ni de l'article 89, ni d'aucune autre disposition de la Constitution le pouvoir de statuer sur une révision constitutionnelle ;

Solution : Décision d'incompétence

• 3. Considérant qu'il résulte de ce qui précède que le Conseil constitutionnel n'a pas compétence pour statuer sur la demande susvisée, par laquelle les sénateurs requérants lui défèrent, aux fins d'appréciation de sa conformité à la Constitution, la révision de la Constitution relative à l'organisation décentralisée de la République approuvée par le Congrès le 17 mars 2003.

Décide :

Dispositif

Article 1er : Le Conseil constitutionnel n'a pas compétence pour se prononcer sur la demande susvisée.

[...]

Membres du Conseil constitutionnel

MM. Yves Guéna, prés., Michel Ameller, Jean-Claude Colliard, Olivier Dutheillet de Lamothe, Pierre Joxe, Pierre Mazeaud, Mmes Monique Pelletier, Dominique Schnapper et Simone Veil.

UN ARRÊT DE LA COUR EUROPÉENNE DES DROITS DE L'HOMME publié au *Recueil Dalloz*

CEDH 14 mars 2013, n° 26118/10, *D.* 2013. 968

Demandeur : Eon/ Défendeur : France

Texte(s) appliqué(s) : Convention européenne des droits de l'homme du 04-11-1950 – art. 10

Mots clés : DROIT ET LIBERTÉ FONDAMENTAUX – Liberté d'expression – Presse – Délit de presse – Offense envers le chef de l'État. PRESSE – Délit de presse – Offense envers le chef de l'État – Liberté d'expression – Violation

Sommaire : La Cour européenne juge contraire à l'article 10 de la Convention garantissant le droit à la liberté d'expression, la condamnation pour offense au président de la République prononcée contre une personne qui avait brandi, à l'occasion d'un déplacement du président en Mayenne, un écriteau portant la formule « casse-toi pov'con »

LA COUR : [...]

– PROCÉDURE

• 1. À l'origine de l'affaire se trouve une requête (n° 26118/10) dirigée contre la République française et dont un ressortissant de cet État, M. Hervé Eon (« le requérant »), a saisi la Cour le 12 avril 2010 en vertu de l'article 34 de la Convention de sauvegarde des droits de l'homme et des libertés fondamentales (« la Convention »). [...]

EN FAIT

I. Les circonstances de l'espèce [...]

• 6. Le 28 août 2008, jour de la visite du président de la République à Laval, alors que le passage du cortège présidentiel était imminent, le requérant brandit un petit écriteau sur lequel était inscrite la phrase « casse-toi pov'con ».

• 7. Le requérant faisait ainsi référence à une réplique très médiatisée du président de la République, proférée le 23 février 2008 lors du salon de l'agriculture, alors qu'un agriculteur avait refusé de lui serrer la main. Cette phrase, très commentée, fit l'objet d'une large diffusion dans les médias. Elle fut reprise sur internet à de nombreuses occasions et comme slogan lors de manifestations.

• 8. Le requérant, immédiatement interpellé par les policiers, fut conduit au commissariat de police. Il fut poursuivi par le procureur de la République pour offense au président de la République, délit prévu et réprimé par l'article 26 de la loi du 29 juillet 1881 (§ 16 ci-dessous). [...]

• 9. Par un jugement du 6 novembre 2008, le tribunal de grande instance de Laval déclara le requérant coupable du délit d'offense au président de la République et le condamna à 30 € d'amende avec sursis. Le tribunal se prononça comme suit :

« (...) Le jour de la visite du président (...) le prévenu (...) a cru bon de brandir un petit écriteau sur lequel était inscrite la copie conforme servie à froid d'une réplique célèbre inspirée par un affront immédiat.

Si le prévenu n'avait pas eu l'intention d'offenser, mais seulement l'intention de donner une leçon de politesse incongrue, il n'aurait pas manqué de faire précéder la phrase « casse-toi pov'con » par une formule du genre « on ne dit pas ».

En faisant strictement sienne la réplique, il ne peut valablement soutenir qu'il n'avait pas l'intention d'offenser. La question du deux poids, deux mesures, évidemment sous-jacente, ne se pose même pas, puisque la loi entend protéger la fonction de président de la République, et que M. Eon ne peut se targuer comme simple citoyen d'être traité d'égal à égal.

Le délit d'offense au président de la République est ainsi parfaitement caractérisé (...) ».

Sur la peine, le tribunal releva qu'au regard tant des circonstances que des revenus modiques du requérant (450 € par mois), un simple avertissement s'imposait, lequel se matérialisa par une amende qualifiée « de principe » par les juges.

• 10. Le requérant et le ministère public interjetèrent appel.

• 11. Par un arrêt du 24 mars 2009, la cour d'appel d'Angers confirma le jugement en toutes ses dispositions. [...]

• 12. Le requérant forma un pourvoi en cassation. [...]

• 15. Par un arrêt du 27 octobre 2009, la Cour de cassation déclara le pourvoi non admis, après avoir relevé qu'aucun moyen n'était de nature à permettre l'admission du pourvoi. [...]

II. Le droit et la pratique internes pertinents

• 16. Le délit d'offense au président de la République est prévu par l'article 26 de la loi du 29 juillet 1881 sur la liberté de la presse, lequel se lit ainsi : « L'offense au président de la République par l'un des moyens énoncés dans l'article 23 est punie d'une amende de 45 000 €. Les peines prévues à l'alinéa précédent sont applicables à l'offense à la personne qui exerce tout ou partie des prérogatives du président de la République ». Tout comme le délit d'offense au chef de l'État, les peines prévues par les articles 30 et 31 de la loi de 1881 qui concernent respectivement les atteintes à l'honneur et à la considération des autorités publiques (corps constitués et administration publique) et des personnes physiques investies de l'autorité publique (membres du ministère, etc.) sont plus sévères que celles qui sanctionnent la diffamation envers les particuliers. En revanche, l'injure est punie de la même peine qu'elle concerne un particulier ou une autorité publique : l'article 33 de la loi de 1881 prévoit que « l'injure commise de la même manière envers les particuliers, lorsqu'elle n'aura pas été précédée de provocations, sera punie d'une amende de 12 000 € ». [...]

EN DROIT

I. Sur la violation alléguée de l'article 10 de la Convention

• 24. Le requérant allègue que sa condamnation porte atteinte à sa liberté d'expression telle que garantie par l'article 10 de la Convention, ainsi libellé :

« 1. Toute personne a droit à la liberté d'expression. Ce droit comprend la liberté d'opinion et la liberté de recevoir ou de communiquer des informations ou des idées sans qu'il puisse y avoir ingérence d'autorités publiques (...).

2. L'exercice de ces libertés comportant des devoirs et des responsabilités peut être soumis à certaines formalités, conditions, restrictions ou sanctions prévues par la loi, qui constituent des mesures nécessaires, dans une société démocratique, à la sécurité nationale, à l'intégrité territoriale ou à la sûreté publique, à la défense de l'ordre et à la prévention du crime, à la protection de la santé ou de la morale, à la protection de la réputation ou des droits d'autrui, pour empêcher la divulgation d'informations confidentielles ou pour garantir l'autorité et l'impartialité du pouvoir judiciaire ».

[...]

B. Sur le fond

1. Thèses des parties :

• 38. Le requérant considère qu'il est victime d'une atteinte caractérisée à sa liberté d'expression. [...]

• 39. Le requérant ne conteste pas le quantum de la sanction dont la modicité est évidente mais son principe. Il rappelle que le délit d'offense à chef d'État étranger prévu par l'article 36 de la loi de 1881 a été abrogé à la suite du prononcé de l'arrêt Colombani et autres contre France (n° 51279/99, Rec. CEDH 2002-V). Dans cet arrêt, la Cour a observé « (...) que, contrairement au droit commun de la diffamation, l'accusation d'offense ne permet pas aux requérants de faire valoir l'exceptio veritatis, c'est-à-dire de prouver la véracité de leurs allégations, afin de s'exonérer de leur responsabilité pénale. Cette impossibilité de faire jouer cette exception constitue une mesure excessive pour protéger la réputation et les droits d'une personne, même lorsqu'il s'agit d'un chef d'État ou de gouvernement ». Dans la lignée de cette jurisprudence, le requérant demande à la Cour de conclure que le délit d'offense au président de la République est contraire à la Convention car le régime procédural est identique à celui de l'article 36 abrogé : il est impossible de faire valoir l'exceptio veritatis.[...]

• 40. Le gouvernement émet des doutes sur la question de savoir si les propos litigieux, ne comportant aucune expression d'opinion, affichés par un particulier hors de tout débat d'intérêt général, à l'occasion du passage du cortège du président de la République, peut être considéré comme relevant de la liberté d'expression au sens du § 1er de l'article 10.

• 41. En tout état de cause, le gouvernement soutient que la condamnation du requérant était prévue par la loi, la loi du 29 juillet 1881 sur la liberté de presse, et nécessaire dans une société démocratique à la protection de l'ordre, au sens de la nécessité de protéger le représentant institutionnel incarnant l'une des plus hautes autorités de l'État des attaques verbales et physiques et qui tendent à porter atteinte aux institutions elles-mêmes (Janowski, préc., § 25 et 26 et § 17 ci-dessus).

[...]

2. Appréciation de la Cour :

[...]

• 53. En l'espèce, la Cour relève que l'expression apposée sur un écriteau, « casse-toi pov'con », brandi par le requérant lors d'un cortège présidentiel sur la voie publique, est littéralement offensante à l'égard du président de la République. Cela étant, ce propos doit être analysé à la lumière de l'ensemble de l'affaire, et en particulier au regard de la qualité de son destinataire, de celle du requérant, de sa forme et du contexte de répétition dans lequel il a été proféré.

• 54. Après l'avoir qualifié de « copie conforme servie à froid d'une réplique célèbre inspirée par un affront immédiat », les juridictions nationales ont principalement retenu que le propos avait été repris uniquement dans l'intention d'offenser. Le tribunal a considéré qu'en faisant « strictement sienne la réplique », le requérant ne pouvait avoir d'autre intention. La cour d'appel a estimé qu'il ne pouvait pas être de bonne foi – le propos n'étant pas tombé dans le domaine public pour devenir d'usage libre – eu égard en particulier à son engagement politique et à la préméditation de son acte.

• 55. La Cour note en premier lieu que la restriction apportée à la liberté d'expression du requérant est sans relation avec les intérêts de la liberté de la presse puisque les propos litigieux n'ont pas été formulés dans un tel contexte. [...]

• 60. La Cour retient, d'autre part, qu'en reprenant à son compte une formule abrupte, utilisée par le président de la République lui-même, largement diffusée par les médias puis reprise et commentée par une vaste audience de façon fréquemment humoristique, le requérant a choisi d'exprimer sa critique sur le mode de l'impertinence satirique. Or, la Cour a souligné à plusieurs reprises que la satire est une forme d'expression artistique et de commentaire social qui, de par l'exagération et la déformation de la réalité qui la caractérisent, vise naturellement à provoquer et à agiter. C'est pourquoi il faut examiner avec une attention particulière toute ingérence dans le droit d'un artiste – ou de toute autre personne – à s'exprimer par ce biais (25 janv. 2007, n° 8354/01, Vereinigung Bildender Künstler c/ Autriche, § 33 ; 20 oct. 2009, n° 41665/07, Alves da Silva c/ Portugal, § 27 ; et mutatis mutandis, 21 févr. 2012, n° 32131/08 et 41617/08, Tusalp c/ Turquie, § 48).

• 61. La Cour considère que sanctionner pénalement des comportements comme celui qu'a eu le requérant en l'espèce est susceptible d'avoir un effet dissuasif sur les interventions satiriques concernant des sujets de société qui peuvent elles aussi jouer un rôle très important dans le libre débat des questions d'intérêt général sans lequel il n'est pas de société démocratique (mutatis mutandis, Alves da Silva, préc., § 29).

• 62. Eu égard à ce qui précède, et après avoir pesé l'intérêt de la condamnation pénale pour offense au chef de l'État dans les circonstances particulières de l'espèce et l'effet de la condamnation à l'égard du requérant, la Cour juge que le recours à une sanction pénale par les autorités compétentes était disproportionné au but visé et n'était donc pas nécessaire dans une société démocratique.

[...]

Par ces motifs, la Cour,

[...]

• 2. Dit, par six voix contre une, qu'il y a eu violation de l'article 10 de la Convention ;

[...]

UN ARRÊT DE LA COUR DE JUSTICE DE L'UNION EUROPÉENNE
publié à la *Semaine juridique, édition générale*

CJUE 6 févr. 2014, *JCP G* 2014. 249

Renvoi préjudiciel – Règlement (CE) n° 1383/2003 – Mesures visant à empêcher la mise sur le marché de marchandises de contrefaçon et de marchandises pirates – Article 2 – Champ d'application du règlement – Vente, à partir d'un État tiers, par Internet, d'une montre de contrefaçon à des fins privées à un particulier, résidant dans un État membre – Saisie de la montre par les autorités douanières lors de son entrée sur le territoire de l'État membre – Régularité de la saisie – Conditions – Conditions tenant à l'atteinte aux droits de propriété intellectuelle – Directive 2001/29/CE – Article 4 – Distribution au public – Directive 2008/95/CE – Article 5 – Règlement (CE) n° 207/2009 – article 9 – Usage dans la vie des affaires

Dans l'affaire C-98/13, ayant pour objet une demande de décision préjudicielle au titre de l'article 267 TFUE, introduite par le Højesteret (Danemark), par décision du 25 février 2013, parvenue à la Cour le 27 février 2013, dans la procédure

Martin Blomqvist contre **Rolex SA, Manufacture des Montres Rolex SA,**

LA COUR (deuxième chambre),

[...]

Arrêt

1. La demande de décision préjudicielle porte sur l'interprétation du règlement (CE) n° 1383/2003 du Conseil, du 22 juillet 2003, concernant l'intervention des autorités douanières à l'égard de marchandises soupçonnées de porter atteinte à certains droits de propriété intellectuelle ainsi que les mesures à prendre à l'égard de marchandises portant atteinte à certains droits de propriété intellectuelle [...]

2. Cette demande a été présentée dans le cadre d'un litige opposant M. Blomqvist à Rolex SA et à Manufacture des montres Rolex SA (ci-après, ensemble, « Rolex ») au sujet de la destruction d'une montre de contrefaçon saisie par les autorités douanières et que M. Blomqvist avait achetée par l'intermédiaire d'un site Internet chinois de vente en ligne.

[...]

Le litige au principal et les questions préjudicielles

16. En janvier 2010, M. Blomqvist, résidant au Danemark, a commandé, par l'intermédiaire d'un site Internet chinois de vente en ligne, une montre décrite comme étant de la marque Rolex. La commande a été passée et a été payée à partir du site Internet anglais de ce vendeur. Celui-ci a expédié la montre depuis Hong Kong par colis postal.

17. Le paquet a fait l'objet d'un contrôle par les autorités douanières lors de son arrivée au Danemark. Celles-ci ont suspendu le dédouanement de la montre, soupçonnant une contrefaçon de la montre originale de la marque Rolex et une violation des droits d'auteur sur le modèle concerné. Elles en ont informé, le 18 mars 2010, Rolex et M. Blomqvist.

18. Rolex a alors demandé, conformément à la procédure prévue par le règlement douanier, que la suspension du dédouanement soit maintenue, après avoir constaté qu'il s'agissait effectivement d'une contrefaçon, et a sollicité de M. Blomqvist qu'il donne son accord pour que la montre soit détruite par les autorités douanières.

19. M. Blomqvist, faisant valoir qu'il avait acheté légalement cette montre, s'est opposé à cette destruction.

20. Rolex a alors saisi le Sø- og Handelsretten (tribunal de commerce) d'une action tendant à ce qu'il soit enjoint à M. Blomqvist d'admettre la suspension du dédouanement et la destruction de la montre sans indemnisation. Cette juridiction a fait droit à la demande de Rolex.

21. M. Blomqvist a saisi en appel le Højesteret. Celui-ci s'interroge sur la réalité de l'atteinte, dans une situation telle que celle de l'espèce, à un droit de propriété intellectuelle, condition nécessaire à la mise en œuvre du règlement douanier, alors que, pour l'application de ce règlement, il faut, d'une part, qu'il s'agisse d'une violation du droit d'auteur ou d'un droit de marque protégé au Danemark et, d'autre part, que la violation alléguée ait eu lieu dans ce même État membre. Dès lors qu'il est établi que M. Blomqvist a acheté sa montre pour son usage personnel et qu'il n'a pas méconnu les lois danoises sur le droit d'auteur et sur les marques, se pose la question de savoir, pour la juridiction de renvoi, si le vendeur a violé le droit d'auteur et le droit des marques au Danemark. En conséquence, et au regard de la jurisprudence de la Cour (arrêts du 12 juillet 2011, L'Oréal e.a., C-324/09, Rec. p. I-6011 ; du 1er décembre 2011, Philips, C-446/09 et C-495/09, non encore publié au Recueil, et du 21 juin 2012, Donner, C-5/11, non encore publié au Recueil), le Højesteret se demande s'il est question, en l'espèce, d'une distribution au public, au sens de la directive sur le droit d'auteur, et d'un usage dans la vie des affaires, au sens de la directive sur les marques et du règlement sur la marque communautaire.

22. Dans ces conditions, le Højesteret a décidé de surseoir à statuer et de poser à la Cour les questions préjudicielles suivantes :

« 1) L'article 4, paragraphe 1, de la directive [sur le droit d'auteur] doit-il être interprété en ce sens que relève de la 'distribution au public' dans un État membre d'une marchandise protégée par le droit d'auteur le fait pour une entreprise de conclure, via un site Internet situé dans un pays tiers, un contrat de vente et d'expédition de la marchandise à un acheteur privé, dont l'adresse est connue du vendeur, dans l'État membre où la marchandise est protégée par les dispositions sur le droit d'auteur, qu'il perçoive le paiement de la marchandise et effectue l'expédition à l'acheteur à l'adresse convenue ou existe-t-il une condition supplémentaire que, préalablement à la vente, la marchandise ait fait l'objet d'une offre de vente ou d'une publicité dirigée vers les consommateurs de l'État membre où la marchandise est livrée ou présentée sur un site Internet destiné aux consommateurs de cet État ?

2) L'article 5, paragraphes 1 et 3, de la directive [sur les marques] doit-il être interprété en ce sens que doit être considéré comme l'usage dans la vie des affaires' d'une marque dans un État membre le fait pour une entreprise de conclure, via un site Internet situé dans un pays tiers, un contrat de vente et d'expédition de la marchandise portant cette marque à un acheteur privé, dont l'adresse est connue du vendeur dans l'État membre où la marque est enregistrée, qu'il perçoive le paiement de la marchandise et effectue l'expédition à l'acheteur à l'adresse convenue ou existe-t-il dans cette situation une [...] condition supplémentaire que la marchandise ait fait l'objet, préalablement à la vente, d'une offre de vente ou d'une publicité dirigée vers les consommateurs de l'État membre où la marchandise est livrée ou présentée sur un site Internet destiné aux consommateurs de cet État ?

3) L'article 9, paragraphes 1 et 2, du règlement [sur la marque communautaire] doit-il être interprété en ce sens que doit être considéré comme l'usage dans la vie des affaires' d'une marque dans un État membre le fait pour une entreprise de conclure, via un site Internet situé dans un pays tiers, un contrat de vente et d'expédition d'une marchandise portant la marque communautaire à un acheteur privé, dont l'adresse est connue du vendeur, dans un État membre, qu'il perçoive le paiement de la marchandise et effectue l'expédition à l'acheteur à l'adresse convenue ou existe-t-il dans cette situation une condition supplémentaire que la marchandise ait fait l'objet, préalablement à la vente, d'une offre de vente ou d'une publicité dirigée vers les consommateurs de l'État membre où la marchandise est livrée ou présentée sur un site Internet destiné aux consommateurs de cet État ?

4) L'article 2, paragraphe 1, sous b), du règlement [douanier] doit-il être interprété en ce sens que l'application dans un État membre des dispositions sur l'empêchement de la mise en libre pratique et de la destruction de 'marchandises pirates' est subordonnée à la condition qu'il y ait eu 'distribution au public' dans cet État membre selon les mêmes critères que ceux indiqués dans la réponse à la première question ?

5) L'article 2, paragraphe 1, sous a), du règlement [douanier] doit-il être interprété en ce sens que l'application dans un État membre des dispositions sur l'empêchement de la mise en libre pratique

et de la destruction de 'marchandises de contrefaçon' est subordonnée à la condition qu'il y ait eu 'usage dans la vie des affaires' dans cet État membre selon les mêmes critères que ceux indiqués dans les réponses aux deuxième et troisième questions ? »

Sur les questions préjudicielles

23. À titre liminaire, il convient de relever que, par ses questions, la juridiction de renvoi cherche à être éclairée sur la notion de « distribution au public », au sens de l'article 4, paragraphe 1, de la directive sur le droit d'auteur, ainsi que sur la notion d'« usage dans la vie des affaires », au sens de l'article 5, paragraphes 1 et 3, de la directive sur les marques et de l'article 9, paragraphes 1 et 2, du règlement sur la marque communautaire, afin de pouvoir apprécier, dans l'affaire au principal, l'existence d'une atteinte à un droit de propriété intellectuelle.

[...]

26. Dans ces conditions, il y a lieu de comprendre les questions préjudicielles en ce sens que la juridiction de renvoi cherche à savoir s'il résulte du règlement douanier que, pour que le titulaire d'un droit de propriété intellectuelle sur une marchandise vendue à une personne résidant sur le territoire d'un État membre à partir d'un site Internet de vente en ligne situé dans un pays tiers bénéficie de la protection garantie à ce titulaire par ledit règlement au moment où cette marchandise entre sur le territoire de cet État membre, il est nécessaire que cette vente soit considérée, dans ledit État membre, comme une forme de distribution au public ou comme relevant d'un usage dans la vie des affaires. La juridiction de renvoi se demande également si, préalablement à la vente, ladite marchandise doit avoir fait l'objet d'une offre de vente ou d'une publicité s'adressant aux consommateurs du même État.

27. À cet égard, il y a lieu de rappeler que, d'une part, le titulaire d'une marque est habilité, sur le fondement de la directive sur les marques et du règlement sur la marque communautaire, à interdire l'usage, sans son consentement, d'un signe identique à ladite marque par un tiers lorsque cet usage a lieu dans la vie des affaires, est fait pour des produits ou des services identiques à ceux pour lesquels la marque est enregistrée, et porte atteinte ou est susceptible de porter atteinte aux fonctions de la marque (arrêt du 23 mars 2010, Google France et Google, C-236/08 à C-238/08, Rec. p. I-2417, point 49 et jurisprudence citée).

28. D'autre part, conformément à la directive sur le droit d'auteur, un droit exclusif est conféré aux auteurs d'autoriser ou d'interdire toute forme de distribution au public, par la vente ou autrement, de l'original de leurs œuvres ou de copies de celles-ci. La distribution au public se caractérise par une série d'opérations allant, à tout le moins, de la conclusion d'un contrat de vente à l'exécution de celui-ci par la livraison à un membre du public. Un commerçant est dès lors responsable de toute opération réalisée par lui-même ou pour son compte donnant lieu à une « distribution au public » dans un État membre où les biens distribués sont protégés par un droit d'auteur (voir, en ce sens, arrêt Donner, précité, points 26 et 27).

29. Dans ces conditions, le droit de l'Union exige que cette vente soit considérée, sur le territoire d'un État membre, comme une forme de distribution au public, au sens de la directive sur le droit d'auteur, ou comme relevant d'un usage dans la vie des affaires, au sens de la directive sur les marques et du règlement sur la marque communautaire. L'existence d'une telle distribution au public doit être considérée comme avérée en cas de conclusion d'un contrat de vente et d'expédition.

30. Il n'est pas contesté que, dans l'affaire au principal, Rolex est titulaire au Danemark des droits d'auteur et de marques qu'elle revendique et que la montre en cause dans cette affaire constitue une marchandise de contrefaçon et une marchandise pirate au sens de l'article 2, paragraphe 1, sous a) et b), du règlement douanier. Il n'est pas davantage contesté que Rolex eût été en droit de faire valoir l'atteinte à ses droits pour le cas où cette marchandise aurait été mise en vente par un commerçant établi dans cet État membre, puisque, à l'occasion d'une telle vente, intervenue à titre commercial, il aurait été fait usage, lors d'une distribution au public, de ses droits dans la vie des affaires. Il reste dès lors à vérifier, afin de répondre aux questions posées, si un titulaire de droits de propriété intellectuelle, tel que Rolex, peut prétendre à la même protection de ses droits pour le cas où, comme dans l'affaire au principal, la marchandise en cause a été vendue à

partir d'un site Internet de vente en ligne situé dans un pays tiers sur le territoire duquel cette protection ne trouve pas à s'appliquer.

31. Il est certes vrai que la simple accessibilité d'un site Internet sur le territoire couvert par cette protection ne suffit pas pour conclure que les offres de vente affichées sur ce site sont destinées à des consommateurs situés sur ce territoire (voir arrêt L'Oréal e.a., précité, point 64).

32 Toutefois, la Cour a déjà jugé qu'il peut y avoir atteinte aux droits ainsi protégés lorsque, même avant leur arrivée sur le territoire couvert par cette protection, des marchandises provenant de pays tiers font l'objet d'un acte commercial dirigé vers les consommateurs situés sur ce territoire, tel qu'une vente, une offre à la vente ou une publicité (voir, en ce sens, arrêt Philips, précité, point 57 et jurisprudence citée).

33. Ainsi, des marchandises provenant d'un État tiers et constituant une imitation d'un produit protégé dans l'Union européenne par un droit de marque ou une copie d'un produit protégé dans l'Union par un droit d'auteur, un droit voisin, ou encore un dessin ou un modèle peuvent porter atteinte à ces droits et donc être qualifiées de « marchandises de contrefaçon » ou de « marchandises pirates » lorsqu'il est prouvé qu'elles sont destinées à une mise en vente dans l'Union, une telle preuve étant rapportée, notamment, lorsqu'il s'avère que lesdites marchandises ont fait l'objet d'une vente à un client dans l'Union, d'une offre à la vente ou d'une publicité adressée à des consommateurs dans l'Union (voir, en ce sens, arrêt Philips, précité, point 78).

34. Or, il est constant que, dans l'affaire au principal, la marchandise en cause a fait l'objet d'une vente à un client dans l'Union, une telle situation n'étant dès lors, et en tout état de cause, pas comparable à celle des produits proposés sur une « place de marché en ligne » ni davantage à celle de produits introduits sur le territoire douanier de l'Union sous un régime suspensif. En conséquence, la seule circonstance que cette vente ait eu lieu à partir d'un site Internet de vente en ligne situé dans un pays tiers ne saurait avoir pour effet de priver le titulaire d'un droit de propriété intellectuelle sur la marchandise ayant fait l'objet de la vente de la protection résultant du règlement douanier, sans qu'il soit nécessaire de vérifier si une telle marchandise a fait l'objet en outre, préalablement à cette vente, d'une offre au public ou d'une publicité adressée aux consommateurs de l'Union.

35. Eu égard aux considérations qui précèdent, il convient de répondre aux questions posées que le règlement douanier doit être interprété en ce sens que le titulaire d'un droit de propriété intellectuelle sur une marchandise vendue à une personne résidant sur le territoire d'un État membre à partir d'un site Internet de vente en ligne situé dans un pays tiers bénéficie, au moment où cette marchandise entre sur le territoire de cet État membre, de la protection garantie à ce titulaire par ledit règlement du seul fait de l'acquisition de ladite marchandise. Il n'est à cet effet pas nécessaire que, en outre, préalablement à la vente, la marchandise en cause ait fait l'objet d'une offre de vente ou d'une publicité s'adressant aux consommateurs de ce même État.

[...]

Par ces motifs, la Cour (deuxième chambre) dit pour droit :

Le règlement (CE) n° 1383/2003 du Conseil, du 22 juillet 2003, concernant l'intervention des autorités douanières à l'égard de marchandises soupçonnées de porter atteinte à certains droits de propriété intellectuelle ainsi que les mesures à prendre à l'égard de marchandises portant atteinte à certains droits de propriété intellectuelle, doit être interprété en ce sens que le titulaire d'un droit de propriété intellectuelle sur une marchandise vendue à une personne résidant sur le territoire d'un État membre à partir d'un site Internet de vente en ligne situé dans un pays tiers bénéficie, au moment où cette marchandise entre sur le territoire de cet État membre, de la protection garantie à ce titulaire par ledit règlement du seul fait de l'acquisition de ladite marchandise. Il n'est à cet effet pas nécessaire que, en outre, préalablement à la vente, la marchandise en cause ait fait l'objet d'une offre de vente ou d'une publicité s'adressant aux consommateurs de ce même État.

UN ARRÊT EN FORME DE SYLLOGISME

2 février 1977 **Irrecevabilité.**

Sur la recevabilité du pourvoi :

Règle générale applicable (majeure).

Attendu que selon les articles 1 et 2 du décret n° 67-1210 du 22 décembre 1967, le pourvoi en cassation est formé au plus tard dans un délai de deux mois à compter de la signification de la décision attaquée :

Qu'en vertu des dispositions de l'article 46 du décret susvisé du 22 décembre 1967 et des articles 6 et 7 du décret n° 72-788 du 28 août 1972, alors applicable, ce délai expire le jour du dernier mois qui porte le même quantième que le jour de l'acte qui fait courir le délai, à vingt-quatre heures ;

Cas particulier de l'espèce (mineure).

Attendu qu'en l'espèce le pourvoi a été formé par la dame Benet le 4 septembre 1975 contre l'arrêt rendu le 27 mai 1975 par la Cour d'appel d'Aix-en-Provence ; que, cet arrêt ayant été signifié le 3 juillet 1975 à la dame Benet, le pourvoi est tardif et doit être déclaré irrecevable :

Application du général au particulier : Décision prise (conclusion).

PAR CES MOTIFS :

DÉCLARE IRRECEVABLE le pourvoi formé contre l'arrêt rendu le 27 mai 1975 par la Cour d'appel d'Aix-en-Provence.

N° 75-14.290. *Dame Benet contre société Groupement outre-mer pharmaceutique (GOMP) et autre.*

Vous entendrez souvent dire que les décisions judiciaires sont bâties *en forme de syllogisme*. Qu'est-ce qu'un syllogisme ? C'est un raisonnement logique qui consiste à partir d'une règle générale (la majeure), pour l'appliquer à un cas particulier (la mineure), en sorte de trouver la solution juridique adaptée à l'espèce (conclusion) dans l'*application d'une règle générale à un cas particulier.*

Exemple classique :

1° Tous les hommes sont mortels (majeure : règle générale).

2° Or Socrate est un homme (mineure : cas particulier).

3° Donc Socrate est mortel (conclusion).

Les juristes ont justement pour rôle d'appliquer les règles de droit aux cas particuliers qui se présentent. Le syllogisme est donc un raisonnement proprement juridique très largement employé par les juges, dont les décisions sont le plus souvent formellement présentées sous la forme d'un syllogisme.

CHAPITRE 3

La fiche de jurisprudence

Ne soyez pas l'étudiant...

- *qui retourne trois fois à la bibliothèque pour y chercher les mêmes arrêts*
- *qui les déchiffre indéfiniment sans même les reconnaître*
- *qui doit relire toute la décision chaque fois qu'on lui pose une question*
- *qui confond l'argumentation du pourvoi avec celle de la Cour de cassation*
- *qui n'a pas le temps de revoir la jurisprudence pour l'examen parce que cela supposerait de passer des journées à tout reprendre*

LES CLÉS

Rentabiliser votre travail

Après avoir passé du temps à la lecture ou plutôt *aux lectures actives* qui vous auront permis de comprendre la décision, ne laissez pas perdre cet effort. Notez rapidement sur une fiche une analyse courte et précise dont vous prendrez très vite l'habitude. Concise, bien présentée, c'est la *fiche de jurisprudence* ou *fiche d'arrêt*. Soigneusement classées dans vos dossiers (v. *supra*, p. 5 et s.), les fiches d'arrêt vous éviteront de perdre du temps à la bibliothèque, d'accumuler les photocopies rebutantes à déchiffrer, de ne pas retrouver trois mois après le sens d'un arrêt que vous aviez compris à grand peine.

Acquérir des réflexes d'analyse

Ne croyez pas que la fiche de jurisprudence soit seulement un exercice que l'on vous impose pour la préparation des séances de TD. Elle constitue en réalité une méthode de base indispensable à toute étude de la jurisprudence : l'analyse contenue dans la fiche prépare au commentaire d'arrêt, permet de noter et de garder les résultats d'un travail de recherche, rend possible une révision rapide et efficace de la jurisprudence (v. *infra,* p. 79, 136 et 226).

La fiche de jurisprudence est un instrument de travail utilisé par tous les juristes. Il s'agit donc pour vous d'*acquérir dès le départ des réflexes, des automatismes*, qui vous serviront toute votre vie.

I. L'analyse d'une décision

A. Comment analyser une décision

Analyser, ce n'est pas seulement lire, se faire une vague idée, voir en gros ce que contient la décision.

Analyser c'est décomposer, décomposer afin de faire apparaître dans l'ensemble les divers éléments contenus, et parfois cachés.

1. Faites apparaître la structure

Les exercices de « radiographie » du chapitre précédent sont déjà un effort d'analyse. Commencez toujours par faire apparaître la structure de la décision à analyser, au moyen de crochets, ou d'indications en marge, et en soulignant les articulations, selon les modèles du chapitre 2.

Vous pouvez – et devez – écrire sur vos documents de TD. Pour étudier un arrêt dans une revue, il est conseillé aux débutants d'en faire une photocopie ou une impression sur laquelle on écrit librement. Lorsque vous aurez acquis un peu d'expérience, il vous suffira de faire la fiche de jurisprudence immédiatement, selon l'habitude acquise.

2. Recherchez et notez les éléments à retenir

II ne s'agit pas de paraphraser longuement la décision. Il faut au contraire la clarifier, la résumer, en extraire l'essentiel.

Pour comprendre et pour être à même de retenir ce qui fait le particularisme et l'intérêt d'une décision, vous devez découvrir, puis relever certaines informations précises.

Vous accomplirez ce travail d'analyse, destiné à dégager l'essentiel, avec le double objectif :

– de **comprendre** de manière approfondie le problème posé et la solution adoptée par la décision ;

– de **vous constituer un instrument de travail** et de révision, en notant le plus clairement et le plus exactement possible les éléments à retenir sur une fiche facile à consulter.

CONSEILS PRATIQUES

Comment s'y prendre pour analyser une décision ?

– Établissez une fiche de jurisprudence (ou fiche d'arrêt) sur toutes les décisions qui vous sont données à étudier, ou qui vous sont signalées comme particulièrement importantes.
– **Avant d'entreprendre la rédaction de la fiche, vous devez avoir lu et compris la matière** sur laquelle porte la décision. On ne doit pas commencer par la jurisprudence mais par le cours et le manuel. Bien souvent, si vous ne comprenez pas l'arrêt, c'est parce que vous ne connaissez pas assez la *question théorique*, et sa *terminologie précise*.
– La fiche sera toujours faite selon la **même présentation** et le **même plan** (expliqués en détail ci-dessous), ceci afin d'avoir les idées claires, et de permettre l'acquisition de réflexes d'analyse.
– Cette fiche doit être **écrite immédiatement** après la lecture et l'étude de l'arrêt, sinon vous oublierez et le travail sera à refaire. Lorsque vous aurez cinq ou six arrêts à étudier, ne comptez pas vous souvenir deux jours après de chacun.
– Enfin, vos fiches d'arrêt doivent prendre place dans vos **dossiers par matières** (v. *supra*, p. 5 et s.). Classez-les au fur et à mesure. En maniant vos dossiers, vous prendrez l'habitude de rencontrer tels ou tels arrêts et, tout naturellement, sans aucun effort, vous connaîtrez la jurisprudence sur chaque question.

B. Le plan-type d'une fiche de jurisprudence (ou fiche d'arrêt)

1 – Les faits.

2 – La procédure.

3 – Les thèses en présence.

4 – Le problème de droit.

5 – Le sens de la décision (la solution).

Reprenons et expliquons ces cinq éléments, que vous devez trouver dans la décision à analyser, et indiquer dans la fiche de façon courte et claire.

1. Les faits

Les faits sont les événements advenus entre les parties, et d'où est né le conflit, le litige. Ils peuvent être simples ou complexes. Vous devez les *résumer chronologiquement,* et en ne mentionnant que ce qui n'est contesté par personne, c'est-à-dire les *faits constants.*

2. La procédure

Dès que la justice est saisie par une assignation, une requête ou une poursuite, la procédure est entamée. Indiquez notamment dans la mesure où la décision le mentionne, et selon l'état d'avancement de la procédure :

- quel était l'objet de cette première demande, requête ou poursuite ;
- la décision prise par la juridiction de première instance ;
- qui a fait appel et sur quels arguments ;
- la décision de la juridiction d'appel (infirme, confirme, admet, déboute...).

En matière pénale ou administrative, les étapes à mentionner peuvent être différentes. Dans certains cas, il peut y avoir lieu de mentionner une première décision de la Cour de cassation, lorsque c'est la seconde fois que l'affaire revient devant elle.

3. Les thèses en présence

Indiquez les thèses ou prétentions soutenues par les parties *devant la juridiction qui a rendu la décision analysée.*

En première instance, ce sont la demande et la défense initiales ;

En appel, ce sont les prétentions et arguments de l'appelant et de l'intimé ;

Devant la Cour de cassation, les deux positions adverses sont :

- la décision prise par l'arrêt attaqué,
- l'argumentation du pourvoi (qui attaque cet arrêt), c'est-à-dire les moyens de cassation invoqués.

4. Le problème de droit

La question de droit tranchée par la décision doit être posée **en termes juridiques et abstraits,** c'est-à-dire sans référence à l'affaire, comme un problème général.

Formulez un résumé très ramassé de l'opposition entre les deux thèses adverses. Laquelle des deux est bien fondée ? Le reproche fait par le pourvoi à l'arrêt attaqué est-il justifié ? (Sur la position du problème de droit, v. *infra*, p. 140).

5. Le sens de la décision

Le « sens » d'une décision est la **solution** qu'elle a apportée au problème posé, la position qu'elle a adoptée.

→ **Les juges du fond** statuent en fait et en droit, c'est-à-dire qu'ils adoptent une version des faits (selon les preuves fournies) et appliquent à ces faits telles et telles règles de droit afin de régler le litige.

Dans l'analyse de la solution, il y a donc souvent lieu de distinguer ce qui a été décidé *en fait* et ce qui a été décidé *en droit.*

→ **La Cour de cassation** est seulement juge du droit. Elle adopte une solution juridique, en réponse au problème de droit :

- soit elle rejette le pourvoi et donc adopte la solution de l'arrêt attaqué ;
- soit elle casse l'arrêt attaqué et donc adopte la position du pourvoi ;
- soit encore (ce qui est plus rare), elle s'autorise à prendre une position qui lui est propre : cassation par substitution de motifs (elle soulève d'office un autre moyen que ceux relevés par le pourvoi), ou même *obiter dictum* (elle tranche une question connexe qui ne lui était pas posée dans le cadre de l'affaire).

Efforcez-vous de formuler la position prise de façon claire et concise.

C'est le point essentiel de l'analyse que de préciser la règle ou l'interprétation posée par l'arrêt.

II. Exemple

Nous établirons ensemble une fiche de jurisprudence afin que vous voyiez concrètement comment on doit « remplir » les cinq rubriques de l'analyse et présenter la fiche.

La fiche établie en exemple à la page 70 est assez développée, afin d'être très compréhensible. Lorsque vous aurez acquis un peu d'expérience, vous pourrez faire des fiches encore plus concises.

CONSEILS PRATIQUES

Les précisions à mentionner dans la fiche

– La **date** de la décision et la **matière** dont elle relève doivent *apparaître très nettement* en haut de la fiche. Cela vous aidera à les mettre en mémoire.
– Si l'arrêt est paru dans plusieurs revues, vous pouvez indiquer les différentes références ; mentionnez surtout la ou les **notes** qui commentent certains arrêts importants et font le point sur la question.
– Il est souvent utile, sous le titre, de concrétiser d'un mot le contenu de l'arrêt (dans l'exemple de la page suivante, la mention *mère porteuse* rappelle toute l'affaire).
– Si l'arrêt constitue un important *revirement* de jurisprudence, ou un *arrêt de principe* essentiel, indiquez-le en haut de la fiche (ce n'est pas le cas dans l'exemple).
– **Soyez précis :** donnez les noms des parties, dans la mesure du possible (cf. loi du 23 mars 2019, anonymisation des arrêts publiés : anonymat des noms et prénoms des personnes citées dans la décision, qu'elles soient parties ou tiers) ; dire seulement le « demandeur » ou le « défendeur » prête à équivoque, car il y a un demandeur initial (en première instance), un appelant qui peut ne pas être le même, et un demandeur au pourvoi. De même, pour donner la solution adoptée par une décision, il est tout à fait insuffisant de mentionner *déboute* ou *rejette* ou encore *casse* et *renvoie*, il faut indiquer exactement et *concrètement ce qui est décidé*.
– Le **problème de droit** doit être posé sous forme d'une véritable question (avec point d'interrogation) et la *solution* apportée à *ce* problème doit y correspondre et y répondre.
– En règle générale, *ne copiez pas* les faits (ni le moyen du pourvoi), mais résumez-les. Seul un attendu de principe peut être intéressant à retenir *in extenso* (intégralement).
– Enfin, **soignez la présentation** de vos fiches de jurisprudence, et *uniformisez-la*. Un gribouillage confus et indéchiffrable n'est pas un outil de travail. De plus, vous constaterez vite que l'effort de clarté de la présentation vous inspirera des idées claires ; le fond ne se sépare pas de la forme.

A – L'arrêt

UN ARRÊT DE LA COUR DE CASSATION

Civ. 1re, 12 janvier 2012

Sur le premier moyen pris en ses troisième et quatrième branches, réunies :

Vu l'article 1116 du Code civil ;

Attendu, selon l'arrêt attaqué, que M. X. a acquis de la société Patrick Metz, au prix de 51 500 euros, un véhicule BMW M3 ayant parcouru 1 600 kilomètres, selon bon de commande, du 20 janvier 2006, portant la mention « véhicule accidenté réparé dans les règles de l'art » ; qu'au vu d'un rapport d'expertise judiciaire révélant que, contrairement aux déclarations de l'employé de la société faisant état d'une simple aile froissée, le véhicule avait été gravement endommagé, ce qui avait nécessité d'importantes réparations pour plus de 38 000 euros, M. X. a assigné la société venderesse en *« résolution »* de la vente pour dol et manquement du vendeur à ses obligations contractuelles ;

Attendu que pour rejeter l'action, l'arrêt énonce que l'employé de la société a précisé à l'expert ne pas savoir ni avoir pu savoir le dommage causé au véhicule vendu ni quelles réparations il avait subies et situé sa déclaration relative « au froissement d'une aile » bien avant la vente, en dehors de toute opération de commande, que M. X. sachant expressément par le bon de commande que le véhicule avait été accidenté, l'on chercherait en vain comment il aurait pu être trompé, que s'il avait fait de l'ampleur exacte de l'accident et de la réparation un élément déterminant de son consentement, il aurait demandé une copie de la facture de réparation ou aurait pris des dispositions pour connaître ce qui avait été réparé, ce qu'à aucun moment il ne justifie avoir sollicité ;

Qu'en statuant ainsi alors que constitue un dol le fait, pour le vendeur professionnel, tenu d'une obligation de renseignement et d'information envers l'acquéreur profane, de présenter un véhicule comme « réparé dans les règles de l'art », tout en reconnaissant avoir déclaré avant la vente que l'accident avait été limité à une aile froissée, puis ensuite avoir tout ignoré de l'ampleur de l'accident que ce véhicule avait subi et des modalités des réparations effectuées, la cour d'appel qui n'a pas tiré les conséquences légales de ses constatations, a violé le texte susvisé ;

Par ces motifs, et sans qu'il soit besoin de statuer sur les autres griefs :

Casse et annule, dans toutes ses dispositions, l'arrêt rendu le 16 juin 2010, entre les parties, par la cour d'appel de Besançon ; remet, en conséquence, la cause et les parties dans l'état où elles se trouvaient avant ledit arrêt et, pour être fait droit, les renvoie devant la cour d'appel de Dijon.

B – La fiche

Civ. 1re, 2 janv. 2012 — Obligation du vendeur professionel

(cassation avec renvoi)

1. Faits

M. X achète en 2006 à la société P. M. une BMW pour le prix de 51 500 €. Le bon de commande établit par la société porte la mention « véhicule accidenté réparé dans les règles de l'art » et un employé fait état d'une « aile froissée ». Mais d'importantes réparations s'avèrent nécessaires (38 000 €).

2. Procédure

M. X assigne la société en « résolution » (impropre : en nullité) de la vente pour dol ; on ne connait pas la décision du jugement.

3. Thèses en présence

– ***L'arrêt attaqué*** (cour d'appel de Besançon) rejette cette demande car :

• le vendeur a précisé ne pouvoir connaitre ni le dommage causé ni les réparations nécessaires ;

• l'acheteur n'a pas été trompé puisque le bon de commande mentionnait un accident ;

• il n'a pas fait un élément déterminant de son consentement l'ampleur de l'accident et de la réparation.

– ***Le pourvoi*** de l'acheteur soutient que, pour un vendeur professionnel tenu d'une obligation de renseignement et d'information envers le vendeur profane, cette conduite et ces déclarations auraient dû entraîner l'annulation de la vente.

4. Problème de droit

La conduite du vendeur professionnel constitue-t-elle un dol, cause de nullité du contrat ?

C'est une question de qualification des faits contrôlée par la Cour de cassation (comme la qualification de faute).

5. Sens de l'arrêt (solution)

Cassation avec renvoi : il y a dol car le vendeur est un professionnel tenu d'une obligation de renseignement et d'information. Il a fourni une fausse déclaration à l'acheteur profane, et ne peut opposer son ignorance.

La « conséquence légale » à en tirer est l'annulation de la vente (art. 1116 C. civ.).

6. Observation

Il s'agit d'une illustration classique des devoirs du professionnel envers le consommateur.

Chercher et trouver de la documentation

Ne soyez pas l'étudiant...

- *qui prend la bibliothèque pour un lieu de rencontre, un abri contre les intempéries, ou une simple salle de travail*
- *qui est terrorisé par l'abondance de la documentation et prend le parti d'ignorer systématiquement tout ce qui n'est pas « dans le cours »*
- *qui entreprend une dissertation ou un commentaire d'arrêt sans rien avoir appris sur la question*
- *qui met trois heures à trouver un arrêt dans un recueil ou en ligne*
- *qui crois qu'« Obriero » (Aubry et Rau !) est un juriste espagnol, et que Hauriou enseigne toujours*
- *ni surtout qui pousse le vandalisme et le mépris de ses condisciples jusqu'à arracher une page d'un recueil ou d'un traité au lieu de la photocopier*

LES CLÉS

Apprendre et comprendre avant d'entreprendre des recherches

Commencez par le commencement. Avant toute étude de documents, avant toute recherche, lisez, comprenez, apprenez le cours ou un manuel. **L'étude approfondie d'une question commence dans vos instruments de travail habituels.** Sachez exploiter la documentation dont vous disposez avant d'en chercher d'autres.

Puis élargissez les recherches de proche en proche, ne progressez que sur des bases solides, dans la mesure où c'est nécessaire et où vous comprenez ce que vous utilisez.

Pendant vos recherches, gardez toujours en tête votre objectif, pour sélectionner correctement les informations utiles et ne pas vous écarter du sujet.

Savoir où chercher

Familiarisez-vous le plus tôt possible avec ce que l'on appelle la **documentation juridique,** c'est-à-dire l'ensemble de tous les traités, manuels, encyclopédies, recueils et revues qui sont mis à votre disposition. Beaucoup de notions sur la doctrine et la jurisprudence entreront ainsi tout naturellement dans votre esprit.

Habituez-vous à l'organisation matérielle et au fonctionnement de la **bibliothèque** de votre faculté. Le fait de consulter un fichier ou d'emprunter un livre ne doit vous poser aucun problème.

Le droit est dans les livres ou sur Internet

À l'heure actuelle, le bon juriste est celui qui sait cerner un problème, puis trouver rapidement la réponse. Au début du siècle, certains grands juristes connaissaient tout le droit. Aujourd'hui, ce n'est plus possible. De nouvelles branches, de nouvelles disciplines apparaissent sans cesse, et l'on ne peut être spécialiste à la fois des assurances, de l'Union européenne, de la construction et de l'urbanisme, des différends frontaliers entre États africains, des syndicats professionnels, de la protection des consommateurs, etc.

Vous vous spécialiserez donc tous plus ou moins dans les prochaines années.

Il n'en reste pas moins qu'au long d'une carrière d'avocat, de magistrat ou de juriste d'entreprise, toutes sortes de questions peuvent se présenter ; et il arrive que le juriste consulté ne connaisse rien – ou pas grand-chose – à la question qui lui est soumise parce que les règles applicables sont toutes nouvelles, (le droit évolue très vite à l'heure actuelle), parce que sa carrière a changé d'orientation, ou simplement parce qu'il n'a pas encore eu l'occasion de se plonger dans cette question.

Sachant que le droit connaît désormais un double support, papier et électronique, notre juriste saura multiplier les sources de ses recherches et sera ainsi capable de faire rapidement le point sur une question nouvelle. Justement persuadé que « le droit est dans les livres », *sachant où et comment chercher*, notre juriste sera capable de faire très vite le point sur une question nouvelle.

Soyez donc convaincu qu'**il est aussi important de savoir trouver que de savoir,** et que vous devez vous initier au maniement de chacun de ces deux supports.

Savoir comment s'y prendre pour approfondir une question

Si vous ne savez pas comment vous y prendre pour étudier une question de manière approfondie, vous ne pouvez pas réussir des exercices un peu complexes comme la dissertation, le commentaire d'arrêt, l'exposé oral, etc.

Voyons donc la marche à suivre pour entreprendre l'étude d'une question juridique, l'approfondir par quelques recherches simples, et **vous y reconnaître dans le foisonnement de la documentation**.

Dans ce domaine encore, vous devez acquérir des automatismes « pour la vie », qui vous permettront d'être efficace, sans fatigue et sans perte de temps.

I. Comment chercher ?

Vous avez un travail personnel à faire, une question à étudier de manière un peu approfondie pour préparer un devoir ou un exposé. Il est normal qu'en débutant vous ne sachiez ni par où commencer, ni où aboutir, et que vous vous sentiez inhibé par la complexité, intellectuelle et matérielle, de la tâche.

Deux écueils sont à éviter :

– soit ignorer systématiquement tout ce qui n'est pas dans le cours et se limiter à un travail superficiel pour éviter d'apprendre à faire des recherches ;

– soit perdre son temps dans des recherches inutiles, et inutilisables, parce que l'on a négligé la préparation nécessaire.

Pour être « rentables », c'est-à-dire procurer en peu de temps des informations utiles et exploitables, les recherches doivent être soigneusement préparées, menées progressivement et rester limitées.

A. Première étape : acquérir les connaissances de base

Ne vous lancez jamais dans aucun exercice, dans aucune étude de document, dans aucune recherche avant d'avoir **pris connaissance de la matière théorique.**

Dans le cours de votre professeur et dans votre manuel habituel, *lisez* et *apprenez* tout le chapitre, ou tout le passage qui englobe la question précise que vous avez à étudier.

Attachez-vous à *comprendre parfaitement* cet ensemble.

Il est hors de question d'essayer d'approfondir un sujet sans avoir une vue claire du contexte.

– Élucidez le sens des termes techniques à l'aide d'un lexique.

– Lisez attentivement les textes légaux applicables (la plupart sont contenus dans les codes ou dans la Constitution).

– Au besoin, consultez un autre ouvrage : précis, manuel ou encyclopédie juridique (v. *infra*, p. 85 et s. la liste de ces ouvrages).

B. Deuxième étape : concentrer l'étude sur une question précise

Cela suppose une étude approfondie tant du **sujet** lui-même que du **contenu de la question.**

1. Situer, cerner, délimiter le sujet

La réflexion sur le sujet est une étape capitale sur laquelle nous reviendrons à propos de tous les exercices.

a) Situez la question dans l'ensemble de la matière

– *Repérez exactement où elle est traitée,* développée dans le cours et dans votre manuel. Elle peut être abordée en plusieurs endroits différents, qu'il faut rapprocher.

– *Remarquez comment la question apparaît dans le cours de votre professeur.*

Quelle importance lui a-t-il accordée ?

Quantitativement : un chapitre, trois lignes, ou de fréquents rappels.

Qualitativement : a-t-elle été signalée comme essentielle, ou comme délicate, comme une question classique ou nouvelle ?

Vous prendrez ainsi la mesure et la physionomie générale de la question que vous avez à étudier.

Consultez parallèlement votre manuel.

Partez du principe qu'on ne vous donne pas à étudier une question qui ne figure ni dans le cours ni dans les ouvrages. Vous êtes nécessairement en pays de connaissance. Il faut donc vous repérer, trouver exactement l'endroit où la question est traitée et en cerner le sens à l'aide de vos instruments de travail habituels.

b) Précisez le sens du sujet

–*Recherchez le sens des mots,* ne commettez pas d'erreur de terminologie qui entraîne des contresens irréparables.

– *Puis concentrez-vous sur le fond :* quel est le *contenu* de la question, quelles sont les notions, les idées, les règles à étudier ?

Si l'énoncé de la question vous a été donné *de l'extérieur* (sujet de dissertation, d'exposé oral, etc.), il vous faut découvrir *ce que l'on attend de vous.* **Et l'on attend toujours de votre travail un contenu précis :** d'abord un certain nombre de points que vous devez traiter sous peine de « passer à côté » du sujet, puis les précisions, les distinctions ou les discussions qui témoigneront de votre effort d'approfondissement.

Si le problème a été dégagé *par vous-même* (dans un commentaire d'arrêt ou un cas pratique, par exemple), mettez d'abord tous vos soins à le poser correctement et à le formuler clairement (v. *infra*, p. 141 et 171) ; tenez-vous-y, *ne déviez pas*, étudiez exactement la question que vous avez posée.

Dans les deux cas, vous devez **réfléchir au sens de la question** avant de commencer votre travail, y revenir tout au long de vos recherches, quand vous réunissez votre documentation, afin de confronter sans cesse vos trouvailles à cette question, y réfléchir encore lorsque vous avez achevé votre étude, pour vous assurer qu'elle cadre bien, que vous ne vous êtes pas laissé entraîner hors du sujet.

c) Délimitez la question à étudier

Pour cela, il faut l'isoler et la différencier d'autres points voisins.

Surtout ne croyez pas qu'il vaut toujours mieux « ratisser large » et faire étalage de connaissances. Le meilleur signe d'intelligence et d'esprit juridique que vous puissiez donner est d'être capable de *délimiter* exactement la *question* et la *réponse.*

Une fois le sujet repéré, compris, délimité, vous êtes à même d'aborder utilement des documents ou des ouvrages plus approfondis.

2. Approfondir l'étude d'une question

Cela consiste à réunir des informations, des précisions, des opinions, à pénétrer dans les travaux des spécialistes. Pour ce faire, avant toute autre recherche, utilisez vos documents de TD ainsi qu'un traité.

→ Si l'on vous a distribué des documents portant sur la question à étudier, travaillez-les en priorité, très soigneusement. Ils serviront de point de départ à vos recherches et ils pourront même être bien souvent suffisants si vous savez les exploiter (en première année tout au moins).

Dans un article ou une note de jurisprudence faisant « le point » sur une question, vous trouverez une foule d'informations sur son évolution, les solutions actuelles, les opinions des auteurs, etc.

Si vous souhaitez par la suite élargir vos recherches, vous y trouverez aussi des références aux travaux importants ou aux grands arrêts sur la question.

→ **Consultez un grand traité,** plus développé et plus complet que votre manuel (v. *supra,* p. 18). Vous y trouverez des analyses fouillées ainsi que des éléments de réflexion et de discussion (v. *infra,* p. 85).

C. Troisième étape : faire des recherches

Faire des recherches... quoi de plus vague, de plus difficile à appréhender et, finalement, de plus décourageant pour un débutant ?

Il est pourtant indispensable, si vous voulez tirer profit de vos études, de dépasser le stade des simples rudiments et de préparer utilement votre avenir professionnel, en apprenant à utiliser la richesse immense de la documentation juridique.

Dès que vous aurez compris la manière de procéder, et surtout dès que vous aurez eu le courage de faire une ou deux expériences, vous constaterez que faire des recherches n'est ni si effrayant, ni aussi difficile que vous le croyez.

1. Relever des références

Dans tous les ouvrages et documents que vous avez déjà utilisés (cours, manuels, traités, documents de travaux dirigés), se trouvent cités, en note ou dans le texte, des arrêts, des notes de jurisprudence, des articles de doctrine, etc.

→ **Choisissez les références les plus fréquemment citées,** celles des travaux ou arrêts *récents,* ou signalés comme particulièrement *importants.*

N'en retenez pas trop (surtout si l'on vous a déjà distribué des documents) ! Généralement, trois ou quatre références bien choisies suffisent.

→ **Notez ces références sur une petite fiche bibliographique** sans erreur et avec toutes les indications nécessaires pour trouver vos documents sans difficulté.

2. Trouver la documentation à la bibliothèque

La bibliothèque de votre faculté doit devenir pour vous un lieu familier dès le début de vos études.

Il est tout à fait souhaitable d'y venir, de faire connaissance avec son agencement et son fonctionnement *avant* d'avoir à effectuer une recherche précise et urgente. Voyez comment sont rangés et classés les ouvrages usuels, les recueils de jurisprudence, les encyclopédies, les codes, etc. Remarquez surtout l'emplacement des livres qui portent sur votre programme et que vous serez appelés à consulter souvent.

Apprenez tout d'abord à utiliser un moteur de recherche d'ouvrages. Généralement très complets, ils vous permettent de trouver le document que vous recherchez par mots-clés. Faites en sorte :

– de bien étudier les possibilités offertes par le moteur de recherche (les recherches croisées par thème et par années vous permettront de trouver très vite l'ouvrage qui vous intéresse) ;

– de ne pas hésiter à demander l'aide aux bibliothécaires, qui vous expliqueront comment trouver rapidement les livres et revues dont vous avez besoin.

Ainsi, le jour où vous arriverez avec votre petite fiche bibliographique pour trouver rapidement les documents dont vous aurez relevé les références, vous ne passerez pas des heures en recherches, tâtonnements, hésitations éprouvantes et décourageantes.

Les ouvrages que vous aurez à consulter ne doivent pas non plus vous être totalement inconnus. C'est pourquoi, dans les pages qui suivent, vous trouverez tous les renseignements et les conseils nécessaires à la pratique des diverses catégories d'ouvrages, de revues, de recueils, etc., et à leur maniement (v. *infra*).

Initiez-vous en priorité à l'utilisation des *codes*, ainsi que des *recueils de jurisprudence*. Apprenez à y trouver, sans tâtonnements fastidieux, les articles ou bien les arrêts dont vous connaissez les références. Toutes les indications utiles vous sont données ci-dessous (codes, recueils, sites Internet... v. *infra*).

Dès que vous serez en pays de connaissance, la recherche de trois ou quatre documents ne vous prendra que quelques minutes. Mais il reste à les analyser.

3. Analyser et trier la documentation

→ **Lisez très attentivement** tout ce que vous avez trouvé. Il ne s'agit pas de parcourir le texte des yeux, mais d'appliquer la méthode de lecture active conseillée plus haut (v. *supra*).

Le travail approfondi que vous avez déjà fourni sur la question doit vous permettre de comprendre ce que vous lisez et d'en tirer profit.

En lisant, gardez sans cesse présents à l'esprit le *sujet* que vous étudiez et *l'objectif de vos recherches*. C'est indispensable pour *sélectionner les informations utiles* !

→ **N'hésitez pas à imprimer** un arrêt ou un passage de doctrine qui paraît répondre particulièrement bien à votre recherche ou contenir une mine d'informations. Vous pourrez ainsi l'étudier à loisir et l'avoir sous les yeux pour préparer votre devoir. Rappelez-vous également que vous pouvez éviter les longues files d'attente à la photocopieuse en préférant l'utilisation des sites juridiques (cf. *infra*, La documentation sur Internet).

→ **Écartez ce qui vous paraît sans intérêt,** et aussi ce que vous ne comprenez pas. Vous risqueriez de commettre un contresens – ou un non-sens – à citer une décision ou un raisonnement dont vous ne comprenez pas bien la signification ou la portée.

→ **Établissez de courtes fiches de jurisprudence** sur les arrêts à retenir (v. *supra*, la méthode de la fiche d'arrêt), en y notant au besoin la formule d'un attendu de principe particulièrement marquant.

→ **Relevez quelques phrases clés,** quelques opinions dans les textes de doctrine ; résumez un raisonnement ou une argumentation.

→ **Mais ne perdez jamais de temps à recopier !** Pour exploiter intelligemment et efficacement la documentation, vous avez le choix entre trois procédés :

- la courte citation ;
- le résumé ;
- ou l'impression/photocopie.

→ **Enfin, ne cherchez pas à utiliser trop de documentation** surtout en débutant. Il ne s'agit pas d'analyser vingt décisions, surtout si l'on vous a déjà fourni de la jurisprudence dans les documents de TD (sur la recherche experte ou avancée, v. *infra*).

D'une manière générale, dans un devoir ou un exposé, mieux vaut une petite documentation, bien choisie, centrée sur le sujet et exploitée à fond qu'un nombre énorme de citations concernant des documents non maîtrisés.

4. Noter l'inventaire

Ne fermez jamais un livre, ne quittez jamais la bibliothèque, **sans garder des traces de votre travail.** Faites une fiche contenant l'inventaire, c'est-à-dire la liste de tout ce que vous avez trouvé d'utile et d'intéressant sur la question (v. *infra*, Conseils pratiques).

CONSEILS PRATIQUES

Prenez l'habitude de faire un inventaire

L'inventaire n'est ni un plan, ni une argumentation, mais *une simple liste des éléments à utiliser*, très résumée, mais compréhensible.

D'une manière générale, *chaque fois* que vous étudiez une question, prenez l'habitude de relever cet inventaire, *comme préparation à votre travail définitif* (dissertation, commentaire d'arrêt ou de texte, exposé, etc.).

Créez un dossier « inventaire » sur votre ordinateur, dans lequel vous glisserez le stock des documents à faire entrer dans la construction et dans la rédaction.

Tout au long de votre étude, vous y noterez en quelques mots les divers points à aborder ou les subdivisions de la question, les problèmes à résoudre, les éléments de solution ou de discussion, bref tout ce que vous trouvez, *tant dans la documentation que par vos propres réflexions*.

N'omettez pas de mentionner les références pour vous rappeler d'où provient telle ou telle information, et de citer vos sources. À ce propos, vos correcteurs, qui disposent d'outils de plus en plus perfectionnés, peuvent facilement retrouver si vous avez recopié un extrait d'œuvre : le plagiat étant *totalement proscrit*, notez bien les références de vos sources sur votre inventaire. Dans vos travaux, vous devrez ainsi citer tout extrait entre guillemets, suivi des références que vous aurez pris soin de relever, entre parenthèses.

Commencez l'inventaire de la question avec vos notes de cours, votre manuel ; continuez-le avec un traité ou des documents de TD ; enrichissez-le encore par vos recherches en bibliothèque et vos idées personnelles.

Nous retrouverons l'efficacité de l'inventaire pour tous les exercices demandés à des étudiants en droit. **L'inventaire est indispensable pour prendre une vue d'ensemble du contenu d'une question et faciliter la découverte d'un plan.**
En outre, pratiquement, l'inventaire libère l'esprit, rassure, fait gagner du temps en évitant de consulter plusieurs fois les mêmes documents et permet de ne rien oublier.
L'inventaire fait donc partie des méthodes à acquérir dès le début de vos études et à réutiliser par la suite chaque fois que vous consulterez des ouvrages et ferez des recherches en vue d'élaborer un travail juridique de quelque nature qu'il soit.

La marche à suivre pour étudier une question de manière approfondie

1. Apprendre (Cours, manuel) **2. Comprendre** (Lexique, code, encyclopédie)	le passage du cours
3. Situer Repérer. Cerner et délimiter. (Cours, manuels, au besoin encyclopédie) **4. Approfondir** (Documents de travaux dirigés, un traité)	le sujet
5. Chercher Relever des références. Trouver et étudier en bibliothèque	des documents sur le sujet
6. Noter Faire l'inventaire du contenu du sujet.	

II. Où trouver ?

Ce n'est pas une bibliographie que vous trouverez ici, c'est-à-dire une liste d'ouvrages à utiliser avec leur titre, le nom de leur auteur et celui de leur éditeur. Chaque professeur vous donnera une bibliographie sur sa matière et une bibliographie générale aurait la dimension des fichiers d'une grande bibliothèque !

Pour savoir où chercher, pour vous y retrouver dans la documentation juridique, il faut seulement que vous appreniez à hiérarchiser vos sources : en quoi un traité diffère d'un répertoire ? Qu'est-ce qu'un recueil ? Une monographie ? En un mot, il vous faut connaître les diverses catégories d'ouvrages, de recueils, de revues, savoir à quel public ils sont destinés et surtout comprendre l'usage qu'un étudiant peut et doit en faire.

Au fur et à mesure, nous donnerons quelques exemples parmi les ouvrages les plus usuels, les plus classiques ou les plus récents, et nous vous décrirons plus précisément ceux que vous devez impérativement connaître et consulter souvent.

A. Les codes

Chacun sait que dans les codes sont réunis les textes légaux et réglementaires qui régissent une matière. On y trouve la loi, au sens large du mot.

CONSEILS PRATIQUES

Acquérir et utiliser les codes

Vous devez **acquérir un code civil** dès le début de vos études et, par la suite, les codes que vos professeurs vous conseilleront.

→ **Ne vous servez pas d'un code ancien.** Depuis une vingtaine d'années, les réformes législatives sont si nombreuses dans tous les domaines que les codes se périment très vite. **Utilisez le code de l'année**. Si votre professeur vous signale une réforme très récente ou imminente, vous pouvez vérifier sur le site Internet « Legifrance » (site gratuit du service public de la diffusion du droit) la teneur des modifications qui ne peuvent déjà figurer dans le code.

→ **Il faut le feuilleter longuement et soigneusement** pour faire connaissance avec la présentation, le plan, le style, les annotations, et surtout les diverses tables. Ne négligez pas la lecture des pages d'avertissement, situées en début de code, qui vous donneront le mode d'emploi du code. La simple lecture de la loi et des règlements vous apprendra bien plus que la lecture parcellaire de notes de doctrine, et ce de manière très rapide.

Par exemple
Vous souhaitez vous informer sur les meubles et les immeubles. Vous consultez d'abord le plan du Code civil et tombez sur le titre Ier du livre deuxième qui traite précisément du sujet. Vous lisez ensuite les articles 516 à 543 du Code civil. Au terme de votre courte lecture, le sujet vous semblera soudain plus simple.

N'oubliez pas que beaucoup de professeurs autorisent l'usage du code lors des épreuves d'examen ou de contrôle continu. Vous ne pourrez l'utiliser efficacement dans de telles circonstances que si vous avez appris à vous en servir (connaissance générale de sa structure, utilisation du plan et de l'index, compréhension des annotations).
Vous devez y *lire* tous les textes étudiés ou cités dans vos cours, tous les textes invoqués dans un arrêt que vous avez à commenter (v. *infra*) ou ceux qui vous semblent applicables pour la solution d'un cas pratique (v. *infra*). **Habituez-vous tout de suite à vous référer au texte même de la loi**, à y réfléchir, à en pénétrer le sens. On ne peut pas apprécier ce que disent les uns ou les autres d'une disposition légale, les interprétations, les critiques, si l'on n'en a pas une connaissance « de première main ».
Pour vos recherches, **utilisez les annotations** qui figurent sous les articles. Ces références de jurisprudence et de doctrine vous seront précieuses.
Enfin, ne faites pas l'erreur trop souvent commise, de confondre le texte lui-même et les annotations qui le suivent !

1. À qui sont-ils destinés ?

À tous les juristes sans exception. Chacun choisit ceux qui répondent à ses spécialités. Le Code civil est non seulement nécessaire à tous les juristes, mais utile à tous les citoyens.

2. Description

Tout bachelier sait qu'en France la codification systématique des textes de loi a été entreprise par Napoléon Ier. Sous l'Empire ont été édictés les **cinq codes classiques** : le Code civil, le Code de procédure civile, le Code de commerce, le Code d'instruction criminelle (abrogé et remplacé par le Code de procédure pénale) et le Code pénal.

Par la suite, d'autres ensembles de lois ont été **codifiés** par les **pouvoirs publics.**

Par exemple

Le Code du travail, le Code général des impôts, le Code de la sécurité sociale, le Code de la route, le Code de la consommation et, plus récemment, le Code général de la propriété des personnes publiques, ou encore, le Code du tourisme. Ce sont des codes officiels dont le but est d'accroître l'accessibilité de la norme au public.

En outre, d'autres textes encore ont été codifiés par les **éditeurs privés** (Dalloz notamment) qui ont pris l'initiative de réunir en un code toute une série de lois régissant une même matière.

Par exemple

Le Code constitutionnel et des droits fondamentaux, le Code des sociétés (Dalloz) ; le Code constitutionnel (Litec). Ce sont des codes non officiels.

Naturellement le contenu de tous ces codes évolue sans cesse, au fil des réformes législatives qui abrogent certains textes légaux et en promulguent de nouveaux. Sachez cependant qu'il reste dans le Code civil un nombre non négligeable d'articles datant de 1804.

Il existe, d'une part, une **édition officielle** (seulement pour les codes officiels) qui contient uniquement les dispositions de la loi et des règlements, sans annotations (textes consultables gratuitement sur le site Internet Legifrance, ou édités sous format papier par l'édition des Journaux officiels) et, d'autre part, des **éditions privées**. Parmi ces dernières, les plus intéressantes sont les éditions annotées (Dalloz, rouge ; Litec, bleu).

Dans un code annoté, les textes de loi sont assortis d'indications propres à en faciliter l'étude. De plus on y trouve :

– des textes non codifiés expressément par le législateur, mais que l'éditeur y insère ;

– des renvois sous certains articles à des articles connexes (réglementant la même matière ou une question très voisine) ;

– des renvois aux encyclopédies (*Répertoire* Dalloz ou *Juris-classeur*, v. *infra*) ;

et surtout :

– des références, sous chaque article, à la jurisprudence et à la doctrine, avec un bref sommaire des arrêts importants.

Le *Mégacode civil* Dalloz propose en plus de ces annotations de véritables commentaires structurés.

Les *Juris-codes* de chez Lexisnexis, commentés et annotés par des auteurs, regroupent un ensemble de textes d'origines diverses relatifs à un même thème, structurés dans un plan et enrichis de commentaires pratiques et d'annotations de jurisprudence. La périodicité de leur publication est moins fréquente que celle des codes simplement annotés (environ tous les deux ans).

En fin de chaque code, des tables, en général bien conçues, permettent les recherches :

– une *table analytique* établie d'après le plan du code lui-même ;

– une *table chronologique des textes* de loi d'après la date de leur promulgation ;

– une *table alphabétique des matières* divisée par mots-clés (les « accès »).

Toutes ces adjonctions, sélectionnées et apportées aux textes légaux par de bons juristes, augmentent considérablement la quantité d'informations fournies par le code et en font un instrument de travail indispensable.

B. Les traités, manuels, précis, mémentos

Ce sont des ouvrages dont les auteurs sont très généralement des professeurs de droit, et qui exposent les diverses matières, branches ou disciplines du droit de manière didactique, c'est-à-dire en vue d'instruire le lecteur.

1. À qui sont-ils destinés ?

Ces livres sont principalement destinés aux étudiants, à l'enseignement du droit. Mais, bien évidemment, tous les juristes les utilisent, à l'occasion, pour rafraîchir leurs connaissances et comparer les opinions des auteurs.

2. Description

Ces ouvrages diffèrent les uns des autres par l'ampleur de leurs développements et aussi par leur esprit.

a) Les traités

Ces ouvrages sont très amplement développés, les questions y sont étudiées de manière approfondie et complète. Ils se composent souvent de plusieurs volumes, parfois d'un grand nombre s'ils traitent de toute une branche du droit (*Le cours de Code Napoléon* de Demolombe, commencé en 1845, comporte 31 volumes !)

Par ailleurs, les traités témoignent généralement d'une *pensée personnelle et originale.* Leurs auteurs *prennent position* sur les questions, élaborent des théories, approuvent ou critiquent le droit positif. En un mot, ce sont de grands juristes.

Certains traités sont écrits par un ou deux auteurs seulement, d'autres sont l'œuvre de toute une équipe qui se répartit les matières (parfois sous la direction d'un des auteurs). Il arrive souvent qu'un traité un peu ancien soit mis à jour ou « refondu » par un auteur plus jeune (qui en garde ou non l'esprit initial).

On touche là l'inconvénient de ce genre d'ouvrage : c'est une œuvre considérable, mais qui se périme vite, qu'il est difficile, lourd et coûteux de tenir à jour. La science du droit ne peut pourtant pas se passer de quelques grands esprits assez courageux et audacieux pour entreprendre ou maintenir à jour des ouvrages approfondis.

→ Quelques exemples de grands classiques parmi les traités (ceci n'est pas une bibliographie)

– Aubry et Rau, *Cours de droit civil* (premières éditions avant 1850, 12 volumes dans la 5e édition annotée par Bartin, 1923).

– Jèze, *Principes généraux de droit administratif* (6 vol. dans la 1re édition de 1925-1936) ; réédition disponible dans la collection « Bibliothèque Dalloz ».

– Duguit, *Traité de droit constitutionnel* (5 vol., 1921).

– Planiol et Ripert, *Traité pratique de droit civil français* (14 vol. dans la 1re édition de 1925).

CONSEILS PRATIQUES

Acquérir, utiliser un traité

L'idéal est, bien sûr, de pouvoir acquérir le ou les volumes d'un traité correspondant au programme que l'on étudie. Deux recommandations cependant :
– ne faites cet investissement un peu onéreux que pour un volume à jour, dont l'édition est récente, et en tout cas postérieure aux réformes législatives qui peuvent être intervenues en la matière. Vos enseignants pourront vous conseiller à ce propos ;
– n'achetez pas un volume de traité avant d'avoir commencé l'année. Il est bon de connaître d'abord les affinités intellectuelles de votre

professeur, et les vôtres avec tel ou tel auteur. Commencez donc par utiliser ces volumes à la bibliothèque et voyez s'il vous serait profitable d'en posséder un et lequel. Si vous prenez vraiment de l'intérêt pour une matière, vous souhaiterez acheter un bon traité (un joueur de tennis hésite-t-il à acheter une bonne raquette ?) ;
– quant aux grands traités classiques anciens, vous en trouverez sûrement des extraits dans vos documents de TD, vos professeurs vous expliqueront les conceptions de leurs auteurs et leur influence. En licence, il vous suffit de retenir les grandes théories attachées à certains noms (comme *la théorie du patrimoine*, d'Aubry et Rau).

➔ Des ouvrages (traités et manuels) à jour

– F. Terré, Ph. Simler, Y. Lequette, F. Chénedé, *Droit civil. Les obligations*, coll. « Précis », Dalloz.

– la collection « droit civil », dirigée par Ph. Malaurie et L. Aynès, avec P. Morvan, P.-Y. Gautier, P. Stoffel-Munck et P. Crocq (10 tomes), Defrénois.

– *Traité de droit civil*, sous la direction de J. Ghestin, LGDJ.

b) Les manuels

Ce sont des ouvrages plus *maniables* (comme le mot l'indique) que les grands traités, plus faciles d'accès parce que moins développés et constitués de volumes plus petits. Le manuel vise moins à être exhaustif que le traité. Il est apparu plus récemment.

Par exemple (hors ceux précédemment cités)
Carbonnier, *Droit civil, PUF* ; Flour, Aubert, Savaux, *Droit civil, les obligations, Sirey Université* ; Delvolvé, *Droit administratif.*

c) Les Précis

Comme leur nom l'indique, ce sont des livres clairs et concis, destinés à présenter la matière de manière descriptive, objective et ramassée. Chaque volume correspond à une tranche de programme, ou à une matière autonome enseignée. L'éditeur crée une collection de précis et impose aux auteurs un format et une présentation commode et pédagogique. Des rééditions fréquentes maintiennent les précis à jour.

Par exemple
Les « Précis » Dalloz (il en existe dans toutes les matières), les « Précis » Domat (Montchrestien).

CONSEILS PRATIQUES

Acquérir et utiliser des manuels et des précis

Vous devez impérativement **posséder un manuel ou un précis à jour** dans les matières du programme (sauf peut-être des matières d'oral pour lesquelles il existe un cours polycopié intégral de l'année). Ce sera votre principal outil de travail. Choisissez-le d'après les conseils de votre professeur (il doit correspondre au programme traité) et d'après vos goûts.
Ne le revendez pas à la fin de l'année. Jusqu'à ce qu'il soit périmé, votre livre servira à vous rafraîchir la mémoire.

d) Les Grands arrêts

Dans l'ouvrage intitulé *Les grands arrêts de la jurisprudence administrative* (le célèbre *GAJA*) se trouvent réunis les arrêts les plus importants du droit administratif. Ce recueil, publié chez Dalloz par P. Delvolvé et B. Genevois (auparavant M. Long, P. Weil, G. Braibant), est constamment tenu à jour. Le choix remarquable des arrêts, la qualité des commentaires qui les accompagnent font de cet ouvrage un instrument de travail particulièrement commode et précieux pour les étudiants.

La collection accueille également d'autres volumes dans les grandes matières juridiques.

e) Les HyperCours

Il s'agit d'un cours complet accompagné d'outils pédagogiques variés qui en facilitent la compréhension et l'assimilation (résumés, mots clés, tests d'acquisition des connaissances, exercices corrigés, bibliographies).

f) Les Mémentos

Les Mémentos sont l'outil de révision par excellence : ils constituent, en quelque sorte, le plan extrêmement détaillé d'une matière donnée, mettant en relief les notions essentielles de la matière. Leur rôle est d'aider à revoir des questions que l'on a déjà comprises. Il ne faut pas les confondre avec les « Mémentos Francis Lefebvre », destinés principalement aux praticiens et qui constituent plutôt de véritables précis.

CONSEILS PRATIQUES

Acquérir, utiliser des Mémentos

Ne négligez pas les Mémentos, pour les oraux surtout. Il est bien connu que, malgré les recommandations réitérées de tous les enseignants, de nombreux étudiants négligent leurs matières d'oral, s'y mettent trop tard et se laissent déborder. Si vous vous êtes mis dans ce mauvais cas, l'utilisation intelligente de Mémentos peut parfois vous sauver. Huit jours avant un oral, il est bien tard pour extraire l'essentiel de notes de cours mal prises ou d'un livre de 300 pages. Un Mémento fournit des notions essentielles, des définitions, un résumé de la matière qui simplifient et accélèrent les révisions.
Mais le danger est de ne pas se montrer capable d'exploiter ces connaissances un peu squelettiques. Cela nécessite une certaine aisance, et une très bonne expression orale. Pour des débutants, le risque est grand... (v. *infra*, La préparation des épreuves orales).

g) Les Annales

Ces ouvrages réunissent, pour une matière donnée, des sujets d'examens corrigés, et fournissent de nombreux conseils pédagogiques.

C. Les encyclopédies juridiques ou répertoires

Dans l'édition juridique, ces deux mots sont à peu près synonymes. Ils désignent de volumineux ouvrages collectifs, qui recouvrent l'essentiel du droit positif.

Les diverses rubriques, écrites par des auteurs différents, sont classées soit par ordre alphabétique, soit selon l'ordre des articles d'un code. Il existe des encyclopédies dans toutes les matières juridiques, des plus générales aux plus spécialisées. Toutes sont constamment mises à jour.

1. À qui sont-ils destinés ?

Aux praticiens d'abord : les répertoires sont leurs principaux instruments de recherche ; ils y trouvent le droit positif exposé de façon claire et objective, les solutions actuellement en vigueur sur toute question qui leur est posée. Mais il est bien évident que les encyclopédies de droit général (droit civil, droit administratif, droit pénal, etc.) s'adressent à **tous les juristes** et peuvent être particulièrement utiles aux **étudiants, même débutants**, car l'information y est claire, complète et facile d'accès.

2. Description

L'esprit général des encyclopédies est avant tout pratique ; ce qui signifie qu'on y trouve décrits et expliqués les règles et les mécanismes juridiques, les solutions apportées par la loi, la jurisprudence récente ou la pratique aux diverses questions qui se posent. On y apprendra, par exemple, dans quels cas on peut divorcer, comment se déroule la procédure, quels seront les effets du divorce sur les conjoints, sur leurs enfants, sur leurs biens, etc., l'ensemble étant exposé de façon précise et objective, avec des références aux textes légaux et aux arrêts les plus récents.

Mais dans ces ouvrages pratiques, les théories et les controverses doctrinales ne sont pas développées. Les considérations philosophiques (la réflexion sur les règles), sociologiques ou historiques que l'on trouve dans les traités et manuels, n'ont pas ici leur place.

– Le **style** adopté par les auteurs dans ces encyclopédies est simple, clair, objectif, parfois un peu impersonnel.

– Ces **auteurs** sont en général de bons spécialistes de la matière qu'ils traitent, qu'ils appartiennent à l'université, à la magistrature, à l'administration ou à d'autres professions juridiques.

– La **présentation matérielle** de ces ouvrages est imposante : une série de gros et lourds volumes (plus de 30 volumes pour le *JurisClasseur civil* par exemple), dont la reliure est *mobile*, c'est-à-dire qu'elle peut être ouverte pour y insérer de nouveaux feuillets à jour et retirer ceux qui sont devenus caducs.

Des **mises à jour fréquentes** permettent donc à ces répertoires et encyclopédies de suivre l'évolution du droit.

3. Deux exemples d'encyclopédies juridiques

Examinons le *plan* et le *maniement* de deux encyclopédies différentes, afin que vous puissiez les consulter sans difficulté.

a) L'Encyclopédie juridique Dalloz

Elle est divisée par disciplines : 11 volumes pour le *Répertoire de droit civil*, 8 volumes pour le *Répertoire de droit pénal et de procédure pénale*, 4 volumes pour le *Répertoire de contentieux administratif*, etc. (toutes les branches du droit sont traitées).

À l'intérieur de chacun de ces répertoires, le classement des rubriques est alphabétique : on rencontre successivement les mots *absence, abus de droit, accession,* etc.

C'est pourquoi une **référence** à l'*Encyclopédie Dalloz* (telle qu'elle figure notamment dans le Code civil) s'inscrit : *Rép. civ.*, ou *Enc.* Dalloz *Dr civ.*, v° *Preuve,* n° 40 (v° signifie *verbo,* mot latin se traduisant par « au mot », ou « sous le mot » ; la rubrique en question figure « sous le mot preuve »).

– Le *plan* de la rubrique, très détaillé mais toujours clair, se trouve en en-tête. Lisez et méditez sur quelques-uns de ces plans concernant des sujets que vous connaissez, ou lorsque, justement, on vous demande un plan détaillé sur une question. Ils constituent d'excellents exemples d'étude descriptive à, bien sûr, adapter.

– Une *bibliographie* sur le sujet traité suit le plan.

– Les *développements* sont divisés en paragraphes numérotés et émaillés de références de jurisprudence et de doctrine.

– Un *index alphabétique,* en fin de rubrique, facilite la recherche sur un point précis.

– Le *nom de l'auteur* (qui autrefois figurait en fin de rubrique) figure désormais sous l'intitulé.

Quatre *mises à jour annuelles* sont envoyées aux abonnés. Chaque mise à jour, présentée rubrique par rubrique, reprend et remplace la précédente et s'insère en tête des différentes reliures des *Répertoires.* En outre, les *Cahiers de l'actualité* présentent tous les deux mois la dernière actualité de la matière. Enfin, les rubriques sont régulièrement « refondues » pour tenir compte des évolutions du droit. La date de rédaction de la rubrique figure au bas de la page.

Les *Répertoires de l'Encyclopédie juridique* Dalloz sont accessibles sur le site dalloz.fr.

b) Les Juris-Classeurs des éditions Lexis Nexis

Ils constituent un ensemble monumental comprenant plus de 70 collections et de 400 volumes. Certaines de ces collections sont très spécialisées (*Juris-Classeur Divorce, Juris-Classeur Copropriété*) tandis que d'autres couvrent une discipline (*Juris-Classeur Civil Code, Juris-Classeur Administratif,* etc.).

Dans chaque collection, un plan général renvoie aux volumes et aux numéros de fascicules. Il en est de même de l'index alphabétique général.

Dans certaines collections, tels les *Juris-Classeurs Civil Code* et *Pénal Code*, les fascicules correspondent à des articles (ou à des groupes d'articles) de codes et sont généralement classés selon l'ordre des articles du code. La plupart des fascicules combinent une référence au numéro du ou des articles, mais également à un numéro de fascicule. Ces références figurent en chapeau en haut à droite du fascicule (certains fascicules communs à plusieurs collections ont des chapeaux multiples : on y trouvera précisés les collections contenant le fascicule en question et le numéro particulier attribué au fascicule dans ces différentes collections).

Par exemple

Si l'on veut connaître les peines dont est passible le voleur, on cherchera dans *le Juris-Classeur Pénal Code* le volume dont le fascicule figure sous les articles 311-1 à 311-16 du Code pénal (alors que dans le *Répertoire de droit pénal et de procédure pénale* de l'Encyclopédie Dalloz, on aurait cherché au mot « Vol »).

Une référence au *Juris-Classeur Pénal Code* s'inscrit de la manière suivante : *J. Cl. Pénal,* art. 311-1 à 311-16.

Certains thèmes, par exemple le divorce pour faute, font l'objet de plusieurs fascicules ; ceux-ci sont identifiés, en plus du numéro des articles du Code civil régissant la matière, par des numéros de fascicule.

Une référence au *Juris-Classeur Civil Code* s'inscrit de la manière suivante : *J. Cl. Civil,* art. 242 à 246, fasc. 10, n° 12.

D'autres collections, au contraire, suivent un plan méthodique (comme un traité). Ainsi, une référence au *Juris-Classeur Travail Traité* se rédige : « J. *Cl. Travail Traité,* v° *Congés payés,* fasc. 32-10, n° 65 ».

En tête de chaque fascicule figurent l'*intitulé,* le nom de l'*auteur,* les *points-clés,* le *sommaire analytique* (plan très détaillé), l'*index alphabétique,* la teneur du ou des *articles du code ou du texte législatif commenté* ; puis viennent les *développements* suivis d'une *bibliographie.*

Les collections du *Juris-Classeur* font l'objet de mises au courant trimestrielles : des fiches d'actualisation jaunes et roses sont placées en tête de chaque fascicule touché par l'actualité juridique et les fascicules sont refondus tous les cinq ans en moyenne. Vous pouvez vous assurer de la « fraîcheur » d'un fascicule par sa date de rédaction figurant au bas des pages.

Les bases de données juridiques recensées (Dalloz, LexisNexis) sont accessibles depuis votre plateforme ou espace numérique de travail (ENT).

Vous constatez que l'*Encyclopédie juridique* Dalloz et les *Juris-Classeurs* des Éditions Lexis Nexis offrent les mêmes facilités de recherche (avec des voies d'accès différentes par les mots ou les articles) et des présentations fort voisines. Pour tenter de les caractériser quelque peu l'une par rapport à l'autre, disons que des deux encyclopédies, c'est le *Juris-Classeur* dont l'orientation vers la pratique est la plus marquée. Mais dans l'une comme dans l'autre, il y a d'excellents articles et d'autres plus plats : tout dépend du talent de l'auteur.

CONSEILS PRATIQUES

Consulter les encyclopédies

Ne négligez pas les services que peuvent vous rendre ces répertoires ; n'oubliez pas leur existence ! Vous les trouverez dans toutes les bibliothèques et salles de travail. Ils peuvent vous être utiles dans quatre cas notamment :
– pour **prendre connaissance d'une question** sur laquelle vous n'avez pas de note de cours, qui ne figure pas dans votre manuel ou que vous n'avez pas comprise parce qu'elle vous a été exposée de manière plus savante que pédagogique ;
– pour trouver une moisson de **références** lorsque vous devez faire une étude approfondie ;
– pour trouver des exemples de **plans détaillés** ;
– pour trouver une réponse, une **solution précise** à un cas qui vous est soumis.

D. Les monographies, les thèses et les mélanges

Nous nous contenterons de définir ces genres d'ouvrages car, normalement, vous n'avez pas encore à les utiliser au niveau de la licence. Ou alors on vous distribuera dans vos documents de TD les deux ou trois pages qui peuvent vous être utiles.

1. La monographie

C'est un ouvrage portant sur une question, une matière très précise (*mono*, en grec, signifie *un*).

Par exemple
Un ouvrage sur le contentieux administratif, sur le divorce ou sur la copropriété.

2. La thèse

Elle constitue souvent une monographie, mais certaines sont au contraire des ouvrages de synthèse. Les thèses publiées sont des œuvres de recherche juridique approfondie, écrites en vue de l'obtention du doctorat. La documentation, la réflexion, l'approfondissement qu'elles contiennent les rendent à la fois précieuses et difficiles. On y trouve parfois des théories originales, que vos professeurs vous mentionneront et vous expliqueront. Ceux d'entre vous qui se sentent une vocation universitaire peuvent consulter des thèses à la bibliothèque. Elles sont publiées par la LGDJ, les Presses universitaires d'Aix-Marseille, Dalloz et Economica, notamment.

3. Les mélanges

Ils contiennent, comme leur nom l'indique, divers articles écrits par divers auteurs sur des sujets divers. Ce qui en fait l'unité, c'est l'intention des auteurs : ils ont écrit ces études, en général d'un haut niveau doctrinal, en l'honneur d'un de leurs maîtres, et pour les lui offrir, selon une tradition de l'Université.

Par exemple
Les *Mélanges Roubier*, les *Études offertes à Jacques Flour*, les *Études offertes à Pierre Catala*, les *Études offertes à Jacques Ghestin*, les *Mélanges en l'honneur de Serge Guinchard*...

E. Les revues juridiques

Le droit (comme la littérature, l'informatique ou le rock) a sa presse spécialisée. Cette presse, comme les autres, a pour mission à la fois d'informer sur l'actualité, et de constituer un vivier de documentation où puiser lors de recherches.

Les publications sont extrêmement nombreuses et variées : on distingue d'abord des publications officielles, comme le *Journal officiel* ou les *Bulletins de la Cour de cassation*, et une infinie variété de publications d'origine privée ; parmi ces dernières, il existe des revues de droit général, comme le *Recueil* Dalloz, la *Semaine juridique* ou la *Gazette du Palais*, et une multitude de revues spécialisées dont quelques-unes doivent être connues des étudiants et que nous vous présenterons parce que vous les trouverez fréquemment citées.

1. Le *Journal officiel*

Il apporte une information officielle au public, sur la quasi-totalité de la législation française. Vous devez d'ailleurs savoir qu'un texte légal n'est applicable qu'après sa publication au *Journal officiel*.

L'Édition des lois et décrets, quotidienne, est divisée en plusieurs parties qui sont fonction de l'actualité législative et réglementaire :

Par exemple
Les lois. – Les décrets, arrêtés et circulaires (textes généraux, mesures nominatives, conventions collectives). – Les décisions de certaines autorités administratives (Conseil supérieur de l'audiovisuel, Autorité des marchés financiers, etc.). – Les informations parlementaires, etc.

Vous ne pourrez être amené à consulter le *Journal officiel* que si vous avez besoin de prendre connaissance d'un texte de loi immédiatement après sa parution. Car dans les semaines qui suivent, la plupart des textes sont publiés dans des revues de droit général, d'un accès plus facile.

L'édition quotidienne du *Journal officiel* est disponible sur le site Internet « Legifrance » – site gratuit du service public de la diffusion du droit (v. *infra*). Depuis le 2 juin 2004, l'édition électronique du *Journal officiel*, diffusée *via* le site www.journal-officiel.gouv.fr a le même caractère d'authenticité que l'édition papier. Sa mise à disposition est gratuite. Il est aussi prévu qu'une publication par voie électronique suffise seule à provoquer l'entrée en vigueur de certaines catégories d'actes administratifs. Toutefois, certains actes individuels comportant des éléments nominatifs, tels les décrets portant changement de nom, ne sont publiés que sur papier.

2. Les *Bulletins de la Cour de cassation*

II en existe deux : le ***Bulletin civil*** et le ***Bulletin criminel***. Ce sont les organes officiels de la Cour de cassation, où sont publiés les arrêts auxquels la Cour de cassation entend donner une certaine audience, le reste étant considéré comme d'un moindre intérêt jurisprudentiel (il arrive, toutefois, que des revues privées publient certains de ces arrêts « éliminés » ; ils sont aussi diffusés sur « Legifrance »).

Les *Bulletins* sont mensuels. Les arrêts y paraissent dans un délai de quatre à cinq mois (en mai, par exemple, on reçoit le numéro de janvier précédent, qui contient, rangés par ordre chronologique, les arrêts rendus en janvier). Sur « Legifrance », les arrêts sont diffusés dans un délai plus rapide.

Les arrêts sont toujours publiés dans leur texte intégral, mais sans note ou observation (v. *supra*, la reproduction d'un arrêt au *Bulletin civil*). Le choix des abstracts (mots-clés), les sommaires des arrêts, ainsi que les brèves références jurisprudentielles sont remarquablement bien faits par le service de documentation et d'études de la Cour de cassation (fichier central).

a) Le *Bulletin criminel*

Il ne publie que les arrêts rendus par la Chambre criminelle, en matière pénale. Il est d'un format assez petit.

b) Le *Bulletin civil*

Au format nettement plus grand, il reproduit les arrêts rendus par les cinq autres chambres. Il est donc divisé en cinq parties. D'abord, hors classement, les décisions de l'**Assemblée plénière**, d'une **Chambre mixte**, les **avis** de la Cour de cassation, les **ordonnances** du premier Président, les arrêts du **Tribunal des conflits**.

Puis, I. Première chambre civile – II. Deuxième chambre civile – III. Troisième chambre civile – IV. Chambre commerciale et financière – V. Chambre sociale.

À l'intérieur de chaque partie, les arrêts du mois sont classés par ordre chronologique.

Les références aux *Bulletins* ne mentionnent donc ni le mois, ni même l'année, puisque ce sont automatiquement ceux où l'arrêt a été rendu.

Par exemple

« Civ. 2e, 15 janv. 2004, *Bull. civ.* II, n° 6 » se décode ainsi : « arrêt de la 2e chambre civile de la Cour de cassation du 15 janvier 2004, *Bulletin de la Cour de cassation* (sous-entendue année 2004, mois de janvier), 2e partie, n° 6 ».

Inversement, si l'on veut citer un arrêt de la chambre sociale de la Cour de cassation du 1er février 2001, paru au *Bulletin* (évidemment de l'année 2001, numéro de février) dans la 5e partie, n° 37, on pourra inscrire :
« Cass. soc. 1er févr. 2001, *Bull. civ.* V, n° 37 » ou, selon la norme officielle, « Soc. 1er févr. 2001, *Bull.* V, n° 37 ».
Les arrêts publiés aux *Bulletins* peuvent être consultés gratuitement sur le site www.legifrance.gouv.fr.

c) Les *Tables des Bulletins*

Elles sont extrêmement commodes et détaillées. Un index alphabétique figure au début de chaque numéro, et un numéro récapitulant toutes les tables avec une liste des rubriques clôt chaque année. Comme dans les autres revues, chaque arrêt apparaît plusieurs fois dans les tables : il figure sous chacun des mots-clés inscrits en tête de la décision. On peut donc le trouver à partir de la matière principale qu'il concerne (propriété, mariage, contrats et obligations), mais aussi à partir de notions qui y apparaissent de façon plus ou moins accessoire (voir ex. p. 27).

Des indications très complètes sont fournies sur chaque décision (rejet ou cassation, mention de quelques mots résumant fort adroitement l'essentiel de l'arrêt).

CONSEILS PRATIQUES

Avantages et inconvénients des *Bulletins de la Cour de cassation*

Les *Bulletins de la Cour de cassation* présentent pour vous les avantages suivants :
- des arrêts présentés de manière plus lisible et plus aérée que dans les autres revues ;
- des tables très faciles d'accès ;
- des renvois, sous certaines décisions, à d'autres arrêts rendus dans le même domaine ;
- une grande facilité de recherche : dès qu'on a la date d'un arrêt on le trouve instantanément dans le *Bulletin* de l'année et du mois correspondant.

Ils présentent cependant un inconvénient : les arrêts ne sont pas annotés, ils sont présentés sans les commentaires qui rendent précieuses les revues privées.

3. Le *Recueil Dalloz*

Il existait à l'origine deux revues distinctes : le *Dalloz* et le *Sirey*, fondées toutes deux au début du XIXe siècle, et qui ont fusionné en 1965. Le *Recueil Dalloz* est une revue privée, de droit général, à parution hebdomadaire. Après une période, d'octobre 1999 à 2006, où chaque numéro comportait un cahier « généraliste » (rouge) et un cahier « droit des affaires » (bleu), le *Recueil Dalloz* a retrouvé son unité depuis 2007, moyennant une réorganisation de l'information selon deux grandes parties.

a) Partie « Actualités »

Cette partie, qui s'ouvre sur un éditorial, suivi d'un sommaire récapitulant le contenu du numéro, se décompose elle-même en trois sous-parties. Elle est rédigée par la rédaction des Éditions Dalloz.

→ **Actualité législative :** ces pages présentent aussi bien les textes (lois, décrets, arrêtés) publiés au *Journal officiel* que les lois en cours d'élaboration ou de discussion parlementaire. L'information porte aussi sur d'autres sources du droit, moins normatives : circulaires, réponses ministérielles, rapports, etc. Chaque semaine sont récapitulés les principaux textes parus au *Journal officiel français* (*JO*) et au *Journal officiel de l'Union européenne* (*JOUE*).

→ **Actualité générale :** sont ici regroupées aussi bien des annonces de colloques, conférences, formations professionnelles, que des informations relatives à des diplômes universitaires ou encore à de nouvelles parutions d'ouvrages.

→ **Actualité jurisprudentielle :** c'est l'essentiel de cette partie. Après un « arrêt de la semaine », décision de principe, reproduite intégralement et commentée, sur une quinzaine de pages, ordonnées selon un classement par rubriques, sont résumées les principales décisions, surtout de la Cour de cassation, les plus importantes étant assorties d'observations signées de la rédaction (NDLR). *L'Actualité jurisprudentielle* (*AJ*) remplace, depuis 2007, les anciennes *Informations rapides* (*IR*).

b) Partie « Études et commentaires »

Il s'agit d'une partie consacrée à la réflexion et à l'analyse juridiques, destinées tant aux praticiens du droit qu'aux universitaires. S'y exprime, en somme, la « doctrine ».

→ **Point de vue :** un auteur délivre sa vision d'une question juridique.

→ **Chroniques :** ce sont des articles de fond (un auteur commente une nouvelle loi, fait le point sur une évolution jurisprudentielle, étudie une difficulté pratique...).

→ **Panorama :** depuis 2005, le *Panorama* a pris la place des *Sommaires commentés.* Un auteur spécialisé y présente synthétiquement les évolutions, aussi bien législatives que jurisprudentielles, qu'une matière a connues sur une période (généralement annuelle, parfois semestrielle).

→ **Notes :** ce sont des commentaires de décisions marquantes (reproduites intégralement).

→ **Entretien :** chaque semaine, le *Recueil* interroge une personnalité juridique.

c) Les « Dossiers »

Depuis 2006, plusieurs fois dans l'année, le *Recueil* publie des dossiers thématiques regroupant plusieurs articles sur un même sujet d'actualité, le plus souvent une réforme récente.

On peut faire relier les cahiers d'une année en un gros volume : c'est sous cette forme de volumes annuels que vous trouverez le *Recueil* Dalloz (et le *Sirey* jusqu'en 1964) dans les bibliothèques. Avant 2001, les cahiers n'étaient pas simplement mis à la suite les uns des autres, mais les couvertures étaient supprimées et les grandes parties reconstituées dans leur ensemble. Aujourd'hui, la pagination est continue, unique et les revues hebdomadaires se suivent chronologiquement à l'intérieur du volume annuel, le *Cahier de droit des affaires* faisant immédiatement suite, pour chaque numéro, au cahier rouge général.

Dans les références : *D.* signifie *Recueil* Dalloz et *S.* signifie *Recueil* Sirey (pour les années 1930 à 1950 environ, vous trouverez *DH* pour Dalloz hebdomadaire ou *DP* pour *Dalloz périodique*).

Si la référence d'un arrêt comporte seulement l'année et la page du *Dalloz* (ou du *Sirey*), il s'agit d'un arrêt rapporté intégralement dans la partie jurisprudence. Si un arrêt est rapporté à l'actualité jurisprudentielle, on trouve AJ, ou aux sommaires commentés, on a : somm. Les chroniques sont indiquées Ch. ou chron. ou I (1re partie).

Par exemple
« Civ. 1re, 3 déc. 1996, *D.* 1997.151, rapp. Y. Chartier, note Y. Serra » se décode ainsi : « arrêt de la 1re chambre civile de la Cour de cassation, *Recueil* Dalloz, année 1997 (2e partie, jurisprudence, l'arrêt est reproduit intégralement), p. 151, avec le rapport de Y. Chartier (le conseiller rapporteur) et une note de Y. Serra ».
« CEDH 26 mars 1996, *D.* 1997. somm. 207, obs. J.-F. Renucci » se décode ainsi : « arrêt de la Cour européenne des droits de l'homme du 26 mars 1996, *Recueil* Dalloz, année 1997, sommaire p. 207 » (l'arrêt n'est pas reproduit, mais brièvement commenté), observations de J.-F. Renucci.

Toutefois, depuis 2001, en raison du changement de présentation du *Recueil* Dalloz, il est fréquent que les références soient faites par un simple renvoi au Dalloz et à la page, quelle que soit la partie.

Par exemple
Civ. 2e, 9 oct. 2003, *D.* 2003, p. 590.

Le *Recueil* Dalloz est également disponible sur la base de données des éditions Dalloz.

d) Les Tables du *Recueil* Dalloz

Elles sont assez nombreuses et diversifiées pour permettre toutes sortes d'accès :

– *Table alphabétique des décisions de jurisprudence* publiées dans le *Dalloz* de l'année (et non rendues dans l'année, c'est là la différence avec les tables des *Bulletins de la Cour de cassation* ou du *Recueil Lebon*). Les décisions publiées du *Dalloz* peuvent avoir été rendues au cours des deux années précédentes. L'ordre alphabétique est celui des mots clés ;

– *Table alphabétique des panoramas, par matières* ;

– *Table chronologique des décisions de jurisprudence* publiées dans l'année, classées d'après les dates où elles ont été rendues : on y cherche une décision dont on connaît la date et l'on voit si elle a été publiée au *Dalloz* et si elle l'a été intégralement ou non (attention, en raison des délais de publication, il faut chercher dans les deux ou trois années suivant la date de la décision).

– *Table alphabétique par noms des parties* ;

– *Index alphabétique par nom des auteurs* des chroniques, notes signées, conclusions, panoramas et actualité jurisprudentielle, etc. ;

– *Index alphabétique par matières* avec des mots clés des chroniques, notes signées, conclusions, sommaires commentés, etc.

4. La *Semaine juridique ou Juris-classeur périodique*

C'est aussi une revue privée et hebdomadaire de droit général. Elle est publiée par les éditions du Juris-classeur – Lexis Nexis.

a) Les rubriques

La présentation de la *Semaine juridique* est très voisine de celle du *Recueil* Dalloz. Les quatre parties sont intitulées :

I. Doctrine

II. Jurisprudence (décisions reproduites intégralement et suivies de notes)

III. Textes

IV. Sommaires : on y retrouve principalement des « tableaux de jurisprudence », c'est-à-dire des sommaires résumant tantôt des arrêts de la Cour de cassation, tantôt des décisions des cours et tribunaux.

Au tout début les numéros comportent des pages d'actualité intéressantes.

Il existe une édition générale (*JCP G*) et quatre autres éditions plus spécialisées : administrations et collectivités territoriales (*JCP A ou adm.),* entreprise et affaires (*JCP E*), notariale et immobilière (*JCP N*) et social (*JCP S*). Dans les références, *JCP* signifie *Juris-Classeur périodique.*

Les *Cahiers hebdomadaires* se relient en un volume annuel.

Les arrêts importants paraissent souvent dans les deux revues concurrentes, le *Recueil Dalloz* et la *Semaine juridique.* Mais ils ne sont pas commentés par les mêmes auteurs, et il peut être intéressant de comparer les opinions soutenues dans les notes du *Recueil* et de la *Semaine juridique.*

Dans la *Semaine juridique,* édition générale, les rubriques sont désignées par leur numéro d'ordre et non par celui de la page. Comme au *Recueil* Dalloz, si la référence comporte seulement l'année et le numéro sans indication de partie, il s'agit d'un arrêt reproduit intégralement dans la partie jurisprudence.

Par exemple

« CE 9 déc. 2003, *JCP* 2004. II. 10076, note X. Prétot » se décode ainsi : « arrêt de Conseil d'État du 9 décembre 2003, *Semaine juridique,* édition générale, année 2004, 2e partie, n° 10076, avec une note signée Xavier Prétot ».

« CA Versailles, 24e ch., 4 sept. 2003, *JCP* 2004. II. 10007, note M. Menjucq » se décode ainsi : « arrêt de la 24e chambre de la cour d'appel de Versailles rendu le 4 septembre 2003 publié à la *Semaine juridique*, édition générale, année 2004 (2e partie, jurisprudence), n° 10007, avec une note signée Michel Menjucq ».

b) Les Tables de la *Semaine juridique*

– table alphabétique par *noms des auteurs* ;

– table de la *doctrine par matières* ;

– table *alphabétique par matière de la jurisprudence, de la doctrine et des textes* ;

– table *chronologique de la jurisprudence* ;

– table *chronologique des textes.*

Les différentes éditions de la *Semaine juridique* sont disponibles sur la base de données Jurisclasseur-LexisNexis.

5. La *Gazette du Palais*

Comme les précédentes, c'est une revue de droit général et d'origine privée. Elle paraît trois fois par semaine sous la forme d'un journal, et tous les deux mois l'abonné reçoit un volume bleu, broché, seul destiné à être conservé puisque son contenu reprend celui des journaux (excepté des actualités et des variétés qu'il est sans intérêt de garder).

Le broché ne comporte pas la même pagination que le journal tri-hebdomadaire, dont la numérotation des pages est reconduite à zéro à chacune de ses parutions. Ceci explique que les indications des références varient selon que l'auteur cite l'arrêt tel qu'il figure dans le broché ou tel figure dans l'exemplaire du journal qu'il vient de recevoir.

a) Les rubriques

La *Gazette du Palais* s'adressant d'abord au monde judiciaire, est plus orientée vers la pratique et vers l'information d'actualité que le *Recueil* ou la *Semaine juridique.* Mais, comme eux, elle comporte de la jurisprudence reproduite intégralement et annotée, des « panoramas » (sommaires commentés de jurisprudence classés par matières), de la législation, et enfin des chroniques.

Dans les références : *Gazette du Palais* s'abrège en *Gaz. Pal.* ou *GP.*

Par exemple

« Civ. 1re, 6 février 2007, *de Panafieu*, *Bull. civ.* I, à paraître, *Gaz. Pal.* 16 au 16 mai 2007, p. 10, note J. Massip » se décode : « arrêt de la première chambre de la Cour de cassation, rendu le 6 février 2007, dont le demandeur au pourvoi s'appelle *de Panafieu*, devant être prochainement publié dans la première partie du *Bulletin civil* de la Cour de cassation et dont une note, écrite par J. Massip, est publiée dans le numéro des 16 et 17 mai 2007 de la *Gazette du Palais*, à la page 10 ».

b) Les Tables de la *Gazette du Palais*

Elles constituent un extraordinaire instrument de recherche, car cette revue a eu l'excellente initiative d'inclure dans ses tables la documentation publiée par une trentaine d'autres revues juridiques, soit ses concurrentes comme le *Recueil* ou la *Semaine juridique*, soit des revues spécialisées, soit même les *Bulletins de la Cour de cassation.*

Depuis 1994, elles paraissent annuellement sous l'intitulé *Répertoire universel de la jurisprudence française* (mais répertorient aussi la doctrine et la législation).

L'intérêt de ces tables est qu'on y trouve la documentation publiée par de nombreuses revues pendant un an et, notamment, toutes les décisions de jurisprudence parues, que ce soit intégralement ou en sommaire ou en panorama.

Et surtout, les décisions n'y sont pas seulement citées, mais analysées : leur contenu est clairement et précisément résumé en quelques lignes.

Par exemple

On souhaite connaître la jurisprudence sur le droit de visite accordé à celui des parents qui n'a pas la garde de l'enfant en cas de divorce.

Dans les tables on cherche (comme dans une encyclopédie) au mot « *divorce* » ; sous ce mot, figure un index alphabétique détaillé qui renvoie aux numéros de la rubrique, puis un plan de la rubrique.

Dans cet index alphabétique, on trouve le mot « enfants », et, en dessous, « droit de visite » avec encore toute une série de subdivisions : « aménagement » 244, 398 et s., 405 et s., « charges de l'accompagnement » 406, « grands-parents », 73, 407, etc.

Ou bien, dans le plan de la rubrique « *divorce* » on trouve un chapitre IV sur les « effets du divorce » et, là, une section IV sur les « effets en ce qui concerne les enfants ». Aux numéros indiqués figurent les références et le résumé de toutes les décisions publiées pendant l'année sur la question du droit de visite ou, plus précisément, de son aménagement, de sa modification...

Si l'on est particulièrement intéressé par un arrêt on en note les références et on le trouve reproduit (et parfois commenté) dans la revue où il est paru.

On peut également la consulter sur la base de données Lextenso. La consultation électronique, avec un moteur de recherche par mots clés, facilite les recherches car les tables en support papier sont d'une immense richesse, mais leur organisation complexe les rend un peu difficile à manier.

CONSEILS PRATIQUES

Faites connaissance avec les grandes revues de droit général

Dès le début de vos études, familiarisez-vous avec le *Recueil Dalloz*, la *Semaine juridique* (ou *JCP* G) et la *Gazette du Palais*. Si l'on se veut juriste, on ne peut ignorer la presse des juristes et le remarquable outil de documentation qu'elle représente. Ne remettez pas la première prise de contact direct jusqu'au jour où vous aurez une importante recherche à faire. Il faut vous habituer à feuilleter les volumes annuels ou bimensuels, les numéros hebdomadaires, les tables, pour être en pays de connaissance le jour où vous en aurez besoin. Toutes ces revues sont consultables gratuitement en format numérique dans la plupart des bibliothèques universitaires et dans les grandes bibliothèques publiques.

6. Le *Recueil Lebon* ou *Recueil des arrêts du Conseil d'État*

Il est publié par les éditions Dalloz sous le haut patronage du Conseil d'État.

a) Le contenu

Créé au début du XIXe siècle, il reproduit la jurisprudence administrative : la plupart des **arrêts du Conseil d'État**, les **arrêts du Tribunal des conflits** (depuis 1872), les arrêts importants rendus par les cours administratives d'appel (depuis 1989) et certains jugements rendus par les **tribunaux administratifs** (depuis 1955).

Les cinq numéros annuels sont divisés en plusieurs parties correspondant aux diverses juridictions administratives. Dans chaque partie, les arrêts sont classés par ordre chronologique (comme dans les *Bulletins de la Cour de cassation*).

Les décisions importantes sont publiées dans leur texte intégral, et souvent accompagnées des conclusions des commissaires du gouvernement. Les arrêts moins intéressants paraissent en sommaire dans les tables.

Dans les références, on inscrit : *R.* ou *Rec.*, ou *Rec. CE, Leb.* ou encore *Lebon*, pour *Recueil Lebon*, puis le numéro de la page seulement (l'année et le mois sont ceux où l'arrêt a été rendu). Le nom de la partie figure dans la référence, comme il est d'usage en droit administratif.

Par exemple
« CE 12 avr. 2002, *Papon, Rec.* 139, concl. Boissard », se décode ainsi : « arrêt du Conseil d'État du 12 avril 2002, Papon requérant, publié au *Recueil Lebon*, année 2002, page 139, avec les conclusions du commissaire du gouvernement Boissard ».

b) Les Tables du *Recueil*

Celles-ci constituent un excellent instrument de recherche, dont un étudiant de deuxième année doit apprendre à se servir. Elles comprennent :

– une table *analytique* (classement alphabétique par mots clés), renvoyant aux arrêts publiés et donnant en sommaire l'analyse d'arrêts moins importants qui n'ont pu être reproduits. Le choix des rubriques de classement, ainsi que la présentation adoptée font actuellement de ces tables analytiques un indispensable outil de travail. Elles sont regroupées en tables décennales ;

– une table des *dispositions réglementaires ou collectives* annulées ou déclarées illégales par le Conseil d'État dans l'année (classées par ordre chronologique) ;

– une table des conclusions et des notes de jurisprudence dont l'intérêt est de regrouper les références aux différentes revues : *Actualité juridique (droit administratif) (AJDA), Revue du droit public et de la science politique, Recueil* Dalloz, *Semaine juridique, Gazette du Palais,* etc. ;

– une table alphabétique des *noms des parties,* permet facilement de retrouver les arrêts dans le recueil (puisque ces noms figurent dans les références).

7. La *Revue trimestrielle de droit civil*

C'est une revue spécialisée, de haut niveau scientifique, faite par des universitaires pour les universitaires et quelques autres bons juristes intéressés par la **doctrine**.

Dans chacun des quatre numéros de l'année, on trouve :

– des études doctrinales approfondies ;

– des *observations sur la jurisprudence récente* en matière de droit civil et de droit judiciaire privé. La chronique, dans chaque matière (« personnes et droit de la famille », « obligations et contrats spéciaux », « propriété et droits réels », « successions et libéralités », etc.) est tenue au fil des numéros par un professeur spécialiste qui s'attache à donner, en quelque sorte, l'**avis de la doctrine sur la jurisprudence** (les arrêts commentés ne sont pas reproduits) ;

– un panorama de la législation commentée par des professeurs ;

– une bibliographie des ouvrages, thèses et articles récemment publiés dans les diverses matières juridiques.

Dans les références, *Revue trimestrielle de droit civil* s'abrège en *Rev. trim. dr. civ.* ou *RTD civ.*

8. La *Revue du droit public et de la science politique*

Elle se situe au même niveau scientifique que la précédente, mais donne une plus large place à la **publication de la jurisprudence**.

Dans les six numéros de l'année, on trouve les arrêts les plus importants du Conseil d'État, avec des notes de doctrine, et de nombreuses conclusions de commissaires du gouvernement ainsi que des chroniques de jurisprudence administrative, constitutionnelle, européenne tenues par des professeurs de droit.

Dans les références, son titre s'abrège en *RDP*.

Par exemple
« CE 27 oct. 1999, *Rolin, RDP* 2000. 269, note Eckert ».

Pour étudier une question de manière un peu approfondie, en vue d'un devoir ou d'un exposé, vous pouvez être amené à consulter ces revues. Une étude de jurisprudence ou un commentaire d'arrêt en particulier, seront singulièrement enrichis si vous avez la chance de trouver des observations à la *Revue trimestrielle de droit civil*, une note ou des conclusions à la *Revue du droit public*.

La *Revue de science criminelle et de droit pénal comparé*, la *Revue trimestrielle de droit commercial et de droit économique*, la *Revue trimestrielle de droit européen*, etc., présentent le même caractère scientifique, et un contenu doctrinal substantiel, œuvres d'auteurs éminents.

9. L'*Actualité juridique Droit administratif*

C'est une revue hebdomadaire spécialisée, particulièrement précieuse pour les publicistes (spécialistes du droit public). Elle publie dans un délai rapide les arrêts du Conseil d'État, du Tribunal des conflits, ainsi que les arrêts des cours administratives d'appel et jugements des tribunaux administratifs présentant quelque intérêt. Ces décisions sont annotées.

Ses études doctrinales et ses chroniques de jurisprudence méritent une attention spéciale et constituent un instrument de travail et de réflexion de tout premier ordre.

Cette revue rend également compte, dans une rubrique intitulée *Au fil de la semaine*, de la toute dernière actualité juridique administrative, législative et politique et consacre des dossiers à certains sujets particulièrement intéressants.

Dans les références, son titre s'abrège en *AJ* ou *AJDA*.

10. Le *Répertoire du notariat Defrénois*

C'est une revue bimensuelle qui peut être citée comme exemple d'une revue spécialisée et même professionnelle d'un excellent niveau. Destinée aux privatistes (spécialistes du droit privé) et plus particulièrement aux spécialistes du droit notarial (matières relevant de la compétence des notaires), cette revue publie, elle aussi, de la doctrine, de la jurisprudence commentée, des chroniques de jurisprudence tenues par des professeurs, de la législation et, enfin, des questions pratiques destinées au notariat. La remarquable qualité des travaux et articles qui y paraissent fait que vous trouverez cette revue souvent citée en droit civil, en droit des affaires (et en droit fiscal quand vous en ferez).

Dans les références, son titre s'abrège en *Rép. not.* ou *Rép. Defrénois* ou simplement *Defrénois.*

11. Les *Petites Affiches*

C'est le quotidien du droit où l'on trouve chaque jour l'actualité législative et jurisprudentielle, des notes d'arrêt et des articles de doctrine, ainsi que des annonces judiciaires et légales. De fréquents numéros spéciaux traitent de manière approfondie un thème particulier.

Dans les références, son titre est reproduit intégralement ou s'abrège en *Petites Affiches, Pet. aff., LPA*, ou encore *PA*.

Ce quotidien est également disponible sur Internet.

12. La revue *Constitutions*

Elle a été créée à l'occasion de la révision constitutionnelle du 23 juillet 2008. L'étudiant sera principalement intéressé par la rubrique intitulée « Droit et Libertés », laquelle recouvre divers articles classés en fonction de la liberté ou du droit concerné, ainsi que par la rubrique « Pouvoirs et Institutions ».

F. La documentation numérique

Elle est un outil indispensable pour la consultation de données juridiques. Il n'existe plus aujourd'hui de codes, de revues, d'encyclopédies qui ne soient également diffusés sur supports numériques. On y retrouve, enrichis, les contenus jurisprudentiels, législatifs et doctrinaux proposés par le papier. En effet, les différents éditeurs et hébergeurs de sites rivalisent d'ingéniosité pour proposer des fonctionnalités nouvelles et plus performantes et des interfaces attrayantes. En outre, ces supports permettent, grâce aux liens hypertexte, de renvoyer instantanément à la jurisprudence, la législation, et aux articles et commentaires de doctrine cités dans le document consulté.

Tout étudiant peut trouver dans sa bibliothèque universitaire ces outils numériques, et il est recommandé de savoir travailler à partir d'un ordinateur, d'un logiciel de recherches, de bases de données. Toutefois un double danger doit être gardé présent à l'esprit. Il ne faut pas, d'une part, se laisser égarer par la multiplicité des informations. **Leur utilisation implique d'avoir déjà posé et cerné la question de droit que l'on cherche à approfondir**. Le risque est grand, à l'issue d'une recherche sur Internet, de se trouver noyé sous une masse d'information, de perdre le fil de la recherche et de ne plus parvenir à sélectionner l'essentiel (v. *infra*, Conseils pratiques). Il ne faut donc pas que cette connaissance instantanée sur un point juridique précis supplante la recherche juridique traditionnelle faite à partir de recherches approfondies et moins limitatives dans l'approche de la question.

D'autre part, il faut se méfier de l'exactitude des informations collectées au hasard de recherches sur Internet, sur des sites non officiels ou non institutionnels.

Une dernière tendance se développe : les blogs. S'ils peuvent être des espaces libres et intéressants de discussion, la prudence est là encore de rigueur.

1. Les sites officiels

Ils sont mis en ligne **gratuitement** par les organes publics et permettent de consulter l'ensemble de la législation, de la réglementation et de la jurisprudence françaises sans commentaire d'auteur.

Le plus connu et utilisé est le site du service public de la diffusion du droit « Legifrance » : **www.legifrance.gouv.fr**, lequel renvoie à de nombreux sites juridiques également gratuits.

On peut y consulter le *Journal officiel* depuis 1990, les textes législatifs et réglementaires consolidés (c'est-à-dire à jour de leurs modifications), les codes officiels et les conventions collectives.

S'y trouvent également reproduites les décisions rendues par le Conseil constitutionnel et les juridictions administratives et judiciaires.

Enfin, la nouvelle version de Légifrance (décr. n° 2020-1119, 8 sept. 2020), qui s'inscrit dans une politique de modernisation du service public de diffusion du droit par Internet, propose de nouvelles fonctionnalités, dans le but d'un meilleur accès au droit, telle que la comparaison simultanée des différentes versions du texte de loi modifié grâce à l'onglet ChronoLégi, et une extension de l'open data (libre ouverture des données) à plusieurs données nouvelles.

Parmi les sites officiels utiles à l'étudiant en droit, on compte celui de la Cour de cassation (**www.courdecassation.fr**), du Conseil d'État (**www.conseil-etat.fr**), du Conseil constitutionnel (**www.conseil-constitutionnel.fr**) ou encore de la Cour de justice de l'Union européenne (**www.curia.europa.eu**), de la Cour européenne des droits de l'homme (**http://www.echr.coe.int**), de la Cour internationale de Justice (**www.icj-cij.org**), etc.

2. Les sites des éditeurs juridiques

Ils sont mis en ligne par les professionnels du droit et de l'édition en général. Leur page d'accueil permet d'accéder gratuitement à certaines informations, telles que la dernière actualité législative et jurisprudentielle présentée sous forme de brèves ou dépêches et classée par matière, le *Journal officiel* du jour, de même que des informations sur les colloques et manifestations à venir ou les nouveaux indices et taux.

Puis ils regroupent l'essentiel de l'information publiée sur support papier (encyclopédies, revues, jurisprudence, législation, etc.). L'accès est alors payant et nécessite un code d'abonné et un mot de passe.

La plupart bibliothèques universitaires sont abonnées à ces sites, et vous disposez vous-même d'abonnements à ces sites grâce à votre inscription à l'Université. On peut citer :

→ **Le site Dalloz : www.dalloz.fr/etudiants**

Depuis 2006, Dalloz.fr est le site de documentation juridique des éditions Dalloz.

Depuis 2019, un environnement spécial pour les étudiants a été créé. Il propose toutes les ressources numériques des éditions Dalloz (Codes, encyclopédies, jurisprudence, revues, ouvrages) ainsi que des services dédiés aux étudiants (fiches de méthodologie, actu étudiante).

→ **Le site www.dalloz-coaching.fr** : spécialement conçu pour accompagner l'étudiant dans son apprentissage et ses révisions, il donne accès à des cours classés suivant le programme des universités et à de l'entraînement (annales, QCM).

→ **Le site Juris-Classeur – Lexis Nexis : www.lexisnexis.fr.**

→ **Le site « Lamylinereflex » : www.lamylinereflex.fr** qui dispose d'un fonds jurisprudentiel très important (tous les arrêts de la Cour de cassation et du Conseil d'État publiés et non publiés à compter des années soixante, *le Journal officiel* depuis 1955, ainsi que les ouvrages Lamy).

3. Les sites des juristes internautes

La loi n° 2016-1321 du 7 octobre 2016 pour une République numérique a permis aux auteurs, même liés par un accord d'exclusivité à leurs éditeurs, de mettre à disposition gratuitement, dans un format ouvert, par voie numérique, leurs travaux. Les chercheurs peuvent ainsi alimenter l'open data en mettant leurs travaux en ligne sur des sites créés à cet effet (par ex. le site Hal d'archives ouvertes, https://hal.archives-ouvertes.fr). Le développement des blogs participe également à une meilleure diffusion du droit par ceux qui sont consacrés à la discussion juridique. La création de sites juridiques privés s'inscrit dans cette même perspective.

CONSEILS PRATIQUES

La difficile hiérarchisation de l'information

La recherche numérique vous permet de trouver des références de manière transversale parmi des milliers de sources, un peu comme si vous pouviez consulter l'index de 10 000 livres reliés ! Mais vous aurez du mal à hiérarchiser l'information reçue (tous les arrêts n'ont pas la même portée ; un article de doctrine n'équivaut pas au texte de la loi, etc.). Lorsque vous cherchez des informations sur un thème, il vous faut, plus qu'à l'occasion de recherches « sur papier », procéder de manière très ordonnée :

1. Vous reporter, systématiquement, à la lettre de la loi et vérifier qu'elle n'a pas été modifiée ou abrogée (utiliser www.legifrance.gouv.fr ou www.journal-officiel.gouv.fr).
2. Chercher la jurisprudence citée dans vos traités et manuels et vérifier qu'elle n'a pas connu de revirements en restreignant votre recherche à la période postérieure aux décisions que vous aurez trouvées (cf. la recherche avancée, *infra*) ;
3. Continuer la recherche de jurisprudence et de doctrine par mots-clés, en hiérarchisant les décisions rendues par les plus hautes formations (une décision d'assemblée du Conseil d'État a plus d'autorité qu'une simple décision de sous-section, de même qu'un arrêt de la Cour de cassation au regard d'un jugement) ;

Surtout ne commencez pas par des moteurs de recherche généralistes comme google ou wikipedia. Privilégiez toujours des sites destinés aux seuls abonnés. Sinon, vous risqueriez dans le moindre des cas de perdre beaucoup de temps, dans le pire des cas de commettre d'importantes erreurs.

La recherche « avancée »

La recherche numérique, bien que plus ludique, présente un risque : obtenir une avalanche de réponses impossibles à exploiter si votre recherche n'est pas *avancée*, c'est-à-dire assez affinée. Lors d'une recherche par mots clés, vous devez être capable de cibler la question, ce qui implique d'avoir déjà étudié la matière en relisant votre cours ou un manuel.

Par exemple

Vous souhaitez faire une recherche de jurisprudence et trouver des arrêts rendus par la Cour de cassation sur la *réticence dolosive.* Vous vous connectez sur le site Legifrance.

Si vous vous contentez d'entrer dans le champ proposé le mot *dol*, le site vous proposera 4 830 documents en réponse et vous demandera d'affiner votre recherche ; en revanche, si vous entrez les expressions *réticence dolosive* et *silence* (parce que vous aurez appris, en lisant votre cours, que le silence d'un contractant peut, dans certains cas, être constitutif d'un dol) et si vous circonscrivez votre recherche à partir de 2019 vous aurez réussi à obtenir seulement 18 réponses, ce qui constitue un résultat tout à fait exploitable.

En outre, soyez vigilants s'agissant des termes juridiques qui ont des *synonymes*. Tous les moteurs de recherche ne contiennent pas de programmes permettant d'élargir votre recherche à tous les synonymes du mot que vous avez entré dans le champ. Ainsi, si vous souhaitez faire une recherche sur les devoirs respectifs des époux, pensez à entrer dans le champ, non seulement le mot *époux*, mais également celui de *conjoint* avec la conjonction *et*.

Les sites des principaux éditeurs sont généralement accessibles dans les bibliothèques universitaires et peuvent être consultés gratuitement par les étudiants mais l'impression des documents (tout comme les photocopies) est payante et parfois chère.

La bibliothèque Cujas à Paris dispose d'un catalogue très complet recensant les ressources électroniques françaises et internationales mises à la disposition des étudiants : http://biu-cujas.univ-paris1.fr

Le Cerdoc (Centre de recherches documentaires) de la Bibliothèque dispose d'un service de formation. Des visites gratuites de la bibliothèque sont programmées en début d'année universitaire, de même que des formations ponctuelles sur différents outils, en particulier informatiques. Plus simplement, des brochures explicatives relatives aux principaux produits électroniques sont à la disposition des étudiants.

G. Les dictionnaires, lexiques et vocabulaires juridiques

Ces ouvrages sont destinés à donner la définition des mots ou expressions de la langue juridique. Les termes y sont classés par ordre alphabétique et l'on y trouve leur étymologie (c'est-à-dire leurs racines), et toutes leurs significations et acceptions, qui peuvent être multiples et différentes selon les branches du droit.

Ils sont destinés aux étudiants et au grand public. La langue juridique est difficilement accessible au profane et, pour qui veut comprendre et s'exprimer correctement, un lexique est indispensable.

CONSEILS PRATIQUES

Acquérir et utiliser un lexique juridique

Reportez-vous à tout ce qui a été dit (v. *supra*) sur l'importance d'apprendre et d'employer une terminologie exacte et précise. On ne peut que réitérer le conseil d'acquérir et de consulter souvent un lexique ou vocabulaire. Il en existe plusieurs.

Par exemple

– *Vocabulaire juridique,* de Cornu.

– *Lexique des termes juridiques,* de Guinchard et Debard (ancien Montagnier, Guillien et Vincent).

– *Lexique de politique,* de Debbasch, Bourdon, Pontier et Ricci.

H. La grande presse

Vos professeurs, et surtout les publicistes, vous recommandent, dès le début de la première année, de lire le journal et de vous tenir au courant de l'actualité politique et économique.

CONSEILS PRATIQUES

Lire *Le Monde*

L'expérience montre que ces professeurs sont peu entendus, car la lecture du *Monde* n'est pas toujours récréative.

Il faut pourtant qu'un étudiant en droit prenne conscience des liens qui existent entre les matières qu'il s'efforce d'apprendre et l'actualité quotidienne, soit interne au pays, soit internationale. En lisant régulièrement le journal, vous voyez fonctionner, dans la réalité, les institutions et les mécanismes qui font l'objet de votre cours de droit constitutionnel, de votre cours sur les institutions internationales, sur les grands problèmes politiques, de votre cours d'économie politique, de finances publiques, etc.

Ces matières cesseront d'être pour vous scolaires et abstraites si vous vous intéressez au débat politique, aux différentes élections, aux progrès de l'Union européenne, à l'évolution de la crise économique, au système monétaire international, aux grandes puissances, etc. En même temps que vous devenez juriste, vous devez devenir un citoyen

adulte, informé, capable de réfléchir à la vie nationale et internationale, et d'avoir des opinions, non plus instinctives, mais motivées.
En outre, sachez que la lecture du journal (et particulièrement du *Monde*) vous est nécessaire sur le plan purement scolaire : lors des épreuves d'examens oraux, des questions d'actualité vous seront posées : « Quel est le statut des prisonniers à Guantanamo ? » ou « Quels sont les objectifs des privatisations ? ». Vos professeurs veulent vérifier que vous êtes réellement entré dans des études dites « supérieures » et que vous ne vous limitez pas à un apprentissage primaire du cours. Votre intérêt est naturellement de ne pas les décevoir.

CHAPITRE 5

La dissertation juridique

Ne soyez pas l'étudiant…

- *qui se précipite sur son stylo pour écrire sans avoir réfléchi*
- *pour qui trouver un plan relève du pur hasard*
- *qui croit que le style juridique est nécessairement pompeux et obscur*
- *qui écrit douze pages sans jamais aller à la ligne*

LES CLÉS

Savoir ce que l'on veut dire

« La plus belle fille du monde ne peut donner que ce qu'elle a »... Le meilleur étudiant ne peut exposer que des notions qu'il possède. La fameuse inhibition devant la page blanche provient toujours de ce que l'on ne sait pas encore assez clairement ce que l'on veut dire. Lorsque vous connaîtrez une question, que vous en aurez bien compris les facettes, il vous deviendra facile de l'exposer.

Avoir une pensée cohérente

Un plan n'est pas un découpage arbitraire, mais un déroulement logique de la pensée. Lorsque l'on a suffisamment réfléchi, et préparé pour avoir une vision cohérente du sujet, il devient facile de trouver un plan.

Soigner la présentation

En appliquant quelques recettes de construction, de style, de présentation, il est *à la portée de tous* de gagner quatre ou cinq points. Apprenez à mettre votre travail en valeur.

I. La préparation

Persuadez-vous de l'importance capitale de cette phase de préparation. Les dissertations manquées sont presque toujours des dissertations mal préparées. Qu'il s'agisse d'un devoir en temps limité (épreuve d'examen ou de contrôle continu), ou bien d'un devoir donné à l'avance et fait en temps libre, la préparation doit garder proportionnellement la même importance ; elle ne peut en aucun cas être sacrifiée.

Avant de se mettre à rédiger, avant même de chercher un plan, on doit d'abord :

- étudier le sens du sujet ;
- faire l'inventaire de son contenu ;
- laisser passer un temps de réflexion ;
- prendre des décisions explicites.

A. Étudier le sens du sujet

Le sujet d'une dissertation est bref, une ligne ou deux en général. Sa signification, et celle de chacun des mots qui le compose, doivent être soigneusement soupesées.

1. Lisez le sujet

Imposez-vous plusieurs lectures articulées et concentrées, ne laissant rien passer.

Remarquez tout, chaque virgule, les singuliers ou les pluriels, les petits mots comme : *et, ou, dans, en matière de, en cas de,* etc.

Ne vous braquez pas sur un mot en négligeant l'expression entière (« *l'action en nullité* » n'est pas le même sujet que « *la nullité* »).

Des termes comme *comparer, commenter, discuter, analyser* ou *montrer* vous indiquent et vous imposent un certain genre d'exercice. Ils doivent se graver en vous, et vous inspirer la tournure d'esprit et le ton à garder pendant tout votre travail (nous y reviendrons, v. *infra*, p. 122).

Quoi de plus irritant que de rater une dissertation parce qu'**on a mal lu le sujet** ! C'est tellement fréquent, et si facilement évitable... Très souvent, en rendant à un étudiant une mauvaise dissertation, on lui fait simplement lire tout haut et très lentement le sujet ; et sans qu'il n'y ait rien à lui expliquer, il comprend d'un coup ce qu'il aurait dû faire, et en quoi il a eu tort.

2. Recherchez son sens exact

Pour le situer, le cerner, le délimiter, votre réflexion portera sur :

– la *terminologie :* sens des mots composant le sujet ;

– le *fond :* notions, idées évoquées, questions impliquées ;

– la *place et l'importance de ces questions dans le plan* général du cours ;

– les *limites* du sujet par rapport aux notions et aux règles voisines (v. *supra*, comment concentrer son étude sur une question précise).

B. Faire l'inventaire du contenu

1. Dissertation en temps libre

Si le sujet vous est donné une ou deux semaines d'avance, étudiez la question, et approfondissez-la comme il est expliqué au chapitre 4.

Travaillez d'abord dans vos notes de cours, dans votre manuel habituel et dans vos documents de TD. Si, à ce stade, vous ne comprenez pas bien, il est inutile d'approfondir sans bases solides. Demandez des explications, consultez un autre manuel, un traité ou une encyclopédie. Vous devez maîtriser la matière.

Lisez les textes légaux applicables.

Puis progressez dans vos recherches comme il vous est expliqué p. 67, sans négligence sur les points essentiels, mais sans excès de zèle non plus (une dissertation n'est pas une thèse, votre temps est précieux, vous ne sauriez pas utiliser une documentation trop abondante).

Au fur et à mesure de vos recherches, **faites l'inventaire de ce qui entre dans le sujet :** notez de quelques mots les grandes subdivisions, les traits caractéristiques, les opinions ou les théories marquantes, le sens de quelques arrêts importants, des exemples, quelques dates et les phases d'une évolution, etc. Ne comptez pas trop sur votre mémoire ; ne refermez jamais un document intéressant sans en avoir extrait quelque chose, ni sans en avoir noté la référence. Cette habitude vous épargnera du temps et de la fatigue (v. *supra*, comment faire quelques recherches et en garder l'inventaire).

2. Dissertation en temps limité

Le travail de préparation doit être singulièrement raccourci, mais le correcteur ne l'ignore pas et l'on ne vous demande pas la même documentation. Lors d'un examen ou d'un devoir sur table, la dissertation ne se prépare pas en étudiant les questions à traiter dans des cours ou dans des livres (vous êtes censé l'avoir déjà fait), mais en faisant un *effort de mémoire.*

a) Reconnaître la question et la situer correctement dans l'ensemble du programme

En licence, les sujets de dissertation ne s'éloignent jamais beaucoup de la question de cours. Mais les enseignants ont parfois la malice d'en déguiser l'intitulé pour susciter un petit effort de réflexion. Ne vous laissez pas désorienter. Si vous connaissez votre programme, et surtout le plan détaillé du cours, il vous suffira d'un peu de sang-froid et de cinq minutes de réflexion pour reconnaître et resituer la ou les questions dont on vous demande de parler. **L'affolement et la précipitation perdent plus d'étudiants que l'ignorance.**

Mais il est certain qu'on ne peut s'orienter sans une bonne connaissance du plan et de la terminologie (v. *supra*).

b) Rassembler vos souvenirs sur le sujet et en faire l'inventaire au fur et à mesure que vous les retrouvez

Un sujet d'examen ou de devoir sur table porte nécessairement sur des questions traitées au cours (et même en TD) et qui se trouvent dans tous les manuels. Reconstituez donc l'inventaire avec les connaissances tirées du cours, de votre manuel et de vos documents de TD (arrêts, notes, explications données en séance). Vous aurez naturellement des souvenirs plus précis si vous avez fait vous-même un résumé ou des fiches sur la question. (v. *infra,* comment se remémorer une question et surmonter un trou de mémoire.)

C. Ménager un temps de réflexion

Au terme de votre étude de la question, vous devez avoir parfaitement bien compris, vous devez maîtriser la matière. C'est une condition absolument indispensable pour entreprendre de construire le plan et de rédiger : comment pourrait-on *expliquer* quelque chose que l'on ne *comprendrait* pas ?

Relisez mot à mot le sujet, réfléchissez une fois encore à son sens et à ses limites, comparez-le avec votre inventaire.

Puis... *laissez reposer,* c'est-à-dire, **laissez passer un ou deux jours,** pendant lesquels vous penserez parfois à votre dissertation, assez vaguement, sans vous contracter ni vous inquiéter. Un travail inconscient se fait pendant ce temps dans votre cerveau, et quand vous vous y remettrez pour écrire le devoir, vous serez surpris de constater que les choses se sont mises en place, que vous avez pris le *recul* nécessaire pour avoir une vue synthétique de l'ensemble, séparer l'essentiel de l'accessoire, distinguer les grandes subdivisions du sujet.

Même en temps limité, aussi, respectez toujours un temps de réflexion lorsque vous avez dressé l'inventaire de vos souvenirs sur la question. **Prenez dix minutes,** dix minutes sur trois heures, *pour soupeser à nouveau chaque mot de l'énoncé et confronter le sujet avec votre inventaire.*

Car, à ce moment, *il est encore temps* de rectifier le tir, de corriger un contresens dans la compréhension du sujet, de situer plus précisément la question posée par rapport à celles qui lui sont voisines, de combler une lacune. Ne vous précipitez pas, passez en revue calmement dans votre esprit *votre plan de cours* et les *plans détaillés des questions à traiter.*

Ce temps de réflexion vous amène à la phase suivante, qui est celle des décisions à prendre.

D. Prendre des décisions explicites

Avant de construire le plan et de rédiger les développements, vous avez *deux décisions à prendre,* l'une sur le *contenu* de la dissertation, l'autre sur la *manière* de la traiter.

On passe trop souvent cette étape de décision sous silence. Elle est pourtant nécessaire. On ne peut pas faire le plan et rédiger tant que l'on reste dans le vague et le flou. Il faut prendre des décisions nettes et explicites sur le fond et sur la forme. Lorsque l'on sait *quoi dire et sur quel ton,* tout devient facile.

Ces décisions ont donc pour but d'**adapter votre inventaire de connaissances au sujet de dissertation lui-même.** Cela est nécessaire dès que le sujet ne correspond pas exactement à une question de cours. Et, même dans ce cas vous gagneriez des points à présenter la question de façon un peu personnelle (pourvu, bien entendu, que cela ne vous amène pas à la déformer complètement).

1. Première décision : choix des grands axes et des pôles d'intérêt

On résout **une question de fond**, concernant le **contenu du devoir**.

Pour traiter un sujet, tous les éléments qui le composent ne sont pas à mettre sur le même plan, platement et sans fil directeur. Il est bon de découvrir des *lignes directrices* ou des *pôles d'intérêt* auxquels on pourra rattacher les divers points à développer (recensés dans l'inventaire).

→ **Une idée générale ou un principe peuvent servir de fil directeur** à la dissertation tout entière (ou à l'une de ses parties), parce qu'ils expliquent et sous-tendent l'ensemble du sujet et de l'argumentation.

Par exemple
Des principes comme la *séparation des pouvoirs* en droit public, la *protection de la victime* en droit privé ou le *respect des droits de la défense* en droit criminel, peuvent servir d'axes autour desquels on ordonne les divers points à développer.

→ **L'axe central peut également être le conflit entre deux idées, deux principes, deux règles.** Il s'agit alors soit de tenter de les *concilier*, soit de *choisir* entre eux.

→ **On peut aussi ordonner une analyse, une description, ou une comparaison autour de deux ou trois grands traits caractéristiques** d'une notion ou d'un système.

Bien entendu, on ne vous demande pas d'inventer vous-même ces axes de pensée, ces fils directeurs, ces principes. Ils sont *classiques*, ils apparaissent partout. Dans vos cours, chez tous les auteurs, dans la jurisprudence que vous avez étudiée, ils reviennent sans cesse, en leitmotiv ou en toile de fond. Vous ne les ignorez pas, donc *pensez à les utiliser* pour donner du corps et de l'intérêt à votre dissertation, et ne pas rester au ras des détails.

→ **Dans d'autres genres de sujet, ce sont plutôt des centres d'intérêt qui se dégagent de l'inventaire.** Il arrive en effet que la question à traiter pose un ou plusieurs problèmes délicats, et ce sont justement ces problèmes qui font tout l'intérêt du sujet. Ce sont eux qui ont suscité des conflits, des décisions de justice, des controverses entre auteurs d'avis différents. Comprenez que l'on vous a donné le sujet en raison de ces difficultés, de ces problèmes, de ces mécanismes délicats, pour voir si vous les avez compris et si vous savez les réexpliquer. Ces « nœuds » de la question méritent donc toute votre attention et pourront servir de pôles d'intérêt à votre dissertation.

2. Deuxième décision : choix d'un genre

La seconde décision porte **sur le genre d'exercice que vous allez adopter, sur « la manière de présenter la matière »**, pourrait-on dire. C'est une question de *forme* ou plus exactement de *rhétorique,* puisque la rhétorique est l'art d'exposer et de convaincre.

Vous devez décider, pour votre dissertation dans son ensemble ou pour chacune des questions qui y entrent, quel **genre**, quel **ton** vous allez prendre.

Voici quelques-uns des genres possibles :

➜ **La description,** qui *expose objectivement* une *notion* juridique (comme « la loi ») avec sa définition, ses divers aspects, son rôle ; ou bien une *institution* (comme « le mariage »), avec ses conditions et ses effets ; ou encore un *principe* (comme « le principe de la légalité des peines »), avec ses fondements, son domaine d'application, parfois ses limites ou ses exceptions. C'est en général le genre des cours, des manuels, des encyclopédies.

➜ **La démonstration,** qui veut *prouver* quelque chose : on construit un raisonnement orienté vers une conclusion précise. C'est le genre de la plaidoirie ou de certaines notes de jurisprudence.

➜ **La discussion,** qui développe toutes sortes d'arguments en les classant, qui soupèse, critique ou approuve. C'est le genre de nombreuses œuvres doctrinales.

➜ **La comparaison,** souvent demandée, mais assez difficile, car on ne peut se contenter de présenter tous les éléments à comparer côte à côte ou à la file. Il faut les ordonner autour de points essentiels ou d'idées générales pour que la dissertation soit intéressante et bien construite.

➜ **L'analyse d'une notion,** d'un mécanisme ou d'une institution. C'est un exercice proche de la description, mais plus approfondi dans l'explication et dans le « démontage ».

→ **La synthèse d'éléments dispersés** dans deux ou plusieurs questions de cours, et qu'il s'agit ici encore de réunir et d'ordonner autour de points essentiels ou d'idées générales.

→ **L'évolution chronologique** du droit positif, des idées ou des mœurs et pratiques sur une question donnée.

Le genre d'exercice à adopter peut vous être imposé par l'énoncé du sujet. Dans ce cas, prenez bien garde de ne pas vous en écarter.

Ou bien, on vous aura laissé le soin de le déterminer vous-même. Recherchez alors ce que l'on attend de vous, en considérant attentivement les centres d'intérêts essentiels de la question. Peut-être est-ce une simple description bien construite ; peut-être une discussion ou une démonstration doit-elle suivre la description ; peut-être est-il indispensable de retracer une évolution (évolution historique, évolution de la législation ou de la jurisprudence) avant d'en arriver à l'exposé du droit positif.

L'important est de ne pas mélanger les genres d'un paragraphe ou même d'une ligne à l'autre, de décider le genre que l'on va adopter pour traiter le sujet ou tel de ses aspects, de l'annoncer clairement et de le faire. Une impression d'ordre et de rigueur se dégagera ainsi de votre travail.

Vous constatez l'importance de cette phase de décisions. Une fois déterminés les grands axes, les pôles d'intérêt du sujet et la manière dont il convient de les exposer, le travail de construction est déjà bien avancé.

CONSEILS PRATIQUES

Comment programmer la préparation ?

En temps libre

Il faut vous y mettre plusieurs jours d'avance (trois jours au moins). Il est tout à fait **déconseillé de préparer et de rédiger la dissertation d'une seule traite.** Vous n'y récolteriez qu'une fatigue inutile, et même nuisible en ce qu'elle obscurcit votre jugement et vous contracte. Vous risquez alors des *erreurs* de compréhension, des erreurs de cadrage, un *manque d'aisance* dans la construction et dans la rédaction. Progressez par étapes car, dans les intervalles, le temps travaille pour vous.

À titre indicatif, on peut conseiller de consacrer **une demi-journée** (trois heures et demie environ) à la *préparation,* puis de laisser passer une journée, et de consacrer encore *une demi-journée* (de trois heures et demie) à la *construction du plan et à la rédaction.* Ces deux demi-journées (de travail concentré) sont suffisantes pour faire une bonne dissertation, surtout si vous entamez la construction et la rédaction avec un esprit reposé. Et elles ne grèvent pas trop votre semaine de travail au détriment des autres matières.

Vous ne pouvez considérer la préparation de votre dissertation comme *terminée* que :

– lorsque vous connaissez et comprenez les questions entrant dans le sujet ;

– lorsque vous comprenez le sujet de dissertation lui-même.

Les deux choses sont différentes car, la plupart du temps, le sujet ne correspond pas exactement à des rubriques du cours : ne perdez pas de vue la différence d'angle.

En temps limité

Il ne faut pas vous précipiter, ni bâcler la préparation.

Il suffit d'une heure et demie pour rédiger les cinq ou six pages du devoir si l'on sait ce que l'on veut dire et que l'on suit un plan détaillé. Vous pouvez donc consacrer environ une heure à la préparation, puis une demi-heure à bâtir le plan.

En résumé

– *lire plusieurs fois* le sujet de manière articulée, concentrée, et sans *a priori* ;

– *se remémorer les définitions* de tous les mots et expressions qui le composent ;

– *se remémorer la place* dans le plan général du cours, des notions dont il s'agit ;

– *dresser par écrit l'inventaire très résumé* des connaissances que l'on a sur ces notions ;

– *prendre les décisions* nécessaires, sur le fond et sur le genre d'exercice, pour adapter ses connaissances au sujet de dissertation lui-même.

II. Le plan

Le plan de la dissertation ne tombe pas du ciel sur la tête de quelques étudiants chanceux ou géniaux. Le plan n'est jamais qu'une *mise en ordre* de ce que l'on a trouvé et compris.

Pour cette mise en ordre, il existe toute une série de règles, d'usages, de recettes propres aux juristes, que l'on vous demande d'assimiler et de reproduire. Vous ne partez pas au hasard : vous avez des modèles et des directives à suivre.

CONSEILS PRATIQUES

Prenez modèle sur les plans de vos cours et de vos manuels

Encore une raison de relever les plans de vos cours et de les connaître. Remarquez comment vos professeurs et les auteurs des manuels s'y prennent pour présenter une question. Ayez l'esprit attiré sur leurs plans généraux, sur le découpage interne des chapitres et des paragraphes, sur leurs intitulés de rubriques.

Observez comment ils commencent toujours l'étude d'une question par une **introduction** qui la situe dans l'ensemble de la matière, puis en donne les particularités, la terminologie, et enfin se termine par une **annonce du plan.**

Vous constatez vous-même tous les jours qu'il est plus agréable et plus facile de suivre un cours dont le plan est clair, rigoureux, détaillé. Ces modèles doivent vous former l'esprit.

Et notez aussi que la même question, dans le cours et dans deux manuels, peut être exposée selon trois plans différents. Comparez ces plans lorsque vous apprenez, demandez-vous celui qui vous satisfait le plus et pour quelles raisons.

A. Le moule traditionnel de la dissertation juridique

La dissertation est considérée par les juristes comme un exercice assez formaliste.

Il est d'usage de respecter un plan comportant :

- une introduction riche et développée ;
- deux parties divisées elles-mêmes en deux sous-parties ;
- une conclusion très brève ou, même, pas de conclusion.

Ce plan doit **ressortir nettement** et pour cela :

- on donne aux parties et aux sous-parties des **intitulés** (c'est-à-dire des titres). L'ossature est donc beaucoup plus apparente que dans une dissertation littéraire ou philosophique ;

– à la fin de chaque subdivision, on prend soin de placer **une phrase de transition** pour éviter un trop brusque changement de sujet (remarquez ces transitions dans les cours de vos professeurs) ;

– les parties **doivent être équilibrées** en volume, et il est d'usage de ne pas réserver l'important pour la fin : les points essentiels sont traités en première partie ou en début de deuxième partie.

Ce cadre traditionnel peut être *assoupli,* mais dans une certaine mesure seulement : un plan en trois parties sera admis si la matière l'impose ; une partie peut aussi comporter trois sous-parties ; quelques lignes de conclusion peuvent être bienvenues dans certains cas.

L'expérience vous montrera que l'effort de *regroupement,* de *balancement* et d'*équilibre* qu'impose ce moule traditionnel est souvent bénéfique pour la rigueur de la pensée et l'élégance de l'exposé.

B. L'introduction

L'introduction a autant d'importance que chacune des parties de la dissertation. Elle est souvent trop négligée par les étudiants. Une bonne introduction fait excellente impression sur le correcteur et facilite toute la suite du devoir.

→ **Situer progressivement la question à traiter** dans l'ensemble de la matière, en centrant jusqu'à la cerner avec précision. C'est la *méthode de l'entonnoir,* large au départ, pointu à l'arrivée.

Par exemple

La matière du cours est l'*Introduction au Droit* et le sujet de dissertation donné est « *l'abrogation de la loi par désuétude* ».

Situer la question consiste à la placer dans le cadre général des *sources du droit positif* et, parmi ces sources, de *la loi* (dont on mentionnera la prééminence), puis à propos de la loi, à poser la question de sa *durée d'application,* de son *abrogation en général,* et enfin du cas particulier de son abrogation *par désuétude.*

On peut, au fur et à mesure, *mentionner, régler d'une phrase, puis écarter* certaines questions voisines n'entrant pas exactement dans le sujet, mais cependant utiles à sa compréhension – ici, par exemple, les autres genres d'abrogation.

→ **Définir les termes juridiques.** Dans le même exemple : *loi, abrogation et désuétude.* Cela peut se faire au fur et à mesure que vous situez de plus en plus précisément la question.

→ Mentionner éventuellement les textes légaux (au sens large) qui régissent la question. Dans notre exemple, il n'en existe aucun : il faut donc dire qu'il s'agit d'une question non résolue par une règle légale.

→ Il est d'usage de se référer à l'histoire et au droit comparé. Si le sujet s'y prête, donnez quelques indications précises sur des conceptions ou des principes en vigueur à telle époque, ou dans tel pays, et qui méritent de retenir l'attention.

→ Indiquer les grands axes, les centres d'intérêt que vous avez discernés. Vos décisions sur le contenu du sujet et la manière de le traiter doivent apparaître clairement. Cela vous permettra de montrer l'intérêt du sujet.

Dans l'exemple
L'axe est un problème et même un *conflit*: la loi peut-elle ou non être abrogée par désuétude ? et comme la désuétude peut n'être pas seulement l'*absence d'application* du texte de loi, mais aussi l'apparition d'*usages*, de pratiques et même de *jurisprudence contraires* à la loi, il y a conflit entre les diverses sources du droit : c'est ce qui fait tout l'intérêt de la question.

La problématique, les conflits, les difficultés doivent être *évoqués dans l'introduction*, mais attention ! *Ils ne doivent jamais y être résolus*, même d'un mot. Il faut soutenir l'intérêt, préserver le « suspens » et, en aucun cas, ne donner de solution de fond dans l'introduction.

→ En déduire le plan et l'annoncer clairement. Il est souhaitable que l'annonce du plan ne tombe pas de but en blanc, mais soit amenée par quelques phrases qui justifient le découpage en deux (ou trois) parties : le *parachutage* du plan, selon l'expression consacrée, se fait ainsi en douceur. Vous n'y parviendrez qu'en vous y exerçant et en remarquant la manière dont ces parachutages sont faits par les auteurs (dans les articles ou les notes de jurisprudence).

N'annoncez en fin d'introduction que les deux (ou trois) grandes parties. Le découpage interne en sous-parties sera annoncé dans les quelques lignes introductives de chacune des parties (les « chapeaux »).

C. La construction

Dans l'exemple
Le plan de la dissertation peut être tiré des diverses hypothèses de désuétude que l'on aura mentionnées dans l'introduction, car, dans chacune de ces hypothèses, le problème ou le conflit avec une autre source du droit est différent (diviser pour régner... distinguer pour résoudre).

Comme il y a trois cas, le plan le plus facile à trouver est en trois parties :
I. La non-application prolongée de la loi.
II. Existence d'usages et de pratiques contraires à la loi.
III. Existence d'une jurisprudence contraire à la loi.
– *Dans la 1re partie,* on conclut très facilement à la non-abrogation.
– *Dans la 2e partie,* on montre le conflit entre la coutume *contra legem* (contraire à la loi) et la loi. Comme la loi l'emporte, on conclut à la non-abrogation.
– *Dans la 3e partie,* on montre le rôle créateur de droit positif de la jurisprudence, comment elle peut paralyser l'application de la loi, mais on conclut encore à la non-abrogation, en raison de la hiérarchie des sources du droit et de l'interdiction des arrêts de règlement.

Ainsi les problèmes et les conflits sont résolus par ordre de complexité et d'intérêt croissants. Mais on peut aussi faire l'effort d'entrer dans le moule traditionnel, et trouver un plan plus élégant *en deux parties.*
I – La simple désuétude.
A – Non-application prolongée de la loi
B – Usages et pratiques contraires à la loi.
II – La désuétude consacrée par le droit positif
A – Existence d'une jurisprudence contraire à la loi.
B – Discussion sur les rôles respectifs de la loi et de la jurisprudence comme sources du droit.
Selon ce plan, le contenu est naturellement le même mais on développe dans le § B de la IIe partie une discussion et une réflexion sur le rôle créateur de la jurisprudence, la notion de source du droit, la hiérarchie des sources.
Ceci n'est qu'un exemple. Soyez convaincu, dans tous les cas, qu'on peut toujours trouver un autre plan et souvent un meilleur !

1. Plans de fond et plans d'idées

Il n'existe aucune recette pour trouver ce genre de plan, *tiré de la question à traiter elle-même* et de ses diverses facettes. Les *plans de fond* seront chaque fois différents, de même que les *plans d'idées,* construits à partir des idées qui gouvernent le sujet. La seule méthode consiste dans une parfaite compréhension de la question à traiter, et dans une réflexion approfondie tant sur le sujet lui-même, que sur l'inventaire des points à développer.

2. Plans techniques

En revanche, pour vous aider, on peut vous indiquer *quelques recettes de plans techniques,* c'est-à-dire construits à partir des subdivisions propres à la technique juridique, plutôt que particulières à chaque question.

Voici donc **quelques plans-types, avec des exemples de subdivisions** possibles, pour vous donner des idées sur les *points à aborder* et les *intitulés.*

Ces subdivisions ou intitulés sont naturellement à *choisir et adapter* selon les sujets (par exemple, une subdivision sur la *preuve* sera nécessaire pour l'étude de certaines notions ou institutions juridiques, alors que pour d'autres ce sera une subdivision sur les *formes,* ou sur la *sanction).*

Une notion juridique	I – Notion, ou définition, ou description,
Ex. : la personne morale ou la récidive.	ou nature, ou éléments constitutifs.
	– Rôle ou fonction (éventuellement)
	II – Mise en œuvre
	– formes
	– sanctions
	– preuves
Une institution	I – Conditions.
Ex. : le mariage.	II – Effets.
Un mécanisme juridique	I – Cas.
Ex. : l'annulation des actes administratifs pour excès de pouvoir.	II – Régime.
Un droit ou une institution	I – Création, formation, ou acquisition.
Ex. : la propriété	II – Fonctionnement, mise en œuvre, ou exécution.
Ex. : la tutelle des majeurs.	III – Fin ou extinction (éventuellement).
Une institution ou un mécanisme juridique	I – Technique (analyse ou description du mécanisme).
Ex. : le contrôle de la constitutionnalité des lois.	II – Finalité (à quoi est-il destiné, comment-est-il utilisé en pratique, à quoi pourrait ou devrait-il servir, où mène-t-il ?).
Un principe, une règle	– Fondements.
Ex. : la non-rétroactivité des lois.	– Sens, contenu.
	– Portée, domaine d'application, mise en œuvre.
	– Exceptions, atténuations ou limites.
Une théorie	– Exposé.
	– Appréciation critique.
	– Incidences sur le droit positif.
Une distinction	– Intérêt ou utilité.
	– Critère (à quoi reconnaît-on les éléments à faire entrer dans une catégorie plutôt que dans l'autre ?).
	– Portée (à quels éléments s'applique-t-elle ?).

	– Appréciation (sur l'intérêt de la distinction, la précision et l'exactitude du critère).
Une comparaison	I – Points communs. II – Points spécifiques ou divergences.

Ces plans sont pour la plupart *descriptifs* et conviennent surtout à l'*analyse,* à la *description,* à l'*exposé.*

Pour **défendre une opinion** ou une solution, n'exposez pas la matière platement et objectivement, mais mettez en valeur les arguments qui sont dans votre sens et réfutez soigneusement les autres.

Par exemple
Le plan-type est :
I – Réfutation de la thèse adverse. II – Défense et justification de votre thèse.

Mais on peut aussi tirer un plan d'idées de deux ou trois sortes d'arguments que l'on réfute ou adopte.

Pour **retracer une évolution**, montrez-en les étapes en expliquant pourquoi la loi ou la jurisprudence ont changé, avant d'en arriver au droit positif actuel, et dites si celui-ci vous semble satisfaisant et pourquoi. Le plan sera donc chronologique et articulé autour d'un ou deux points charnières (comme la réforme législative ou le revirement de jurisprudence de telle date).

Par exemple
I – Le régime antérieur à la loi (de 2012 par ex.). II – La loi (de 2012). III – La jurisprudence postérieure.

Une **synthèse** ne peut guère se faire que sous un « plan d'idées ».

Une **démonstration** doit être serrée et cohérente, les maillons du raisonnement doivent s'enchaîner logiquement : le découpage en parties est souvent délicat, mais il faut s'efforcer de classer les arguments :

Par exemple
– Arguments de fait. – Arguments de droit.
ou : – Arguments se rattachant à l'impératif A. – Arguments se rattachant à l'impératif B.

CONSEILS PRATIQUES

Pour passer de l'inventaire au plan

→ **Écrivez les plans que vous trouvez :** notez les intitulés des grandes parties, et ceux des sous-parties (A, B, C), puis voyez comment s'y répartissent les divers points de votre inventaire.
Veillez à réaliser un certain équilibre des parties et sous-parties, en volume et en intérêt autant que possible. **Rejetez un plan trop déséquilibré.**
Veillez à ce que toutes les questions à traiter puissent y entrer assez naturellement. **Rejetez un plan qui ne couvre pas complètement le sujet.**
Veillez à ce que les différentes subdivisions ne se recoupent pas. **Rejetez un plan qui mène à des redites.**
→ **Le plan adopté doit être écrit clairement au brouillon,** avec toutes ses subdivisions et la place de chaque point de l'inventaire. Il sera votre schéma, votre guide pour la rédaction définitive et vous n'aurez plus qu'à le suivre. En temps limité, ce sera toujours votre seul brouillon.
De même, écrivez le schéma détaillé de l'introduction.

III. La rédaction

« La dissertation est faite, il ne reste qu'à l'écrire ».

CONSEILS PRATIQUES

Faut-il faire un brouillon ?

En temps limité

Il est conseillé de ne pas faire de brouillon. Cela vous prendrait trop de temps, au détriment du travail de préparation et de réflexion. Pendant que l'on écrit, on se préoccupe de s'exprimer et on ne réfléchit pas assez au cadrage du sujet. Gardez votre temps pour réfléchir, vous remémorer, construire, écrire un plan bien détaillé.
Par contre, si vous vous sentez mal assuré, vous pouvez faire un brouillon pour l'introduction. Puis, avec une bonne introduction et un bon plan détaillé, lancez-vous.

En temps libre

Pas de conseil aussi formel. Le brouillon prend beaucoup de temps et l'idéal est de pouvoir s'en passer. Mais si vous êtes de ceux dont le premier jet a toujours besoin d'être raturé, n'hésitez pas, surtout en débutant, à écrire d'abord au brouillon.
Toutefois, cela n'a de sens que si vous faites l'effort, ensuite, de corriger et d'améliorer ce brouillon. Si c'est pour le recopier mécaniquement et dans la précipitation, vous aurez perdu votre temps.

A. La présentation

Rien n'est plus facile que de gagner un ou deux points par une bonne présentation. Ayez l'art de mettre votre travail en valeur. Ne vous nuisez pas par négligence, relâchement, maladresse.

Laissez une marge et écrivez lisiblement, sans serrer.

Allez à la ligne dès que vous abordez une idée nouvelle.

Faîtes apparaître très nettement votre *plan* en sautant des lignes à la fin de chaque partie et sous-partie.

Choisissez soigneusement les *titres des parties,* inscrivez-les clairement, et soulignez-les (il n'est pas mauvais d'en trouver aussi pour les sous-parties). N'hésitez pas à inscrire I et II, A et B, devant les intitulés ; le plan n'en sera que plus clair.

Vous n'imaginez pas à quel point une présentation nette et soignée sera bénéfique pour votre travail… et pour votre note. La forme influence le fond, ils sont inséparables, et un effort de clarté quant à la forme vous inspirera des idées claires, vous donnera de l'exigence et de la cohérence.

B. Le style

Adoptez un style simple et une terminologie précise.

Il ne faut pas croire que le style juridique soit désuet et pompeux. Bannissez toute formule du style « le Sieur Untel » (v. *supra*), ou « le susdit article ». Évitez l'emploi du passé simple surtout si vous n'êtes pas sûr de réussir une bonne concordance des temps : il ne faut pas mélanger sans rime ni raison des phrases au passé et des phrases au présent.

Faites des phrases courtes et précises. Chacune d'elles doit apporter une information nouvelle, et une seule.

Vous ne devez ni écrire en style télégraphique ni utiliser vos abréviations. Car vous n'êtes plus en train de prendre des notes de cours ou de faire un résumé : vous rédigez une dissertation et cet exercice particulier va témoigner, auprès du correcteur, de *votre capacité à présenter* un travail. Il ne suffit pas de montrer que l'on connaît la question, il faut encore manifester que l'on sait la présenter, c'est-à-dire s'adresser à autrui avec soin, habileté et considération pour le lecteur.

Bref, même et surtout si l'on n'est pas très savant, on peut encore témoigner d'autres qualités non négligeables : l'aptitude à présenter, à exprimer et à mettre en valeur le peu que l'on sait.

C. Le contenu

→ **Progressez régulièrement dans l'exposé** de ce que vous avez à dire :

– d'abord, *annoncez* au début de chaque grande partie les deux ou trois sous parties qu'elle contiendra (ces quelques lignes introductives s'appellent le « chapeau ») ;

– puis traitez successivement les divers points de votre plan détaillé, avec clarté, précision et sans délayage.

Si vous avez choisi une idée ou un principe comme axe de vos développements, n'omettez pas de *rattacher souvent* vos développements à cette idée.

Mais ne tournez pas en rond : le même argument, la même information ne doivent pas revenir. Il n'est pas bon d'affirmer, puis de démontrer, puis de réaffirmer. Progresser consiste à :

– annoncer la question que l'on va examiner ;

– donner successivement tous les éléments de la description ou de l'argumentation ;

– puis énoncer explicitement la conclusion ou tirer l'essentiel de la description.

→ **Ne vous contredisez pas...** comme cela arrive souvent, par incohérence, ou par maladresse. Sachez *nuancer* une affirmation autrement qu'en la contredisant brutalement.

→ **Ne vous laissez pas emporter par votre plume** à dire en première partie des choses qui doivent être développées dans la seconde, ou à répéter dans la seconde des remarques déjà faites en première partie. Ne vous laissez pas non plus entraîner à sortir du sujet, à déséquilibrer vos parties, à ne pas suivre le plan annoncé.

→ **Ce qui va sans dire va mieux en le disant.** Ne soyez pas elliptique en vous exprimant par sous-entendus, ne croyez pas qu'après un raisonnement la conclusion va de soi : dégagez-la explicitement. Le correcteur doit comprendre où mènent vos remarques et vos raisonnements.

→ **Ne faites pas des pages de copie.** Les citations doivent être courtes, indispensables et mises entre guillemets. Il est totalement inutile de faire du volume en copiant les codes, ou des paragraphes entiers de doctrine ou de jurisprudence. Faites plutôt l'effort de les résumer en quelques phrases. Et n'omettez pas de citer vos sources.

→ **Donnez des exemples,** revenez souvent au concret, à la pratique.

Ces conseils sont également **valables pour la rédaction de tous les autres exercices** : commentaires d'arrêts, cas pratiques, commentaires de textes, notes de synthèse, etc.

CHAPITRE 6

Le commentaire d'arrêt

Ne soyez pas l'étudiant...

- *qui ignore totalement en quoi consiste un commentaire d'arrêt et ce que ses correcteurs attendent de lui*
- *qui entreprend un commentaire sans avoir appris la matière, ni sans avoir remarqué s'il s'agissait d'un arrêt de la Cour de cassation de 2006 ou d'un jugement du tribunal de Bobigny de 2012*
- *qui s'obstine à suivre le plan-type de M. X, que son correcteur n'apprécie pas*
- *qui se contente de paraphraser l'arrêt... en commençant par se perdre dans les faits*
- *qui se borne à réciter une tranche de cours correspondant plus ou moins bien à l'espèce*

LES CLÉS

Beaucoup d'étudiants redoutent le commentaire d'arrêt parce que c'est un exercice complexe, ne ressemblant à aucun de ceux appris dans le secondaire, et dont les méthodes diffèrent souvent d'un professeur à l'autre.

Mais les difficultés s'aplaniront d'elles-mêmes si vous avez bien compris ce que l'on attend de vous.

Entreprendre le commentaire d'arrêt sur des bases solides

D'abord, **apprendre et bien comprendre le cours** sur la ou les questions soulevées par la décision.

Puis approfondir un peu l'étude de ces questions (en faisant éventuellement **quelques recherches** en bibliothèque).

Enfin, être capable de **comprendre une décision** (ce qui constitue la condition première de tout commentaire).

On ne peut pas entreprendre un commentaire d'arrêt sans préparation, sans connaissances, sans méthode. Il est normal que vos premiers commentaires vous donnent plus de mal qu'une dissertation. (Il est déconseillé d'étudier ce chapitre sur le commentaire d'arrêt sans avoir lu les précédents, et notamment les chapitres 2 et 3 sur la lecture et l'analyse d'une décision de justice ; voir aussi sur l'étude approfondie d'une question, p. 75 et s., sur la construction, p. 129 et s., sur la présentation et la rédaction p. 133 et s. ; pour les débutants, il est moins indispensable de savoir faire des recherches car on les en dispense souvent en leur distribuant les documents nécessaires à leur commentaire.)

Savoir s'adapter

Beaucoup d'étudiants sont à la recherche d'une méthode, ou d'un plan-type de commentaire d'arrêt. Or ce serait leur rendre un mauvais service que de leur recommander d'adopter une fois pour toutes tel ou tel procédé.

On ne peut pas s'en tenir à un modèle unique de commentaire, d'abord à cause de la diversité des décisions de justice, et aussi parce que les professeurs n'ont pas tous la même conception du commentaire, ni les mêmes exigences.

Certains professeurs, partisans d'un apprentissage progressif, estiment qu'en première année l'essentiel de l'exercice peut consister dans une analyse exacte et approfondie de la décision, suivie de quelques éléments de comparaison et de discussion.

D'autres considèrent au contraire que les étudiants doivent « se jeter à l'eau » dès le départ et tenter de construire une sorte de note de jurisprudence.

Certains conseillent des plans-types, d'autres recommandent de se garder de tout procédé ; certains se contentent de bonnes connaissances, d'autres attendent en plus une réflexion personnelle, certains insistent sur la différence entre le commentaire d'arrêt et la dissertation, d'autres gomment cette différence…

Alors que faire, quel parti prendre ?

La réponse est claire : **comprendre les conceptions et les méthodes de vos professeurs et les suivre.** Ce sera pour vous l'occasion d'acquérir des qualités de compréhension et d'adaptation qui vous serviront par la suite. Dans la vie professionnelle, il faut savoir s'adapter aux exigences d'un patron ou d'un supérieur hiérarchique, ou d'une fonction, parfois en changeant ses habitudes. Il est donc formateur d'apprendre à bien saisir ce que l'on attend de vous, et à vous y conformer le mieux possible.

I. Qu'est-ce qu'un commentaire d'arrêt ?

A. Les ingrédients à doser

1. L'analyse de l'arrêt

Elle fera ressortir les points suivants (v. *supra,* chapitre 2, l'analyse pour la fiche de jurisprudence) :

- examen des faits et de la procédure ;
- prétentions et arguments des parties en présence ;
- position du problème de droit soumis au juge ;
- solution apportée par l'arrêt avec sa motivation.

Une analyse exacte et précise témoigne de vos *aptitudes à comprendre une décision et à en extraire le point de droit.*

2. L'exposé du droit positif sur les questions qu'il soulève

Tout commentaire doit comporter l'état du droit sur la question précise que tranche l'arrêt (avec quelques indications sur son évolution dans le temps et quelques allusions à des questions très proches). On exposera donc :

- les textes légaux et les grands principes applicables ;
- la position de la jurisprudence ;
- les opinions doctrinales.

C'est l'occasion de *montrer vos connaissances.*

3. Une réflexion sur l'arrêt

Elle doit consister à *confronter* la solution apportée par l'arrêt avec le droit positif, et à apprécier la valeur et les conséquences de cette solution.

Vous commencerez par glaner des éléments d'appréciation dans les manuels ou dans les notes, puis vous apprendrez à faire preuve d'*esprit juridique* et à utiliser votre *culture.*

CONSEILS PRATIQUES

Recherchez d'où viennent vos difficultés

Si le commentaire d'arrêt vous semble d'une difficulté insurmontable, ce peut être :

– parce que vous avez encore **trop de mal à comprendre les décisions de justice ;** vous manquez de bases sur la terminologie judiciaire, sur le déroulement du procès et le rôle des diverses juridictions. Commencez par acquérir ces connaissances de base et par vous exercer à la lecture active de décisions (v. *supra,* chapitre 2) ;

– parce que **vous n'avez pas suffisamment appris** et compris la partie du cours sur laquelle porte l'arrêt. La question qu'il concerne figure certainement dans votre cours et dans vos manuels. Il faut l'y trouver et y réfléchir (v. *supra,* chapitre 1) ;

– parce que **vous ne trouvez rien à dire de plus que l'analyse** de la décision. Une fois indiquée la solution, vous ne savez jamais comment l'expliquer ou l'apprécier, et le commentaire finit en queue-de-poisson. Vous trouverez ci-dessous la plupart des questions utiles à vous poser pour étoffer le commentaire.

Si, au contraire, un commentaire d'arrêt vous a semblé facile, mais que vous n'avez obtenu qu'une faible note, ce peut être :

– parce que vous n'avez fait qu'**une paraphrase de la décision,** c'est-à-dire que vous vous êtes contenté d'exprimer en d'autres termes (ou même de citer) ce qu'elle contient, sans rien ajouter de nouveau. On attendait de vous un travail d'explication, un exposé de la question et une confrontation de la décision avec le droit positif que vous n'avez pas faits.

– parce que vous avez **récité de A à Z votre cours** sur la matière, sans avoir eu l'adresse de rattacher l'exposé de vos connaissances à la décision, ni de faire le tri entre les points évoqués par l'arrêt et ceux qui sont hors sujet.

– parce que vous avez commis au départ une **erreur dans la compréhension** du problème de droit ou de la solution et que tout le commentaire est donc faux ou hors sujet. Vous éviterez de tels contresens en étudiant de nombreux arrêts, en faisant des fiches de jurisprudence et en apprenant mieux votre cours.

B. Les proportions

L'importance à accorder dans votre devoir à chacun de ces trois éléments – analyse, examen du droit positif, réflexion personnelle – dépend du genre de décision que vous avez à commenter et aussi de la conception qu'a votre professeur du commentaire d'arrêt.

1. La place à accorder à l'analyse

Si l'on vous a recommandé de faire une analyse minutieuse et fouillée, si la décision est *longue* et relate des *faits complexes,* l'analyse de l'arrêt peut constituer une bonne moitié de votre devoir, l'examen du droit positif et la réflexion personnelle se partageant l'autre moitié.

Mais **si l'on vous a conseillé un commentaire en forme d'étude juridique des points de droit tranchés** par l'arrêt, les proportions seront différentes. Une analyse exacte de la décision est certes indispensable, mais elle relève du *travail préparatoire.* Le devoir lui-même doit être consacré tout entier au commentaire, et l'analyse n'y apparaît que très succincte, *en introduction.* Suit un « plan de fond », qui s'apparente à un plan de dissertation et dans lequel on examine successivement les deux (ou trois) problèmes juridiques posés par l'arrêt (c'est à propos de chaque point qu'interviennent l'exposé du droit positif, les confrontations nécessaires et les appréciations).

Ce procédé convient particulièrement à des arrêts brefs et juridiques, comme certains arrêts de la Cour de cassation.

2. L'étude du droit positif

L'étude du droit positif sur la question tranchée par l'arrêt ne peut jamais être sacrifiée. S'il s'agit d'un examen, vous devez faire preuve de bonnes connaissances, et s'il s'agit d'un simple devoir, il faut montrer que vous avez assimilé la matière et étudié la documentation.

3. La part de réflexion sur l'arrêt

Quant à la part de réflexion, de confrontation et d'appréciation, elle est l'aboutissement nécessaire des deux autres. À quoi servirait-il d'examiner la décision, puis le droit positif pour ne pas les confronter ? Mais c'est un travail délicat, qui demande un peu d'entraînement. On ne tient pas rigueur aux débutants d'avoir peu d'idées personnelles ; et vous apprendrez vite les bonnes questions à vous poser pour faire jaillir ces idées (v. *infra*).

À vous de doser adroitement les ingrédients selon le genre d'arrêt à commenter, selon la question sur laquelle il porte et selon les recommandations qui vous sont faites (v. *infra,* quelques plans de commentaires d'arrêt ; en tête de chacun, il est indiqué à quel type de décision il convient plus particulièrement).

II. La préparation

CONSEILS PRATIQUES

La marche à suivre pour préparer un commentaire d'arrêt

Elle consiste en de nombreuses allées et venues entre l'arrêt à commenter et les ouvrages ou documents.

➜ **Une première lecture de la décision,** destinée à repérer son domaine général et, autant que possible, son sujet précis, sa date, la juridiction qui l'a rendue.

➜ **Une première étude du cours ou du manuel.** Ne poursuivez que lorsque vous aurez bien compris la matière théorique.

➜ **L'analyse de l'arrêt :**

- faites d'abord plusieurs lectures très attentives de l'arrêt en le soulignant, en le divisant, en l'annotant, de manière à en faire ressortir les parties et les articulations (v. *supra*, chapitre 2, la méthode pour lire et comprendre une décision de justice) ;
- puis une analyse écrite et concise, analogue à une fiche de jurisprudence (v. *supra,* chapitre 3).

➜ **L'étude approfondie du point de droit se fera à l'aide :**

- du cours ou du manuel habituel, à nouveau, en y repérant le plus précisément possible la question tranchée par l'arrêt ;
- d'un traité ou d'un autre ouvrage si possible ;
- des documents distribués en TD qui, généralement, ont été spécialement choisis pour nourrir votre commentaire ;
- des notes ou conclusions accompagnant éventuellement l'arrêt à commenter (vérifiez toujours s'il en existe) ;
- de quelques recherches (lorsque vous aurez acquis un peu d'entraînement) pour trouver d'autres décisions ou notes de jurisprudence importantes.

➜ **Un inventaire écrit,** dressé au fur et à mesure de vos lectures et de vos recherches, récapitulera les éléments à utiliser dans le commentaire, avec leurs références (sur l'inventaire, v. *supra*).

→ La réflexion sur l'arrêt, destinée au commentaire proprement dit :
- confrontation avec le droit positif ;
- discussion critique ;
- recherche des incidences ultérieures.

Efforcez-vous de répondre aux questions posées *infra* en vous aidant de tous les éléments de réponse trouvés dans vos lectures et vos recherches.

A. L'analyse de l'arrêt

Procédez comme chaque fois que vous faites une fiche de jurisprudence, et selon le même schéma d'analyse (v. *supra,* chapitre 3). Le commentaire d'arrêt vous sera ainsi facilité par les habitudes acquises tout au long de l'année :

- exposé chronologique des faits non contestés ;
- étapes de la procédure antérieure ;
- prétentions et arguments des parties ;
- problème de droit ;
- solution : sens et motifs.

Pour préparer un véritable commentaire, il faut *insister sur les derniers points – position du problème et analyse de la solution* – qui sont les plus importants en même temps que les plus délicats.

Voici donc quelques conseils précis pour vous guider.

1. La position du problème

Dégager le problème de droit et le poser sous la forme d'une question générale et abstraite, demande un effort de *synthèse et d'abstraction.* Pour y parvenir :

→ Soignez d'abord l'exposé des prétentions et arguments des parties, car c'est là le point de départ. Le problème de droit est issu de l'opposition entre les thèses juridiques des deux adversaires :

- dans un arrêt de la Cour de cassation, il s'agit de l'opposition entre le moyen de cassation et l'arrêt attaqué ;
- dans une décision des juges du fond, il s'agit de l'opposition entre les deux argumentations adverses.
- Efforcez-vous de ramasser cette opposition en une phrase interrogative.

→ **Passez du particulier au général :** dans la position du problème, ne dites pas « le demandeur », ou « M. Untel », mais un *propriétaire, un époux, un récidiviste;* autrement dit, donnez à chaque personne, à chaque situation, à chaque agissement, la *qualification juridique* sous laquelle la règle de droit l'appréhende. Dans vos cours et manuels, où les questions sont traitées sous l'angle théorique et abstrait, vous trouverez les qualifications.

→ **Inspirez-vous de la formule d'un attendu de principe,** ou d'un attendu énoncé sous forme de règle générale : ces formules constituent la réponse à la question que vous devez poser et peuvent donc vous aider.

→ **En cas de difficulté, écrivez des formulations successives** du problème en généralisant et en condensant progressivement les questions.

2. L'analyse du sens de la décision

Elle doit être très minutieuse. C'est le cœur du commentaire, et le défaut des débutants est de ne pas assez y insister. Citer seulement entre guillemets le dispositif de l'arrêt n'apporte rien.

Il faut **exposer de manière très explicite la solution adoptée par l'arrêt.** Pour cela, placez-vous successivement sur le plan juridique et abstrait du problème de droit, puis sur le plan concret du litige particulier.

→ **Sur le plan juridique,** énoncez de façon précise et détaillée la réponse apportée par l'arrêt au problème de droit.

Si l'arrêt pose un *principe* ou adopte une *interprétation,* indiquez-la et expliquez-la.

Certaines décisions contiennent plusieurs solutions. L'analyse consiste à les distinguer soigneusement :

– si l'arrêt tranche *deux problèmes bien distincts* (au cas en particulier où il répond à deux moyens de cassation), vous devez bien entendu les étudier séparément (le plan général de votre commentaire est alors tout trouvé : une partie sur chaque point tranché, v. *infra*) ;

– même si l'arrêt ne tranche qu'un problème, la solution comporte parfois *deux éléments de réponse distincts,* que vous devez repérer et distinguer. Par exemple : un arrêt annule un contrat *et* se prononce pour une nullité relative.

→ **Sur le plan du litige,** indiquez auquel des plaideurs la solution donne tort ou raison, dans quelle mesure leurs prétentions sont satisfaites, le sort fait à l'arrêt attaqué, etc.

3. L'analyse de la motivation

Les motifs et arguments sur lesquels l'arrêt fonde sa solution doivent être **relevés, classés, expliqués.** Ce travail d'analyse de la motivation est important dans les décisions des *juges du fond.* Décomposez bien le raisonnement des juges (c'est indispensable pour le discuter et l'apprécier ensuite). Classez les *motifs de fait* et les *motifs de droit,* les motifs tirés de l'argumentation des parties et les motifs soulevés d'office ou substitués à ceux des parties.

Les arrêts de la Cour de cassation sont peu motivés, souvent même ils statuent par simple affirmation d'une solution ou d'une règle. Essayez alors de trouver vous-même (dans vos cours et manuels) les principes sur lesquels se fondent l'arrêt et par quel raisonnement les juges sont parvenus à la solution. Il est indispensable de *reconstituer ce raisonnement et de l'expliciter.* Votre connaissance de la matière doit vous permettre d'expliquer *pourquoi* la Cour de cassation retient telle solution. Posez-vous toujours cette question.

B. L'étude de la question de droit

Procédez selon la méthode indiquée au chapitre 4 pour approfondir et chercher de la documentation.

Dans l'optique du commentaire d'arrêt, vos recherches auront un double objectif : d'une part, vous permettre *de faire le point sur le droit positif* relatif à la question tranchée, et d'autre part, vous *fournir des éléments de discussion.*

Parvenu à ce stade, vous avez analysé un arrêt et fait l'étude approfondie d'une question de droit. Trois feuilles de papier contiennent le résultat de votre travail. Vous êtes sur le bon chemin, mais le plus intéressant et le plus méritoire reste à faire.

CONSEILS PRATIQUES

Notez les inventaires

Sur deux feuilles distinctes, notez les inventaires de vos connaissances et de tout ce que vous trouvez dans ces deux domaines : état du droit positif, éléments de discussion.

Naturellement, le jour de l'examen vous n'aurez pas de documentation. C'est grâce aux connaissances acquises en cours d'année que vous reconstituerez ces inventaires. Mais vous en serez tout à fait capable si vous avez étudié au cours de l'année, puis révisé, la matière théorique et vos documents de travaux dirigés.

➜ La fiche sur le droit positif doit comprendre :

– l'état du droit à l'époque où l'arrêt a été rendu : principes, textes applicables, jurisprudence antérieure ;

– et, si la décision est ancienne, les grandes étapes de l'évolution ultérieure : lois ou arrêts marquants sur la question.

Votre cours et les ouvrages théoriques vous fourniront ces indications. Si vous avez la chance de trouver une note de jurisprudence ou des conclusions faisant le point sur la question, tirez-en tout le profit.

➜ La fiche sur les éléments de discussion doit comporter :

– les opinions doctrinales de toutes sortes, prises de position, théories, approbations, critiques, suggestions formulées par les auteurs et que vous glanerez dans vos lectures ;

– vos propres remarques : notez les idées et les critiques au fur et à mesure qu'elles vous viennent, elles risqueraient autrement de vous échapper ; vous les utiliserez si elles s'avèrent exactes et pertinentes.

C. Les questions à se poser pour le commentaire proprement dit

La réflexion sur l'arrêt qui prépare le commentaire proprement dit doit s'orienter dans trois directions :

– la confrontation de la décision avec le droit positif antérieur ;

– la discussion critique ;

– la recherche des incidences ultérieures.

Si l'arrêt est annoté et cité, recherchez et utilisez le mieux possible les commentaires des auteurs. Vous y verrez toutes les réflexions que l'on peut faire à propos d'un arrêt.

Si vous ne disposez d'aucune documentation, recherchez par vous-même les réponses aux questions en vous aidant de vos connaissances théoriques.

1. Première question : La décision est-elle conforme au droit positif ?

Il faut déterminer si la décision se contente d'appliquer des règles ou des solutions déjà en vigueur, ou si elle s'en écarte et innove.

Vous connaissez les principes de la matière, les textes légaux applicables, la position de la jurisprudence dominante à l'époque où l'arrêt a été rendu (cela figure dans votre inventaire). Mettez-vous alors dans l'optique de celui qui résout un cas pratique et, sans vous laisser influencer par la solution retenue, *recherchez vous-même celle qui s'imposait.*

Est-ce bien celle adoptée par l'arrêt ?

a) Lorsque la décision apparaît conforme au droit positif antérieur

Elle n'apporte rien de bien nouveau et reprend seulement une solution acquise (c'est le cas de la plupart des décisions rendues).

Cependant, avant d'affirmer qu'une décision n'apporte rien de nouveau, demandez-vous :

– si elle est fondée sur les mêmes motifs, sur le même raisonnement que les précédentes ;

– si elle ne règle pas une situation de fait voisine, mais un peu différente.

En présence d'une décision qui n'innove pas et constitue seulement une *application des règles et solutions en vigueur,* la suite de votre commentaire consistera en une **étude et une discussion de ce droit positif.** C'est dans de tels cas que votre devoir peut prendre une tournure plus théorique : lorsque l'arrêt n'apporte rien en lui-même, on est renvoyé aux règles qu'il applique.

b) Si la solution adoptée par l'arrêt n'est pas dans la ligne du droit positif antérieur

Cela peut être pour plusieurs raisons et vous devez déterminer laquelle. Toute la suite de votre travail consistera à **expliquer l'apport, la différence d'interprétation** qu'il contient, puis à *en faire la critique et à en évaluer les conséquences.*

Voici quelques cas typiques pouvant attirer votre attention (mais il en existe bien d'autres). Si l'arrêt est connu, cité, annoté, vous verrez facilement à quel cas le rattacher.

➜ **La décision tranche-t-elle un point sur lequel il n'y avait pas encore de jurisprudence ?** Dans ce cas, elle apporte une pierre à la construction antérieure. Cet *élément nouveau,* qui fait l'intérêt de la solution, doit être *déterminé, expliqué, apprécié* avec soin.

➜**La décision prend-elle parti sur un point controversé, non fixé en jurisprudence, discuté par la doctrine ?** Se rattache-t-elle à un nouveau courant ?

– si l'arrêt commenté émane de la Cour de cassation, du Conseil d'État ou du Tribunal des conflits et contient un net attendu de principe énonçant solennellement sa position, *il fixera probablement la jurisprudence.* Il est donc important d'analyser la solution ainsi consacrée (au regard des autres solutions possibles), de l'apprécier et d'en évaluer la portée ;

– si la décision émane des juridictions inférieures, on peut s'interroger sur le sort que lui réserve la suite du procès : *elle sera peut-être réformée ou cassée, à moins qu'elle ne prépare une évolution.* Cela dépend beaucoup de sa valeur. Vous insisterez donc sur la discussion critique.

➜ **La solution adoptée ne serait-elle pas erronée,** c'est-à-dire issue d'une erreur de raisonnement ou d'une fausse qualification ?

Avant de l'affirmer, soyez très prudent, montrez *exactement où réside l'erreur* et comment elle a mené à une solution contraire aux principes ou illogique. Si vous êtes sûr de vous, soyez mesuré dans l'expression, mais net dans la critique : on vous a soumis cet arrêt pour tester votre perspicacité et votre esprit critique.

➜ **Enfin, le cas rare : la décision constituerait-elle un véritable revirement de jurisprudence ?** Il s'agit alors d'un arrêt de la Cour de cassation ou d'une haute juridiction administrative, cassant plutôt que rejetant, en tout cas contenant, dans un net attendu de principe, une prise de position juridique radicalement différente de celle des arrêts antérieurs.

Soyez prudent avant de détecter un revirement de jurisprudence : ils sont rares et connus.

Expliquez très soigneusement la *différence* entre la position ancienne et la nouvelle. Vous devrez insister sur les *incidences* du revirement (v. *infra*).

Que la décision soit conforme ou non au droit positif, il est recommandé de *citer un ou deux arrêts antérieurs,* pour étayer la confrontation.

Si l'arrêt contient une allusion à une *théorie doctrinale,* ne manquez pas de dire s'il l'adopte ou l'écarte.

CONSEILS PRATIQUES

Mettez tous vos soins à confronter la décision avec le droit positif antérieur

C'est la partie la plus importante du commentaire ; en aucun cas, vous ne pouvez vous en dispenser.

→ On attend de vous que vous disiez clairement si l'arrêt :
- fait application de règles en vigueur et de solutions déjà acquises ;
- ou bien innove, apporte quelque chose à la jurisprudence, la modifie, la contredit ; et dans ce cas que vous déterminiez précisément ce qu'il apporte ou ce qu'il change.

→ Pour étayer ces réponses, vous devez :
- comparer précisément l'arrêt (motifs et solution) avec un ou deux arrêts antérieurs (des *précédents*) ;
- ou bien au moins, un jour d'examen, avec la tendance générale de la jurisprudence, que vous êtes censé connaître.

→ Au cas d'une décision-application, votre commentaire d'arrêt consistera principalement en une explication et une discussion des règles et solutions du droit positif.

→ Au cas d'une décision novatrice, votre commentaire d'arrêt consistera :
- à cerner et expliquer la solution nouvelle ;
- à en faire la discussion critique ;
- à en indiquer les conséquences (déjà réalisées ou prévisibles).

Vous remarquez combien il est important de déterminer si vous êtes en présence d'une décision-application ou bien d'une décision novatrice : toute la suite de votre travail en dépend. Mettez le plus grand soin à ne pas commettre d'erreur.

2. Deuxième question : La décision mérite-t-elle d'être approuvée ou critiquée et pour quelles raisons (valeur de l'arrêt) ?

En débutant, un étudiant ne se sent guère capable d'apprécier la valeur d'un arrêt. Il a du mal à se forger une opinion, et ne sait pas comment l'exprimer : « La Cour a eu raison… » ou « l'arrêt semble sévère… ». Cet embarras tient à l'imprécision des critères d'appréciation.

La discussion critique devient facile et intéressante lorsqu'on a une idée claire des **impératifs au regard desquels il convient d'apprécier l'arrêt à commenter.**

a) Impératif de logique

➜ Le raisonnement des juges est-il parfaitement logique ?

➜ Ne recèle-t-il pas une contradiction, une déduction fausse ou hasardeuse ?

b) Impératifs juridiques

➜ La solution est-elle cohérente avec les grands principes juridiques, avec les autres règles d'origine légale ou jurisprudentielle qui gouvernent la matière ?

➜ Sur quel principe ou quel impératif juridique est-elle fondée ? Ce principe a-t-il une valeur absolue ou doit-il s'équilibrer avec d'autres impératifs, d'autres intérêts ?

Par exemple
Le principe de la légalité des délits et des peines a valeur absolue mais le respect des droits de la défense dans un procès pénal doit s'équilibrer avec l'impératif d'intérêt général de poursuite des infractions.

Dans quel sens la décision fait-elle pencher la balance ? Cela vous paraît-il souhaitable ? Une opinion personnelle est bienvenue si elle est soigneusement justifiée.

➜ La solution est-elle juste ?

➜ La solution est-elle utile, pratique, opportune ?

➜ Quels intérêts fait-elle prévaloir ou protège-t-elle ? Intérêt général ou intérêts particuliers, intérêts matériels ou moraux, intérêts appartenant à quelle catégorie de personnes (les victimes, les enfants, les usagers…) ?

Est-il socialement juste, est-il économiquement utile de sauvegarder ces intérêts ?

c) Impératifs économiques

➜ La solution favorise-t-elle la sécurité des transactions (en évitant des contestations possibles), ou plutôt leur rapidité, la facilité des échanges ?

➜ La solution favorise-t-elle l'inflation, pénalise-t-elle les débiteurs ou les créanciers ?

Encourage-t-elle ou décourage-t-elle l'entretien, la mise en valeur des immeubles, des exploitations ?

d) Impératifs sociaux

➜ La solution protège-t-elle les droits de la catégorie économiquement et socialement la plus faible (les salariés, les locataires, les consommateurs…), réalise-t-elle un bon équilibre entre les intérêts sociaux en présence ?

➜ Ne pourrait-elle aboutir à décourager les initiatives au détriment de l'intérêt général ?

e) Impératifs moraux

La décision, ou ses motifs, ses fondements plus lointains ou encore ses incidences ont-ils des implications morales ?

Par exemple

S'agit-il :

- du respect de la personne humaine et de sa dignité ?
- de la protection des liens familiaux ?
- de la défense de la morale sexuelle ?
- ou de problèmes éthiques nouveaux suscités par les progrès de la science (de la biologie en particulier) ?

Notez qu'il y a lieu d'examiner toute solution et toute argumentation au regard des **impératifs logiques et juridiques**, mais qu'en revanche, toutes n'ont pas d'implications économiques, sociales ou morales.

Tout dépend de la matière sur laquelle porte l'arrêt à commenter. Les questions soulevées sont extrêmement variées et celles-ci ne constituent que des exemples dont on pourrait allonger la liste.

CONSEILS PRATIQUES

Pour nourrir la discussion critique

Il est souvent intéressant de **comparer les mérites des deux thèses adverses.** L'une a triomphé, l'autre pas. Mais la solution écartée par l'arrêt était-elle réellement mal fondée, injuste, inopportune ? Quels auraient été ses inconvénients, ses avantages sur la solution adoptée ? Par où péchait l'argumentation repoussée ? Pourquoi n'a-t-elle pas convaincu les juges ?
Pensez aussi à **utiliser les introductions** : vos cours et manuels, en introduction à chaque nouvelle matière abordée, en exposent les grands principes, les fondements juridiques et extra-juridiques. Contrairement à ce qu'estiment beaucoup d'étudiants, ces remarques générales ne sont pas à négliger. Elles sont même indispensables pour connaître l'esprit général de chaque matière, les intérêts à équilibrer, le sens des évolutions. Elles vous serviront aussi à relier les différentes questions entre elles, à comprendre et à apprécier la cohérence d'une matière.
Utilisez enfin, bien entendu, tous les éléments d'appréciation que vous aurez glanés au fil de votre étude dans des **notes de jurisprudence** (on y trouve de bons modèles de discussion critique) et dans la doctrine (ils sont relevés dans votre inventaire des éléments de discussion).

3. Troisième question : Quelles sont les incidences juridiques et extra-juridiques de l'arrêt ? Quel est son rôle dans l'évolution ultérieure de la jurisprudence (portée de l'arrêt) ?

→ **Si l'on vous soumet un arrêt ancien, classique ou se rattachant à une jurisprudence connue,** on attend de vous des précisions sur les conséquences et le rôle qu'a *effectivement eu* cette solution ou cette interprétation depuis qu'elle est intervenue. Vous trouverez des éléments de réponse dans vos cours et manuels, dans les notes de jurisprudence (ou les conclusions) qui accompagnent souvent les arrêts importants, ou encore dans des traités.

Voyez comment les auteurs situent un arrêt dans l'évolution de la jurisprudence, et comment ils en évaluent les incidences réalisées ou futures. Si l'arrêt est classique, relevez les conséquences qui lui sont partout reconnues.

Un jour d'examen, vous devrez faire appel à vos connaissances sur l'évolution générale de la jurisprudence. Il vous sera utile d'avoir révisé la jurisprudence et la documentation étudiées en travaux dirigés.

➜ **S'il s'agit d'un arrêt récent,** que vous n'êtes pas censé connaître et que vous ne disposez pas de documents, on attend de vous quelques réflexions personnelles et judicieuses : comme le font les commentateurs dans les notes de jurisprudence, il faut *essayer de prévoir* si l'arrêt peut avoir des conséquences sur le droit positif, dans son domaine, et même dans des domaines voisins, et s'il jouera un rôle, important ou faible, dans l'évolution de la jurisprudence sur la question.

Naturellement, les conséquences et le rôle d'une décision dépendent :

– *de son genre :* une décision novatrice aura plus d'incidences qu'une décision-application ;

– *puis de son autorité :* un *arrêt de la Cour de cassation* ou du Conseil d'État aura plus d'incidences qu'une décision de juridictions inférieures (et un arrêt cassation encore plus qu'un arrêt de rejet) ;

– *puis de sa valeur :* une *décision cohérente* avec les principes et autres règles qui gouvernent la matière, réalisant un *juste* équilibre des intérêts en présence, *utile, opportune,* etc., aura plus d'incidences qu'une solution qui encourt de graves critiques et risque pour cela de ne pas être maintenue.

Pour guider vos réflexions et vos recherches, voici comment procéder dans quelques cas typiques.

a) La décision-application

Ce peut être aussi bien un arrêt de la Cour de cassation qu'une décision des juges du fond. Vous l'avez trouvée conforme au droit positif antérieur, et vous avez discuté les mérites de cette solution bien établie.

La seule conséquence que l'on peut reconnaître à une décision de ce type est de renforcer encore la position acquise. On peut s'en féliciter, ou bien le regretter et souhaiter une évolution.

Notez cependant que toute décision de justice présente l'intérêt d'appliquer les principes *à un cas particulier nouveau.* Il est rare que la situation de fait soit exactement la même que celle des prédécents. On a donc souvent une illustration nouvelle à présenter.

En outre, si la décision n'est pas récente, vous connaissez l'évolution ultérieure du droit positif sur la question et vous devez en dire un mot.

La solution de l'époque s'est-elle maintenue ou a-t-elle subi une évolution ? A-t-elle été consacrée, ou au contraire, condamnée par une disposition légale ?

Enfin, il peut être intéressant de mentionner brièvement si les mêmes solutions sont appliquées *dans des cas voisins.*

Mais ne vous étendez pas outre mesure sur ces cas voisins pour ne pas sortir du sujet.

Dans ce cas de la décision-application, ne prévoyez pas de faire une partie du commentaire sur les incidences de l'arrêt : en général quelques lignes suffiront. C'est plutôt l'**exposé du régime applicable** qui doit être privilégié.

b) Un arrêt de principe ou un revirement reconnu

L'arrêt émane de la Cour de cassation, du Tribunal des conflits ou du Conseil d'État ; il est cité comme une étape de la jurisprudence, car il a fixé l'interprétation d'un texte, posé un principe ou contribué à une construction jurisprudentielle.

L'étude de sa **portée** doit constituer une *part importante de votre commentaire.* Mais le travail vous est facilité car vous trouverez expliquées dans les ouvrages ainsi que dans les notes ou les conclusions qui l'accompagnent les conséquences de la jurisprudence inaugurée par cet arrêt, ainsi que l'évolution ultérieure.

Un jour d'examen, il faut avoir les connaissances suffisantes pour **reconnaître l'arrêt et le replacer dans l'évolution de la question.**

Précisez les points suivants :

→ La solution nouvelle est-elle appelée à s'appliquer souvent, à régir un grand nombre de cas ?

Par exemple

Un arrêt de principe selon lequel la responsabilité de la puissance publique est soumise à des règles spéciales et relève de la compétence administrative, a posé des principes qui ont régi, par la suite, des milliers de litiges.

Un revirement de jurisprudence selon lequel un jeune enfant peut commettre une faute civile est aussi appelé à de nombreuses applications.

→ La solution nouvelle entraîne-t-elle des conséquences juridiques importantes ?

Oui, si elle entraîne l'application de *tout un régime juridique* (c'est-à-dire d'un ensemble de règles).

Par exemple
Décider que la responsabilité encourue par un grand magasin à l'égard des personnes qui y subissent un accident est de nature délictuelle, entraîne l'application à ces cas de tout le régime de la responsabilité délictuelle.
Ou bien décider que tels biens seront considérés comme des meubles entraîne l'application de toutes les règles propres au régime des biens mobiliers.

Ces conséquences juridiques essentielles d'une solution nouvelle sont expliquées dans vos cours et dans vos documents. Il faut les comprendre, les apprendre, et les relever pour votre commentaire. Un jour d'examen, vous devrez vous souvenir des principales.

La solution a-t-elle été étendue à d'autres situations voisines, ou pourrait-elle l'être ?

Par exemple
Certaines solutions adoptées pour la responsabilité du médecin ont-elles été appliquées à des professions paramédicales ?

➜ A-t-elle eu des incidences extra-juridiques ou pourrait-elle en avoir ?

Une nouvelle solution juridique a presque toujours des retentissements sociologiques, économiques, sociaux, etc. (v. *supra*, la discussion critique).

➜ La solution est-elle toujours en vigueur ? S'est-elle maintenue longtemps ? Quel est le sens de l'évolution postérieure ou de l'évolution prévisible ? A-t-elle été consacrée par des dispositions légales ?

Ces précisions sont nécessaires pour montrer la portée d'un arrêt de principe.

c) Les autres décisions

L'arrêt à commenter n'est pas une décision-application. Il s'écarte des solutions acquises, apporte une précision d'interprétation, innove quelque peu. Mais il s'agit d'une décision des juges du fond, ou en tout cas d'un arrêt qui ne présente pas les caractères de l'arrêt de principe : la nouvelle interprétation est énoncée incidemment dans le cours du raisonnement, comme un simple motif de droit.

À votre niveau, la recherche des incidences d'une décision de ce type est délicate. On ne vous reprochera pas d'être prudent et bref sur ce point. L'important est de bien montrer en quoi consiste **l'apport nouveau,** ou la **différence d'interprétation par rapport aux solutions antérieures.**

La discussion critique doit être approfondie, car les prévisions sur les incidences ultérieures de la décision dépendent beaucoup de sa valeur.

Posez-vous les questions indiquées pour l'arrêt de principe : vous pourrez probablement apporter des réponses à certaines d'entre elles.

CONSEILS PRATIQUES

Exercez-vous progressivement à étudier le rôle et les incidences d'une décision

Pour un débutant surtout, c'est la question la plus délicate du commentaire. Mais c'est aussi celle qu'on vous pardonnera le mieux d'avoir traité brièvement.

Au cours de l'année

Exercez-vous à utiliser les notes et commentaires pour déterminer les incidences des arrêts que vous étudiez.

À l'examen

➜ **En présence d'un grand arrêt connu,** qui vous a été expliqué, vous devez être capable d'en retracer de mémoire le rôle et les conséquences.

➜ **En présence d'une décision que vous ne connaissez pas :**

- remarquez sa date ;
- remarquez si elle émane de la Cour de cassation (Assemblée plénière, Chambre mixte ou bien une chambre ; arrêt de rejet ou de cassation) ;
- remarquez si elle contient un attendu de principe (en tête de l'arrêt, il est exprimé plus solennellement que dans le corps de l'arrêt) ;
- puis essayez de la situer dans l'ensemble de la jurisprudence sur la question que vous êtes censé connaître ;
- pensez à utiliser les annotations du code sous les textes visés par l'arrêt.

III. Le plan

Vous trouverez ci-après cinq plans-types ou schémas destinés à vous aider à construire vos premiers commentaires d'arrêts.

Ces plans ne sont pas – et loin de là – des formules sacramentelles, ni même des formulaires à remplir pour un succès assuré. Ce sont des outils de travail que vous devez dominer pour les utiliser à votre guise, les adapter, les façonner.

➜ **Les rubriques des plans correspondent à celles du travail préparatoire** (v. p. 141 et s.). C'est le résultat de vos recherches et de vos réflexions que vous y ferez entrer.

Si vous avez pris soin de dresser, au fur et à mesure de la préparation, des inventaires clairs et complets sur des fiches distinctes (analyse, droit positif, confrontation, discussion critique, etc.), les diverses rubriques se placeront facilement dans le plan général choisi, et dès que vous aurez un peu d'expérience, vous n'aurez plus besoin de faire de brouillon.

➜ **Vous pouvez même choisir des parties, des sous-parties dans chaque plan,** à condition de n'oublier aucun ingrédient nécessaire au commentaire de votre arrêt.

Mais ne faites pas de redites et restez logique dans la progression (par exemple, on ne discute pas avant d'avoir analysé).

➜ **Vous n'êtes pas obligé de remplir toutes les subdivisions :** adaptez le plan en supprimant une rubrique pour laquelle il n'y a rien à dire (par exemple, la procédure antérieure lorsqu'il s'agit d'un jugement de première instance).

En vue de l'examen, il est important que vous connaissiez bien vos plans, et les diverses rubriques qu'ils contiennent. Face à l'arrêt à commenter, une foule de questions vous viendront à l'esprit. Votre commentaire sera plus exact, plus riche et plus vite fait. Et même si vous adoptez un plan de fond plutôt qu'un plan-type, vous saurez mieux le remplir, et vous éviterez l'écueil de réciter le cours en laissant de côté la décision à commenter.

Naturellement, le meilleur moyen pour assimiler ces plans n'est pas de les apprendre bêtement par cœur, mais **de les avoir déjà pratiqués en cours d'année.**

Plan n° 1

I – Les données du litige / II – L'issue du litige

Ce plan constitue un guide détaillé pour les débutants : il permet une étude un peu scolaire mais facile. Il convient mal à une décision-application car il amène alors à des redites.

Il donne une large place à l'analyse, mais très peu de place à la discussion critique. Il convient donc surtout à des décisions assez complexes, mais peu critiquables.

Introduction : présentation rapide de la décision

- Date.
- Juridiction.
- Domaine général et sujet précis.
- Intérêt et actualité de la question.

I – Les données du litige

A – Le problème posé

- Faits : exposé chronologique et détaillé.
- Procédure : l'assignation, les étapes antérieures à l'arrêt.
- Thèses en présence : prétentions et arguments (de fait et de droit) des parties.
- Devant la Cour de cassation : examen détaillé de la position de l'arrêt attaqué et des moyens de cassation invoqués par le pourvoi.
- Le problème de droit posé par l'espèce, formulé de manière abstraite, mais précise.

B – Éléments de solution

- Les textes légaux et les principes applicables ou invoqués.
- La position de la jurisprudence antérieure.
- Les opinions doctrinales diverses.

Citer précisément des textes, des arrêts, des auteurs. En dégager la position du droit positif sur le problème de droit.

II – L'issue du litige

A – Contenu de la décision

1. Sens de la décision

Solution apportée au problème de droit :
- choix de la règle applicable,
- interprétation de la règle applicable.

Issue du litige pour les parties.

2. La motivation

- Motifs de fait
- Motifs de droit

⋮ contenus dans la décision.

- Principes, théories, arguments sur lesquels est implicitement fondée la décision.

B – Portée de la décision

1. Confrontation de la décision avec le droit positif antérieur

Éventuellement détermination de ce qu'elle apporte ou modifie.

2. Incidences

Si la décision est la plus récente en la matière, prévisions sur :

– ses conséquences juridiques dans son domaine et dans des domaines voisins ;

– le rôle qu'elle peut jouer dans l'évolution de la jurisprudence.Éventuellement détermination de ce qu'elle apporte ou modifie.Si la décision n'est pas la plus récente, analyser :

– les conséquences qu'elle a effectivement eues dans son domaine et dans des domaines voisins ;

– le rôle qu'elle a joué dans l'évolution de la jurisprudence.

Conclusion

Brève appréciation favorable, défavorable ou réservée, fondée sur des arguments précis d'ordre juridique, économique, moral, etc.

Plan n° 2

I – Analyse / II – Discussion

Ce plan est sans originalité, mais facile et très complet. Il convient surtout à une décision délicate à analyser, prêtant à discussion, mais ne tranchant qu'une seule question.

Introduction : présentation de la décision

– Date.

– Juridiction.

– Domaine général et sujet précis.

– Intérêt et actualité de la question.

I – ANALYSE

A – Le litige

– Faits : exposé chronologique et détaillé.

– Procédure : l'assignation, les étapes antérieures à l'arrêt.

– Thèses en présence : prétentions et arguments (de fait et de droit) des parties.

– Devant la Cour de cassation : examen détaillé de la position de l'arrêt attaqué et des moyens de cassation invoqués par le pourvoi.

– Le problème de droit posé par l'espèce, formulé de manière abstraite mais précise.

B – La décision

1. Sens de la décision

Solution apportée au problème de droit :

- choix de la règle applicable,
- interprétation de la règle applicable.

Issue du litige pour les parties.

2. La motivation

- Motifs de fait
- Motifs de droit

contenus dans la décision.

- Principes, théories, arguments sur lesquels est implicitement fondée la décision.

3. Incidences de la décision

Si la décision est la plus récente en la matière, prévisions sur :

- ses conséquences juridiques dans son domaine et dans des domaines voisins ;
- ses incidences extra-juridiques possibles.

Si la décision n'est pas la plus récente : analyser les conséquences immédiates et les incidences lointaines qu'elle a effectivement eues dans les domaines juridiques et extra-juridiques.

II – DISCUSSION

A – Confrontation de la décision avec le droit positif

1. Exposé du droit positif

- Les textes légaux et les principes applicables.
- La position de la jurisprudence antérieure.
- Les opinions doctrinales diverses.

Citer précisément des textes, des arrêts, des auteurs.

En dégager la position du droit positif sur le problème de droit.

2. Examen de la position de la décision commentée au regard du droit positif

Déterminer précisément si elle apporte ou modifie quelque chose. Est-ce :

- un revirement,
- une solution nouvelle,
- une évolution marquée, ou légère,
- ou bien une décision-application ?
- Qu'apporte-t-elle ou que modifie-t-elle exactement ?
- Situer l'innovation au regard de la doctrine et de la jurisprudence antérieures.

B – Appréciation critique

Examen :

- de la solution,
- de sa motivation,
- de ses incidences.

1. Sur le plan logique et juridique,

- logique et exactitude du raisonnement du juge,
- justice, équilibre des intérêts en présence,
- utilité, opportunité.

2. Sur les plans :

- économique,
- social,
- moral, etc.

C – Évaluation du rôle de la décision dans l'évolution de la jurisprudence sur la question

Si la décision est la plus récente en la matière, tenter de prévoir :

- si la solution se maintiendra,
- si la décision fera jurisprudence (selon son autorité et sa valeur).

Si la décision n'est pas la plus récente : analyser le rôle qu'elle a effectivement joué en la confrontant avec la jurisprudence, la doctrine, des réformes législatives postérieures.

Plan n° 3

I – Sens / II – Portée / III – Valeur

Il s'agit d'un plan-type très classique (trop ?).

Ce plan donne une large place à l'explication du sens de la décision, il convient donc à une solution complexe dont il est important de bien élucider le sens.

Il donne une très large place (deux grandes parties) au commentaire lui-même, il convient donc à un arrêt important, novateur, dont il est intéressant d'apprécier la portée et de discuter les mérites. Mais il est difficile pour un débutant qui s'initie seulement au commentaire.

Introduction : présentation rapide de la décision et du litige

- Domaine général et sujet précis.
- Intérêt et actualité de la question.

– Faits.
– Procédure.
– Prétentions des parties.

(résumés)

– Nature et date de la décision commentée.

I – SENS DE LA DÉCISION

A – Le problème posé

1. Examen détaillé des arguments des parties

Devant la Cour de cassation :

– L'arrêt d'appel.

– Le pourvoi.

2. Le problème de droit posé par l'espèce, formulé de manière abstraite, mais précise.

B – La décision

1. La solution apportée au problème

– Choix de la règle applicable.

– Interprétation de la règle.

– Issue du litige pour les parties.

2. La motivation

– Motifs de fait
– Motifs de droit

(contenus dans la décision.)

– Principes, théories, arguments sur lesquels est implicitement fondée la décision.

C – Confrontation de la décision avec le droit positif

1. Exposé du droit positif

– Les textes légaux et les principes applicables.

– La position de la jurisprudence antérieure.

– Les opinions doctrinales diverses.

Citer précisément des textes, des arrêts, des auteurs.

En dégager la position du droit positif sur le problème de droit.

2. Examen de la position de la décision commentée au regard du droit positif

– Cerner précisément et expliquer ce que la décision apporte aux règles et solutions en vigueur, ou en quoi elle les modifie.

II – PORTÉE DE LA DÉCISION

A – Influence sur le droit positif

1. Examen de l'autorité de la décision

Préciser si elle émane :

- des juges du fond (1re instance ou appel),
- ou de la Cour de cassation, puis :
- formation (Ass. plén., Ch. mixte...),
- cassation ou rejet,
- attendu de principe isolé du texte,
- généralité de la formule,
- originalité, nouveauté de la formule.

2. Situer la solution au regard de la jurisprudence antérieure

Revirement, évolution, précision, apport, etc. ou solution dissidente.

B – Incidences ultérieures de la décision

Si la décision est la plus récente en la matière, prévisions sur :

- ses conséquences juridiques dans son domaine et dans des domaines voisins ;
- ses incidences extra-juridiques possibles.

Si la décision n'est pas la plus récente : analyser les conséquences immédiates et les incidences lointaines qu'elle a effectivement eues dans les domaines juridiques et extra-juridiques.

C – Rôle et place dans l'évolution de la jurisprudence postérieure

Si la décision est la plus récente en la matière, tenter de prévoir :

- si la solution se maintiendra ;
- si la décision fera jurisprudence (selon son autorité et sa valeur).

Si la décision n'est pas la plus récente : analyser le rôle qu'elle a effectivement joué, en la confrontant avec la jurisprudence, la doctrine ou des réformes législatives postérieures.

III – VALEUR DE LA DÉCISION – APPRÉCIATION CRITIQUE

Examen :

- de la solution,
- de sa motivation,
- de ses incidences.

1. Sur le plan logique et juridique

- logique et exactitude du raisonnement du juge,

– justice, équilibre des intérêts en présence,
– utilité, opportunité.

2. Sur les plans :
– économique,
– social,
– moral, etc.

Plan n° 4

I – Examen du 1er problème / II – Examen du 2e problème

C'est un plan général à utiliser sans hésitation chaque fois que la décision à commenter tranche deux problèmes bien distincts. On peut faire trois parties s'il y a trois problèmes, mais pas davantage ; au-delà, il faut regrouper les questions pour que le plan ne soit pas un catalogue.

Introduction : présentation du litige et de la décision

– Domaine général et sujets précis.
– Intérêt et actualité des questions.
– Faits.
– Procédure. ⋮ résumés
– Prétentions des parties.
– Nature, juridiction, date de la décision.
– Annonce des deux (ou trois) problèmes tranchés, c'est l'annonce du plan.

I et II : 1er et 2e problèmes (donner des intitulés)

En « chapeau » de chaque partie : la position du problème
– Examen des deux argumentations adverses. Devant la Cour de cassation : l'arrêt attaqué et le moyen de cassation.
– Le problème de droit formulé de manière abstraite mais précise.

Chacune des parties doit ensuite être subdivisée, soit selon un « plan de fond », soit selon un plan analyse-discussion ou encore sens-portée-valeur.

Plans de fond

Construits d'après les divers aspects des questions tranchées

Ces plans ne sont pas propres au commentaire d'arrêt. Ils se construisent comme des plans de dissertation (v. *supra* des exemples de plans techniques classiques).

Ils conviennent mieux à une décision complexe en droit dont les éléments peuvent être facilement subdivisés.

Ils conviennent très bien à une décision-application : dans chaque subdivision, on expose les règles et solutions en vigueur et on en montre l'application à l'espèce.

Comme ils laissent peu de place à l'analyse, ils sont peu adaptés aux espèces dont les faits sont à la fois importants et très complexes.

Ces plans de fond requièrent une certaine habileté pour faire entrer dans les subdivisions tous les ingrédients indispensables au commentaire d'arrêt : exposé du droit positif, confrontation de la décision avec ce droit positif, discussion critique, étude des incidences. Le danger à éviter est de trop s'éloigner de la décision à commenter.

Introduction : analyse résumée de la décision

- Nature et date de la décision.
- Domaine général et sujet précis.
- Intérêt et actualité de la question.
- Faits.
- Procédure.
- Prétentions des parties.

(Faits, procédure et prétentions : résumés)

- Sens de la décision prise, seulement indiqué.
- Annonce des deux (ou trois aspects) intéressants de la question tranchée : c'est l'annonce du plan.

Par exemple :

I – Domaine d'application de la règle. II – Exception à la règle

ou

I – Appréciation. II – Sanctions

ou

I – Contenu. II – Mise en œuvre, etc. (v. *supra*).

CONSEILS PRATIQUES

Pour la présentation du commentaire d'arrêt

Ne faites pas *apparaître* toutes les subdivisions des plans : elles sont trop détaillées.

L'introduction peut être soit courte, soit très longue (selon les plans), mais aucune subdivision ne doit y être marquée. Vous la rédigerez soigneusement et *de manière liée* (c'est-à-dire sans sous-titres).

Donnez des *intitulés aux grandes parties* (et si vous le désirez, aux sous-parties). Essayez, dans la mesure du possible, « d'habiller » le plan en trouvant des titres plus particulièrement appropriés à la décision (ou à la matière) que les intitulés passe-partout des plans-types.

Pour marquer les subdivisions suivantes, allez seulement *à la ligne,* en annonçant de quoi vous allez parler.

Par exemple

« La jurisprudence est restée longtemps hésitante… »

« Quant à la doctrine… »

« En définitive le droit positif admet donc… »

Au terme d'un exposé ou d'un raisonnement un peu long, il est bon d'en ramasser l'essentiel en une ligne ou deux, puis de faire une petite transition adroite pour mener à l'étape suivante.

Les conseils de présentation et de rédaction donnés *supra*, pour la dissertation sont également valables pour le commentaire d'arrêt.

CHAPITRE 7

Le cas pratique et la consultation

Ne soyez pas l'étudiant...

- *affolé par un énoncé un peu embrouillé et qui ne s'aperçoit pas que le cas pratique pose une question qu'il connaît bien*
- *qui assène des réponses sans les justifier*
- *qui récite son cours sans proposer aucune solution nette*
- *qui conclut que les parties peuvent régler le problème par un arrangement amiable*

LES CLÉS

Que vous demande-t-on ?

On ne vous demande pas lequel des protagonistes vous semble dans son bon droit, ou quel arrangement vous paraîtrait équitable.
On vous demande de trouver la solution *imposée* par la loi ou, plus largement, par le *droit positif* en vigueur ; autrement dit, la solution qu'apporterait un *tribunal* si le cas lui était donné à juger. Vous devez découvrir les règles applicables et les mettre en œuvre **comme si vous étiez le juge.**

Un exercice de précision

Puisque la solution d'un cas pratique ne s'invente pas, des connaissances précises sont nécessaires pour parvenir à des réponses exactes. N'essayez pas de résoudre un cas avant d'avoir appris et compris la matière théorique sur laquelle il porte.
Il faut connaître les **règles de droit,** leurs conditions d'application, leurs effets, leurs exceptions, sans oublier les détails tels que la durée des délais, etc. Il faut savoir quelle est la position de la **jurisprudence récente,** et pour cela, avoir étudié quelques arrêts, ce qui est d'ailleurs d'autant plus utile que les énoncés de cas pratiques reproduisent souvent (à quelques nuances près) des cas d'espèces relevés dans la jurisprudence.
Il faut avoir acquis une certaine familiarité avec la *terminologie,* afin que les mots employés dans l'énoncé ne restent pas vides de sens, mais éveillent des échos, déclenchent des associations d'idées, suggèrent des solutions possibles.
En un mot, il faut être *précis* et *attentif à* tous les détails.

Un exercice peu formaliste

Ne cherchez pas de plan subtil ; le cas pratique est un exercice simple, qui n'obéit à aucune règle de forme particulière. Il s'agit seulement **de répondre, dans l'ordre, aux questions posées.**

Une méthode de raisonnement valable pour toute réponse

On attend de vous une réponse qui soit à la fois *précise* et *raisonnée.* Une solution non justifiée par un raisonnement juridique serait sans valeur pour le correcteur. Et, de même, une argumentation ou un exposé de connaissances qui ne déboucherait pas sur une réponse précise à la question posée resterait inachevé.

Donc :

- pas de solution sans un raisonnement ;
- pas de raisonnement sans une solution.

Et pour justifier clairement la solution, la meilleure méthode est celle du raisonnement juridique classique :

1. Qualification juridique des faits.
2. Règles applicables.
3. Solution.

Nous retrouverons cette démarche logique tant dans la recherche des solutions que dans la motivation des réponses.

Pour concrétiser les conseils donnés, nous raisonnerons sur un exemple. La recherche d'une solution laisse place à l'intuition, le raisonnement juridique est abstrait, et des conseils purement théoriques risqueraient donc d'être inintelligibles. Cet exemple relève du droit civil, et plus précisément, de la nullité des actes juridiques.

Le cas-exemple

Gaston veut absolument acquérir un terrain appartenant à sa voisine Jeanne. Celle-ci refuse de vendre, mais il la harcèle, et la menace de lui faire perdre son emploi. Effrayée, elle finit par consentir à la vente qui a lieu le 7 octobre 2007 pour un prix de 100 000 €.

En 2008, le terrain est intégré dans une zone à urbaniser et sa valeur est multipliée par 6. Jeanne, ayant conscience d'avoir fait une très mauvaise affaire, s'adresse à vous en juin 2012 pour savoir s'il existe des moyens de récupérer la propriété de son terrain.

I. La recherche d'une solution

A. La lecture de l'énoncé

Lisez l'énoncé du cas pratique au moins deux fois, de bout en bout, lentement et de manière articulée.

→ **Faites preuve de sang-froid :** il est parfaitement normal de ne pas tout comprendre à la première lecture et, à plus forte raison, de ne pas voir tout de suite de solution. Après un effort de mise en ordre, tout va s'éclairer.

→ **Faites preuve d'objectivité :** ne vous laissez pas obnubiler d'entrée par la première idée ou la première piste qui vous vient à l'esprit. Notez-la, mais toute réponse demande à être vérifiée. Ne croyez pas non plus que chaque question renferme un piège : une solution évidente n'est pas automatiquement à exclure !

→ **Faites preuve d'attention :** remarquez les termes, les dates, les chiffres, les détails.

Examinez en particulier la manière dont sont posées les questions : cela vous renseignera sur le genre d'exercice pratique qui vous est soumis :

– une *question assez vaste* demande une réponse développée (du genre *consultation juridique*) :

– *plusieurs petites questions* demandent des réponses précises et plus concises.

B. L'analyse du cas

1. Schématiser les faits

L'énoncé raconte une petite histoire, qui n'est pas toujours claire dès la première lecture ; elle peut même apparaître fort embrouillée. Pour comprendre l'énoncé :

➜ **Faites apparaître la chronologie des événements,** soit en les relevant *dans l'ordre,* soit, au besoin, par un schéma : tracez la *ligne du temps* et portez-y la date de chaque événement, des actes juridiques, la durée des délais, etc.

Dans l'exemple

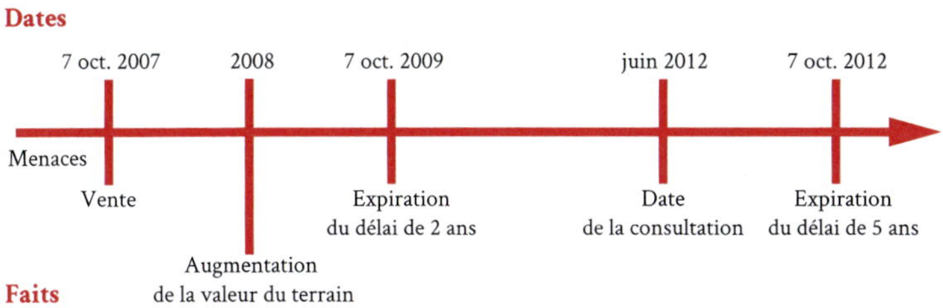

➜ **Faites apparaître les rapports des personnes entre elles :** un schéma du genre *arbre généalogique* est souvent utile pour clarifier les rapports de famille.

➜ **Faites apparaître la configuration des lieux :** un plan montrant les circonstances d'un accident, ou bien la situation de deux propriétés voisines est plus parlant qu'une description.

Vous serez surpris de constater à quel point ce petit travail de schématisation vous aidera à comprendre les faits, à vous les mettre en tête, à raisonner à leur propos.

2. Découvrir et situer les questions

Lorsque la situation de fait décrite dans l'énoncé vous apparaît clairement, essayez de **la rattacher à des notions et à des mécanismes juridiques** décrits dans telle ou telle partie du cours.

Les situations présentées, les termes employés tant dans l'énoncé que dans la question posée, vous guideront dans ce premier effort de rattachement et déjà de qualification.

Dans l'exemple

L'*énoncé* relate les circonstances ayant entouré la conclusion d'un contrat de vente. Les termes « menace » et « consentir » en particulier, vous aiguilleront sur la violence, vice du consentement : une « mauvaise affaire » faite par un vendeur d'immeuble évoque la lésion.

Et comme, *dans la question*, on demande s'il existe des moyens pour la venderesse de récupérer son terrain, vous êtes conduit à *envisager*, comme moyens susceptibles de faire tomber le contrat, soit une annulation pour violence, soit une rescision pour lésion.

Naturellement, ces associations d'idées ne pourront se faire que si *vous connaissez la matière théorique* tant dans son esprit que dans sa terminologie. Sinon l'énoncé ne vous évoquera rien.

Cet effort de rattachement, assez intuitif, vous permet de découvrir *des voies de solution à explorer,* et vous indique donc quelles sont les **questions de droit** qu'il va falloir « creuser » pour vérifier, ou au contraire écarter ces solutions.

C. L'étude des questions de droit

Reportez-vous au cours et au manuel.

Vous envisagez de mettre en œuvre telles règles, tels mécanismes juridiques. Il faut en connaître précisément :

– *les conditions d'application,* pour voir si elles coïncident exactement avec circonstances de l'énoncé ;

– *les effets,* pour voir s'ils conduisent bien au résultat recherché.

Précisez vos connaissances sur l'ensemble du régime applicable sans oublier que le droit positif ne se limite pas aux dispositions légales. Les grands principes du droit, les solutions jurisprudentielles actuellement en vigueur, etc., en font aussi partie.

Dans l'exemple

On envisage de mettre en œuvre les règles de l'annulation d'un contrat pour violence. Quel est le régime juridique de cette annulation ? Revoyez le chapitre sur la **violence,** ainsi que le chapitre sur la nullité relative, ses conditions et ses effets.

Définition de la violence vice du consentement : des menaces inspirant la crainte, présentant un caractère illégitime, et ayant pesé de manière déterminante sur le consentement.

Conditions de la nullité relative : celle-ci ne peut être demandée que par la personne protégée. Délai de prescription de l'action : 5 ans.

Effets de la nullité : mise à néant rétroactive du contrat, restitutions des prestations.
On pense aussi à la **lésion** et l'on se reporte au régime de la rescision.
Définition de la lésion : préjudice résultant d'un déséquilibre entre les prestations.
Conditions de la rescision :
- lésion de plus des 7/12e subie par le vendeur d'un immeuble ;
- on prend en compte la valeur de l'immeuble au moment du contrat de vente ;
- pour agir, le vendeur a un délai préfix de 2 ans à compter de la vente.

Effets de la rescision : mise à néant rétroactive du contrat et restitutions des prestations (à moins que l'acheteur ne paye le supplément du juste prix).

CONSEILS PRATIQUES

Récapitulez l'ensemble du régime applicable

Il est bon, ici encore, de noter **l'inventaire très résumé, mais complet, des règles applicables.** On ne risque plus ainsi d'oublier une condition d'application du régime que l'on se propose de mettre en œuvre. Car, si une seule de ces conditions n'est pas remplie dans le cas d'espèce, la solution envisagée est bien entendu à écarter.
Lors d'une épreuve sans document, il faudra récapituler de mémoire l'état du droit positif sur les questions dégagées.
Votre effort de mémoire sera plus efficace et vous risquerez beaucoup moins d'oublier quelque chose si vous consacrez quelques instants à vous remémorer l'ensemble de la question et à en noter l'inventaire.
Concentrez-vous sur la question de cours, sans plus penser à votre cas pratique et efforcez-vous d'en faire le tour de façon aussi complète que possible.
La récapitulation écrite constituera un instrument de travail précieux, d'abord pour la découverte et la vérification des solutions, puis pour la rédaction de l'exposé des règles applicables.

D. La vérification des solutions envisagées

Retournez à l'énoncé du cas, aux analyses et aux schémas que vous en avez tirés. Il faut maintenant examiner au regard l'un de l'autre le cas pratique et les règles :

- les circonstances de fait décrites dans l'énoncé correspondent-elles avec les conditions d'application que vous avez recensées ?
- les effets conduisent-ils au résultat recherché ?

Comparez point par point très soigneusement les exigences légales et l'énoncé.

Dans l'exemple

→ **Sur l'annulation de la vente pour violence**

Les menaces subies par Jeanne correspondent à la définition légale de la violence. Elles paraissent avoir été déterminantes.

– Jeanne est la personne protégée : elle peut invoquer la nullité relative.

– Le délai de prescription de cinq ans ne sera écoulé qu'en octobre 2012. En juin 2012 il reste donc trois mois pour agir en nullité.

– L'annulation de la vente aura pour effet la restitution du terrain à Jeanne.

Donc une action en nullité pour violence constitue une bonne solution : c'est un moyen *possible* et *approprié* pour récupérer le terrain.

→ **Sur la rescision de la vente pour lésion**

– D'abord, le délai préfix de 2 ans pour agir en rescision est écoulé, ce qui rend l'action irrecevable.

– Et, au surplus, le déséquilibre entre les prestations n'existait pas au moment du contrat. La vente n'était pas lésionnaire, puisque le déséquilibre n'est apparu qu'ultérieurement.

Donc, il est impossible d'intenter une action en rescision pour lésion. Cette solution est totalement exclue.

De cette confrontation entre les circonstances de fait et les règles du droit positif naissent vos réponses : vous avez trouvé une solution satisfaisante, mais vous découvrez que l'autre voie, un moment envisagée, est en réalité fermée.

Il vous reste maintenant à exposer ces réponses.

II. La motivation des réponses

Les réponses que vous apporterez successivement à chaque question du cas pratique doivent être soigneusement motivées, justifiées. **C'est sur l'exactitude et la rigueur de ce raisonnement juridique que vous serez principalement jugé.**

Le raisonnement consiste à tirer la solution de l'application des règles de droit, en ayant préalablement justifié le choix et l'application de ces règles par une qualification juridique exacte de la situation.

Dans toutes les réponses doivent donc figurer ces trois composantes du raisonnement juridique :

1. Qualifications juridiques.
2. Règles applicables.
3. Solution.

Nous verrons par la suite comment les intégrer dans la construction générale du devoir (v. *infra*), mais veillez à ce qu'on les retrouve toujours toutes les trois.

A. Qualifications juridiques

Qualifier, c'est nommer en termes juridiques. On qualifie des faits, ou une situation, en les exprimant en termes juridiques et abstraits, afin de les rattacher aux cas prévus et réglementés par la loi.

La première phase du raisonnement consiste donc à traduire en termes de droit les *faits* et la *question* contenus dans l'énoncé, **pour passer du plan du cas concret au plan d'une situation juridique et d'un problème de droit.**

1. La qualification juridique des faits

C'est elle qui permet d'exposer la situation juridique sur laquelle on va raisonner. Pour présenter l'exposé des faits, au début du devoir, exprimez-vous donc en juriste. Il est sans intérêt de reprendre textuellement l'énoncé, ou de le paraphraser maladroitement.

➜ Exposez les faits :

- par ordre chronologique ;
- et en nommant les personnes, les actes, les événements en *termes juridiques et abstraits.*

Utilisez la terminologie des textes applicables, de la jurisprudence relative à la question, de vos cours et manuels (cela suppose naturellement qu'elle vous soit devenue familière).

➜ En exposant ainsi la situation juridique, préparez la suite du raisonnement. *Posez des questions,* mais ne prenez surtout pas parti sur la solution (qui devra être tirée des règles applicables à cette situation).

Dans l'exemple

Un contrat de vente d'immeuble.

- Des incidents entre les cocontractants au moment de la formation du contrat : le consentement de la venderesse est donné après des menaces et sous la crainte.

N'aurait-il pas été vicié par la violence ?

- Le contrat est cependant exécuté.
- Quelques mois après la convention, la valeur de l'immeuble vendu augmente considérablement.

La venderesse se sent lésée.

Mais son cas entre-t-il dans la réglementation étroite de la rescision d'une vente pour lésion ?

2. La qualification juridique de la question posée

Elle permet de dégager et de formuler un ou plusieurs problèmes de droit. Elle n'est nécessaire que quand la question n'est pas déjà formulée en termes techniques et précis.

Dans l'exemple

Si on vous avait demandé : « La vente est-elle annulable ? », il aurait suffi d'indiquer les causes de nullités à examiner. Mais on vous demande : « Par quels moyens Jeanne peut-elle récupérer son terrain ? ». Il y a lieu de transposer la question en termes plus juridiques et plus précis.

Pour récupérer la chose vendue, il faut faire tomber la vente. Comment faire tomber un contrat ? Deux moyens existent :

– la résolution pour inexécution ; mais, en l'espèce, le contrat a été exécuté de part et d'autre ; cette voie est donc exclue ;

– la *nullité* pour inobservation d'une condition légale de formation du contrat.

La formulation juridique de la question devient donc : le contrat de vente *est-il annulable,* soit pour violence soit pour lésion ?

D'une demande de conseil, d'une question posée en langage courant, ou en termes vagues (du genre « quels sont ses droits, de quels moyens dispose-t-il, que peut-il faire ? »), **vous tirez donc une ou plusieurs questions de droit, précises, bien circonscrites,** auxquelles l'exposé des règles applicables va répondre.

➜ **Pour être parfaitement clair et précis,** aboutissez à la *formulation de problèmes de droit,* posés en termes abstraits et concis (comme dans un commentaire d'arrêt) :

Dans l'exemple

Deux problèmes sont à examiner :

1. Les conditions d'une annulation pour violence sont-elles réunies ?
2. Les conditions d'une rescision pour lésion sont-elles remplies ?

B. Règles applicables

La deuxième phase du raisonnement consiste en une description et une explication des règles applicables à la situation juridique que vous venez de dégager. Ce sont ces règles qui apportent les principes de solution et qui justifient vos réponses.

Cet examen du droit positif portera sur :

– les *textes* légaux et réglementaires ;

– la *jurisprudence :* référez-vous à quelques arrêts (classiques ou récents) appliquant ou interprétant ces textes ;

– la *doctrine :* mentionnez éventuellement une théorie ou une opinion ayant marqué le droit positif.

Prenez soin, en décrivant le régime applicable, de *montrer vos connaissances* sans toutefois vous éloigner du problème à résoudre.

→ **Expliquez de manière approfondie les points de droit utiles à la solution** mais n'indiquez que très brièvement ceux qui ne font pas de difficulté en l'espèce (sur le point de savoir jusqu'où il convient de développer les réponses, v. *infra*).

Cet exposé des règles applicables peut être plus succinct si les questions du cas pratique sont nombreuses et si vous disposez de peu de temps pour justifier chaque réponse. Si, au contraire, vous n'avez à résoudre qu'une ou deux questions, vous développerez davantage l'explication des règles et l'étude de la jurisprudence. Mais conservez à l'exercice son aspect pratique, ne vous étendez pas sur des questions doctrinales, ni sur des évolutions historiques.

C. Solutions

La dernière étape consiste à tirer les conclusions du raisonnement en appliquant les règles de droit au cas d'espèce. On aboutit ainsi aux *solutions imposées par le droit positif.*

→ **Dans la dernière partie de votre devoir, vous devez apporter des solutions nettes et explicites à un double niveau :**

– **au plan juridique et abstrait,** donnez réponse aux problèmes de droit que vous avez dégagés plus haut. Expliquez de manière claire et convaincante la solution tirée des règles exposées, la décision que prendrait un tribunal saisi de l'affaire ;

– puis **au plan concret,** répondez à la question pratique posée : donnez une réponse ou un conseil concret et précis.

Dans l'exemple

Sur la violence : expliquer qu'*en droit,* les conditions d'une annulation de la vente paraissent réunies :

– la menace de perdre son emploi est grave et paraît avoir déterminé le consentement de la venderesse (sous réserve de l'appréciation du juge) ;

– le délai de prescription de l'action en nullité n'est pas écoulé.

Pratiquement, vous conseillerez à Jeanne d'intenter rapidement – avant trois mois – une action en nullité de la vente pour violence, et de réunir des preuves des menaces dont elle a fait l'objet. *Elle a des chances sérieuses d'obtenir la nullité et donc de récupérer la propriété du terrain.*

Sur la lésion : *en droit,* indiquez qu'une action en rescision est totalement inenvisageable :
– d'abord, parce que le délai préfix de deux ans est écoulé depuis le 7 octobre 2010, ce qui rend l'action irrecevable,
– ensuite, parce qu'un déséquilibre apparu postérieurement à la conclusion du contrat ne constitue pas une lésion.
Concrètement, expliquez à Jeanne que la réglementation de la rescision pour lésion est restrictive et que son cas n'y entre pas. Il ne suffit pas de se sentir « lésé » pour pouvoir invoquer une lésion.

→ Une appréciation des solutions, exprimée en quelques phrases, peut conclure élégamment le devoir.

Vous pouvez approuver ou regretter la *solution* à laquelle conduit l'application du droit positif.

Vous pouvez approuver ou critiquer les *règles applicables,* ou encore les expliquer, en dégager l'esprit, les avantages ou les inconvénients. Mais ne donnez pas une appréciation purement intuitive, justifiez-la toujours par des arguments solides. Vous trouverez dans la *doctrine* (notes de jurisprudence en particulier) des éléments de discussion.

Dans l'exemple
Quelques considérations sur le fait que la protection du consentement est mieux assurée par notre droit que celle des intérêts pécuniaires des contractants seront bienvenues, si elles témoignent d'une certaine culture juridique.

III. Construction

A. Schéma d'un cas pratique comportant plusieurs questions

Introduction

• Domaine général dans lequel se situe le cas pratique.

• Exposé des faits :

– dans l'ordre chronologique ;

– en procédant à leur qualification juridique ;

– en se limitant à ceux qui constituent les données de l'ensemble des questions.

Première question

Transposition de la question en termes juridiques (si nécessaire) et formulation d'un ou plusieurs problèmes de droit (concis et abstraits).

➔ Réponse au premier problème

- Qualification juridique des faits pertinents pour cette réponse.
- Règles applicables : exposé du droit positif.

Solution :

- solution du problème de droit,
- réponse concrète.

➔ Réponse à un deuxième problème (s'il y a lieu) : même raisonnement.

Deuxième question

Même raisonnement.

Troisième question

Même raisonnement.

B. Schéma d'un cas pratique ne comportant qu'une question (consultation)

Introduction

- Domaine général dans lequel se situe le cas pratique.
- Exposé des faits :
  - dans l'ordre chronologique ;
  - en procédant à leur qualification juridique.

Transposition de la question en termes juridiques.

Formulation du ou des problèmes de droit à résoudre.

Annonce du plan.

I – Règles applicables (ou principes de solution)

Textes et grands principes.

Jurisprudence (quelques mots sur l'évolution, puis explication des solutions actuelles).

Doctrine.

II – Solution (ou réponse)

• Exposé et explication de la solution.

– solution du problème de droit dégagé ;

– réponse ou conseil concret adressé au « client ».

• Appréciation, discussion :

– de la solution ;

– des règles applicables.

Éventuellement, pour une deuxième réponse écartant une autre solution, et/ou proposant une solution subsidiaire, le plan sera le même.

CONSEILS PRATIQUES

Comment utiliser les schémas ?

Dans la rédaction, ne faites pas apparaître comme intitulés « qualifications juridiques », « règles applicables », « solution ». **Efforcez-vous « d'habiller » le plan** en trouvant des titres plus élégants ou plus appropriés aux questions que vous examinez.

Des intitulés de partie ne sont d'ailleurs nécessaires que dans un cas pratique – consultation.

Lorsque vous résolvez successivement une série de petites questions :

– examinez-les simplement *dans l'ordre* où elles sont posées – car la solution de l'une peut commander celle des suivantes ;

– numérotez-les ;

– et faites-en apparaître la structure interne en sautant des lignes, et en *annonçant les phases du raisonnement* par des formules de ce genre :

« Le problème juridique à résoudre se pose donc ainsi… », *ou*

« Quelle est la position du droit positif sur cette question ? », *ou*

« La meilleure solution paraît donc… » etc.

Remarquez bien qu'*une question posée doit souvent se décomposer en plusieurs problèmes juridiques distincts* et donc recevoir plusieurs réponses qu'il convient ensuite de synthétiser.

IV. Jusqu'où étendre les réponses ?

C'est un point délicat, source de problèmes et d'incertitudes pour les étudiants.

Suffit-il d'apporter à chaque question **une** réponse, **une** solution qui mène au résultat recherché, ou bien le correcteur attend-il que vous étendiez votre réponse :

– soit en proposant une solution de rechange, moins adaptée, moins sûre, mais envisageable ;

– soit en écartant certaines solutions et en expliquant pourquoi elles sont impraticables.

Comment éviter à la fois l'écueil d'être *incomplet* et celui de *sortir du sujet ?*

A. Laissez-vous guider par l'énoncé

1. Exploitez tous les termes de l'énoncé

Tout cas pratique renferme une sorte d'explication de texte : vous ne pouvez négliger aucun terme de l'énoncé, aucun mot, aucune expression.

Tous ont été soigneusement pesés et choisis pour vous faire réfléchir.

Par conséquent, vous devez aborder les points auxquels il est fait **une allusion claire** dans l'exposé des faits ou dans la question. On attend que vous expliquiez cette allusion et que vous montriez *où elle mène :* soit à une solution *possible,* soit à une solution *à écarter.*

Dans l'exemple

Dans le deuxième paragraphe de l'énoncé, il est question de l'augmentation de *valeur* du terrain, et de la *mauvaise affaire* réalisée par Jeanne.

Si vous donnez comme unique réponse le conseil d'agir en nullité pour violence (solution exacte et adaptée), vous négligez ces termes. En les employant, le correcteur a voulu vous aiguiller sur la lésion, et plus largement, sur le point de savoir dans quelle mesure notre droit protège un contractant qui a fait une mauvaise affaire, par quels moyens, dans quels cas.

On pourrait donc vous reprocher de ne pas avoir exclu explicitement la solution de la rescision pour lésion (et peut-être dit un mot de l'erreur sur la valeur) ; et ceci d'autant plus que *dans la question posée,* on vous demande s'il existe *des moyens* (au pluriel) de récupérer le terrain. Il serait donc insuffisant de n'en examiner qu'un seul.

2. Ne changez rien à l'énoncé

L'énoncé décrit une situation particulière à laquelle vous ne devez rien changer. Elle constitue la donnée de base de votre raisonnement, à vous d'adapter les qualifications et les règles applicables.

Respectez aussi scrupuleusement les termes de la question.

S'il vous semble que l'application des règles de droit *ne permet pas* d'atteindre le résultat recherché expliquez-le, mais ne modifiez ni les faits, ni la question pour pouvoir donner une réponse positive.

Ne les modifiez pas non plus sous le prétexte d'étendre les réponses en proposant une autre solution. Vous sortiriez du sujet.

3. Peut-on ajouter des suppositions à l'énoncé ?

C'est le point le plus délicat : sans modifier l'énoncé, peut-on lui ajouter une supposition, une précision qu'il ne contient pas ? C'est parfois indiqué, mais en faisant preuve de prudence et de bon sens.

➜ **N'inventez pas de situations ou de circonstances exceptionnelles,** n'inventez pas d'obstacles non signalés, ni pour trouver une solution, ni dans le but d'étendre vos réponses.

Dans l'exemple
N'inventez pas qu'un des contractants pourrait être *incapable*.
Supposez que ce qui n'est pas précisé est « normal ». C'est une question de bon sens.

➜ **Lorsque l'énoncé ne dit pas** si une condition d'application de la loi est remplie ou non, lorsqu'une date utile n'est pas précisée, en un mot, lorsqu'un élément qui paraît indispensable à la solution envisagée manque, quelle est la conduite à tenir ?

– *d'abord mettre en doute cette solution,* tout vérifier à nouveau, faire un effort d'imagination et de qualification en vue de la découverte d'une autre règle applicable, pour laquelle la précision manquante ne serait pas requise ;

– *si on est sûr que c'est la seule solution, raisonner sur les deux hypothèses,* celle où la condition manquante est remplie et celle où elle n'est pas remplie. Dans de tels cas, la réponse est : « tout dépend de tel point, ou de telle date » ; montrez pourquoi cette précision est importante et expliquez les résultats différents auxquels on aboutit dans l'une et l'autre hypothèse.

➜ **Enfin, peut-on présenter une solution subsidiaire fondée sur une supposition ?** Pour étendre la réponse, il peut être intéressant de *signaler, en fin de devoir, qu'au cas où telle condition serait remplie,* telle autre voie serait ouverte.

Si la supposition n'est pas saugrenue, mais *vraisemblable,* si la suggestion de cette solution de rechange est faite adroitement et à bon escient, elle témoignera de votre culture, de votre esprit juridique et ne pourra qu'être mise à votre actif. Personne ne saurait vous reprocher d'explorer une autre voie, à la condition que cela vienne vraiment *en plus* des réponses indispensables, et non pas à leur place.

Dans l'exemple

Après avoir proposé l'action en nullité pour violence, après avoir exclu la rescision pour lésion, il peut être intéressant de suggérer comme autre cause de nullité le dol par réticence.

Il faut pour cela faire une supposition : imaginer que Gaston savait que le terrain allait prendre de la valeur, qu'il voulait l'acquérir pour celle raison, et qu'il l'a sciemment caché à Jeanne. Cette raison de son insistance est très plausible. Une telle supposition ne contredit en rien l'énoncé et même *elle l'explique;* c'est pourquoi elle est admissible.

Pour explorer cette voie, il faut se montrer adroit et prudent et rattacher la situation à la jurisprudence actuelle sur le dol par réticence.

B. Laissez-vous guider par le genre de l'exercice

Souvent, c'est le *genre du cas pratique* qui vous est soumis, ou bien la *manière dont les questions sont posées,* qui vous indiqueront jusqu'où étendre vos réponses. Voici quelques conseils de bon sens :

– à question précise, réponse précise ;

– à question plus ouverte, réponse plus étendue.

Dans l'exemple

On demande « s'il existe des *moyens* »... une seule réponse, l'examen d'un seul moyen, serait insuffisant.

Si le cas pratique se présente sous la forme d'une *consultation* ne comportant qu'une question, il convient d'*étendre les réponses* pour explorer toutes les voies possibles.

Si, au contraire, le cas se présente sous la forme d'une *liste de petites questions,* répondez-y par une *liste de réponses concises* (mais cependant justifiées).

Enfin, **sachez gérer le temps qui vous est imparti.** Ne passez pas des heures à faire des suppositions et à chercher des solutions de rechange si vous n'avez pas déjà trouvé une *bonne solution* et exploité à fond l'énoncé du cas.

C. L'art d'indiquer sans développer

Cet art que l'on peut appeler aussi *l'art de montrer ses connaissances sans sortir du sujet* mérite qu'on s'y exerce.

Ne vous étendez jamais sur des points qui ne sont pas directement utiles à la solution. Mais saisissez toutes les occasions de laisser paraître vos connaissances en une phrase *brève* et *concise.* Une expression bien choisie, l'*usage de la terminologie exacte* suffit à montrer que l'on domine la matière.

Dans l'exemple

Il n'y a pas lieu de se lancer dans des développements à propos des personnes pouvant invoquer la nullité relative et de la doctrine de Japiot et Gaudemet sur les titulaires du droit de critique. Ce serait des digressions hors sujet puisque, en l'espèce, cela ne pose aucune difficulté.

Mais lorsque vous examinez si les conditions pour invoquer la nullité sont remplies, ne passez pas ce point sous silence : relevez au passage que : « la venderesse est bien la personne que la règle violée avait pour but de protéger et qu'elle est donc titulaire du droit de critique ». En deux lignes, vous montrez votre culture.

D'une manière générale, lorsque vous hésitez sur le point de savoir si telle ou telle question entre ou non dans le sujet, lorsque vous vous demandez *jusqu'où étendre vos réponses,* vous pouvez toujours avoir recours à ce système d'*indications concises, précises, non délayées.*

CONSEILS PRATIQUES

La marche à suivre pour résoudre un cas pratique

– *avoir appris et compris* la matière sur laquelle porte le cas pratique (si possible, avoir aussi étudié quelques décisions de jurisprudence sur la question) ;
– *lire attentivement* l'énoncé, et clarifier les faits par des schémas ;
– *préciser* progressivement la ou les questions de droit qui se posent et, pour cela, *se reporter aux cours* et aux manuels pour avoir une vue précise du droit positif sur la question (ou bien le récapituler de mémoire) ;
– *confronter* soigneusement les règles applicables et les circonstances de fait décrites dans l'énoncé, afin de vérifier tous les éléments de la réponse envisagée ;
– *construire* le devoir en respectant l'ordre des questions ;
– *rédiger* chaque réponse en faisant toujours figurer les qualifications juridiques et les règles applicables *avant* la solution.

Le commentaire de texte

CHAPITRE 8

Ne soyez pas l'étudiant...

- *qui considère le commentaire de texte comme une planche de salut pour celui qui ne sait rien*
- *qui ne sait pas lire, ne veut pas lire, et d'ailleurs n'a jamais eu la curiosité de lire ni la Constitution, ni un article du Code civil*
- *qui paraphrase, redit, développe, répète, amplifie le contenu du texte..., mais n'y ajoute rien*
- *qui laisse le texte sous son coude et se lance dans une dissertation*

LES CLÉS

Qu'est-ce qu'un commentaire de texte ?

Toutes sortes de textes peuvent être donnés à commenter :

• **des textes législatifs :**
– lois, articles des codes ;
– articles de la Constitution ;
– règlements ;
– dispositions d'une loi étrangère ou d'une convention internationale ;
– projets de loi, etc.

• **des textes de doctrine : citation d'un auteur**

• **des documents de la pratique**

• **des extraits de débats parlementaires, etc.**

Quel que soit le texte qui vous est soumis, l'exercice consistera toujours :
– à faire preuve de connaissances ;
– à faire preuve d'un certain savoir-faire dans l'analyse du texte ;
– à faire preuve d'habileté pour exposer vos connaissances en les rattachant toujours au texte.

Les deux écueils à éviter

Paraphraser le texte, c'est-à-dire se contenter de redire, moins bien et plus longuement, tout ce qu'il contient, sans rien y ajouter.
Vous devez ajouter une quantité d'informations au contenu du texte. Chaque mot, chaque phrase constitueront un point de départ vers de nouveaux développements.
Laisser le texte de côté et faire une dissertation sur le sujet. Veillez à vous référer constamment au texte. Vos connaissances doivent être exposées à propos d'une phrase, d'une expression du texte. Prenez le réflexe de toujours en partir et y revenir.

Avoir appris et faire état de ses connaissances

Nombreux sont les textes dont le commentaire vous est fourni dans vos cours et manuels (articles de la Constitution, du Code civil, etc.). L'exercice se rapproche alors de l'exposé d'une question de cours et vous demande seulement un effort de mise en forme et de construction. Si l'on vous soumet un texte qui n'a pas été spécialement étudié, votre premier travail doit consister à le situer dans la matière et à le rattacher à des questions traitées dans le programme. Ce peut être, par exemple, un décret pris en application d'un texte de loi qui a été étudié, ou un passage de doctrine exprimant une opinion ou une théorie qui ont été expliquées. Prenez connaissance du texte avec assez d'attention et de sang-froid pour y reconnaître la réglementation ou des idées que l'on vous a décrites. Puis faites état de toutes vos connaissances sur la question pour étoffer le commentaire et éviter la paraphrase.

I. La préparation

Elle débute naturellement par une première lecture du texte. C'est une prise de connaissance, sans approfondissement pour l'instant. L'approfondissement se fera progressivement et méthodiquement, au cours de la préparation qui va comporter trois phases :

- d'abord, vous *examinerez le texte « de l'extérieur »* ;
- puis vous y *pénétrerez,* et vous en *approfondirez* graduellement l'analyse :
- enfin, vous *élargirez* vos commentaires à tout l'environnement juridique du texte (et de chacune de ses dispositions).

A. L'examen descriptif

Ne vous plongez pas d'emblée dans le texte, examinez-le d'abord, et réunissez sur lui ces quelques informations essentielles qui constituent la « mise en situation du texte ».

➜ Quel est ce texte et d'où provient-il ?

- nature (loi, décret, texte doctrinal...) ;
- origine ou auteur (Code civil, Premier ministre, Montesquieu...) ;
- date ;
- localisation de l'extrait dans le texte ou l'ouvrage d'où il est tiré (s'il y a lieu).

➜ Quel est son domaine général ? et son objet précis ?

➜ Comment se présente-t-il ?

- dimension ;
- divisions apparentes.

B. L'analyse du texte

Elle suppose *plusieurs lectures approfondies,* car cette analyse doit être menée à *divers niveaux successifs.* En lisant, *annotez* votre texte, *divisez-le* par des crochets, *soulignez* les termes à expliquer.

1. Étudiez la structure du texte

Comment le texte est-il bâti ? Comment a-t-il été conçu ?

a) Structure typographique et grammaticale
Remarquez les divisions en paragraphes ou alinéas, ainsi que la ponctuation (surtout si le texte est bref).

Ces divisions sont importantes car elles indiquent souvent le plan du texte, que vous devrez vous efforcer de suivre pour le commenter.

b) Structure logique
Remarquez le genre de propositions ou de dispositions contenues dans le texte.

Trouve-t-on par exemple :

- la définition d'une situation, puis la règle qui régit cette situation ;
- une règle, puis ses exceptions.

Détectez les énumérations (liste limitative ou non), les exclusions (sauf...).

Si le texte contient une argumentation ou un *raisonnement,* notez les *arguments* dont il est fait usage : par exemple, raisonnement par déduction ou par induction, argument *a fortiori* ou *a contrario.*

Cette étude de la structure logique est un travail d'**interprétation du texte.** S'il s'agit d'un texte législatif, vous devrez y rattacher les éventuelles interprétations jurisprudentielles ou doctrinales.

2. Étudiez la terminologie

Les mots, les expressions employés, doivent être minutieusement analysés.

Dans un texte bref surtout, chaque mot (par ex. *peut, doit),* chaque préposition (par ex. *et, ou*), chaque adverbe (par ex. *expressément, habituellement*) est à remarquer et à expliquer.

→ **Les termes techniques,** les expressions juridiques seront définis très précisément (par ex. *effet rétroactif,* à l'article 2 du Code civil).

→ **Les termes de la langue courante** demandent aussi à être expliqués en fonction du contexte (par ex. *silence ou obscurité de la loi,* à l'article 4 du Code civil).

→ **Faites ressortir les mots clés, les concepts clés :** souvent c'est à propos d'un mot ou d'une expression qu'ont été élaborés des systèmes, des théories doctrinales ou des constructions jurisprudentielles (par ex. *ordre public* à l'article 6 du Code civil).

Les termes sont alors si chargés de sens qu'ils feront à eux seuls l'objet d'une partie du commentaire. Car, derrière les mots, on atteint tout de suite le contenu du texte.

3. Étudiez le sens du texte

Dégagez, formulez, explicitez le contenu du texte :

- Quelle situation vise-t-il ?
- Quel système institue-t-il ? Quelles règles édicte-t-il ?
- Quelles notions y sont définies ? ou impliquées ?
- Quelles idées y sont exprimées ? ou critiquées ? etc.

Vous devez dégager et expliciter non seulement la *signification générale* du texte à commenter, mais aussi celle *de chacune de ses parties prise séparément.*

Si la structure du texte ne peut pas vous fournir le plan du commentaire, vous devrez tirer un plan du contenu du texte, c'est-à-dire des idées essentielles qui y sont exprimées.

C. La recherche de l'environnement juridique du texte

C'est la recherche d'éléments de commentaire extérieurs au texte, mais qui en constituent l'environnement intellectuel et juridique. Un texte n'est jamais un élément isolé. Il fait partie d'un vaste ensemble cohérent, et on ne peut le comprendre et l'expliquer qu'à la lumière de son environnement, en montrant comment il s'insère dans le droit positif, dans la pensée juridique, dans l'évolution des mœurs et des idées, etc.

Vous trouverez donc ci-dessous les *questions à vous poser* pour éclairer l'environnement juridique d'un texte ; elles peuvent se répartir dans trois directions :

- *en amont du texte,* afin de le rattacher à ce qui l'a précédé et inspiré ;
- *parallèlement au texte,* afin de le relier à des dispositions ou à des opinions complémentaires ou comparables ;
- *en aval du texte,* pour en expliquer les incidences de toutes sortes.

Il s'agit naturellement d'un *catalogue de questions,* destiné à guider vos recherches et à nourrir votre commentaire, *mais non d'un plan :* ne livrez pas vos réponses dans cet ordre. D'ailleurs, il n'y a pas lieu de répondre à chacune de ces questions pour tout commentaire de texte. Adaptez à chaque texte votre examen de son environnement juridique.

Enfin, comprenez bien que ces questions peuvent concerner non seulement le texte dans son ensemble, mais aussi chacune de ses *dispositions prises séparément.*

Par exemple
Un texte législatif édicte une règle et son exception :
– à propos de la *règle,* il peut être intéressant de développer ses fondements, l'intention du législateur, sa finalité ;
– à propos de l'*exception,* il peut y avoir lieu d'insister sur une interprétation jurisprudentielle et des théories doctrinales.

1. En amont du texte

a) Les origines et les fondements

D'un texte législatif dans son ensemble, ou de l'une de ses dispositions, ou d'une opinion :

– de quelle théorie ou philosophie s'inspire-t-il ?

– sur quels principes généraux ou supérieurs est-il fondé ?

– quelles sont les origines historiques du texte, ses sources ?

– par quel courant d'idées ou d'opinion a-t-il été inspiré ?

b) La finalité

D'un texte législatif, de l'une de ses dispositions ou encore d'une théorie doctrinale :

– quelle est l'intention du législateur *(ratio legis) ?* ou de l'auteur ?

– montrez l'objectif poursuivi, l'idée de base.

c) Au cas de dispositions législatives récentes

– quelles sont les raisons de l'intervention du législateur ?

– qu'apporte le texte (ou la disposition nouvelle) au droit antérieur ?

– s'il s'agit d'une réforme, que change-t-elle au droit antérieur ?

– ces dispositions ont-elles été inspirées, réclamées par la doctrine, par un courant d'opinion ?

– consacrent-elles ou, au contraire, condamnent-elles une jurisprudence antérieure, ou une pratique, ou des mœurs ?

2. Parallèlement au texte

Existe-t-il des dispositions complémentaires – que le texte y fasse référence ou non (des exceptions en particulier) ?

Existe-t-il des dispositions ou des opinions voisines ?

Trouve-t-on des dispositions ou des opinions comparables ?

- dans d'autres domaines ?
- à l'étranger ?

3. En aval du texte

a) Les interprétations jurisprudentielles

D'un texte législatif dans son ensemble, ou de l'une de ses dispositions, ou de l'un de ses termes :

- le texte a-t-il été appliqué par la jurisprudence, ou interprété, ou déformé ?
- comment, pourquoi ?

b) Les appréciations critiques

D'un texte, d'une disposition ou d'une opinion :

- a-t-il été approuvé ou critiqué par la doctrine, par l'opinion publique ?
- quels en sont à votre avis les intérêts, les avantages, les inconvénients ? (Justifiez précisément votre opinion).

c) La portée, les incidences

D'un texte, d'une disposition, d'une opinion :

- est-il appliqué, entre-t-il en pratique ?
- a-t-il des incidences juridiques, économiques, politiques, sociales ?
- dans quel domaine les incidences sont-elles positives ? ou négatives ?
- l'abrogation du texte ou bien sa modification ont-elles été demandées ?

II. Le plan

A. Suivre le plan du texte

En règle générale, **un commentaire de texte se construit selon le plan du texte lui-même.**

Les règles de forme ne sont donc pas aussi strictes que celles de la dissertation juridique.

Le plan peut comporter plus de deux parties, jusqu'à trois ou quatre, si le texte se subdivise en trois ou quatre parties nettement distinctes (au-delà, efforcez-vous d'opérer les regroupements qui sont sûrement possibles).

Il n'est pas nécessaire d'équilibrer rigoureusement les subdivisions du commentaire : si certaines parties du texte présentent plus d'intérêt et appellent plus d'explications que d'autres, vous pouvez leur donner une place plus importante.

B. Comment construire le commentaire ?

Toutes les connaissances dont vous ferez état, toutes les explications que vous donnerez doivent être placées dans le commentaire de telle partie du texte, de telle phrase, de tel mot.

Cela demande un travail de construction assez délicat, car vous devez répartir judicieusement dans le commentaire du texte tous les matériaux que vous avez réunis durant votre travail préparatoire.

Il n'existe pas de plan-type, puisque c'est dans chaque texte que se trouve la « grille » de son commentaire.

Mais vous apprendrez vite à repérer la structure des textes, qui est souvent fort simple.

Par exemple
Règle – domaine d'application ; opinion – critique, etc.

1. Un texte bref

Si le texte est bref et ne comporte qu'une seule phrase, prenez appui sur la *structure* grammaticale et logique de cette proposition ou même sur les *mots clés.*

2. Un texte long

S'il est plus long, *suivez les divisions* en alinéas, en articles (regroupés s'il y a lieu) ou en paragraphes.

3. Un texte sans plan visible

Si vraiment il est impossible de trouver un plan dans la structure du texte (ce qui est rare), recherchez un plan *dans son contenu,* dans les notions dont il traite, les idées qui y sont exprimées. Dans ce cas, veillez à ce que votre plan recouvre l'ensemble du texte et vous permette de le commenter en totalité sans cependant vous en éloigner.

Le plan « analyse-commentaire », possible pour le commentaire d'arrêt, est ici *à proscrire absolument.* Ne séparez jamais l'analyse du texte des développements sur son environnement juridique.

III. L'introduction : un schéma courant

Il existe (en revanche) un *schéma d'introduction* qui s'impose dans la plupart des cas, car il consiste en une indispensable *présentation du texte* (correspondant à l'examen descriptif par lequel a débuté votre travail).

A. Mise en situation du texte

– nature (loi, décret, texte doctrinal…) ;

– origine ou auteur (Premier ministre, Aubry et Rau…) ;

– date ;

– localisation d'un extrait dans le texte ou l'ouvrage d'où il est tiré (s'il y a lieu).

B. Domaine général du texte, puis sujet précis

Indications très générales sur l'environnement juridique du texte (en excluant tout ce qu'il est possible de rattacher à telle ou telle partie du texte).

C. Structure d'ensemble

– dimensions ;

– divisions apparentes (en articles, alinéas ou paragraphes) ;

– plan du texte.

D. Annonce du plan de commentaire

Si vous ne tiriez pas votre plan de la structure du texte (ce qui est toujours préférable) faites précéder l'annonce du plan d'une annonce des *idées essentielles* du texte.

CONSEILS PRATIQUES

La marche à suivre

→ **La première lecture du texte attentive,** mais rapide, est destinée à prendre connaissance principalement de :
- sa nature et son origine ;
- sa date (information capitale) ;
- son sujet.

→ **Étudiez ou récapitulez de mémoire la question** sur laquelle porte le texte en vous efforçant de la situer le plus précisément possible dans l'ensemble de la matière.

→ **Retournez au texte pour l'analyser.** En le lisant, vous devez en même temps l'annoter, et inscrire sur une feuille de brouillon l'inventaire de toutes les idées, les pistes, les questions qui se présentent à votre esprit. Progressez très lentement et reprenez le texte de bout en bout, plusieurs fois, jusqu'à ce qu'il soit parfaitement « décortiqué » et compris.

La note de synthèse[1]

Ne soyez pas l'étudiant...

- *qui expose ses connaissances*
- *qui propose son appréciation personnelle sur le sujet*
- *qui oublie objectivité et neutralité*
- *qui néglige un ou plusieurs documents*
- *qui se contente d'un bref résumé*

[1] Ce chapitre est l'œuvre de M. le Bâtonnier François Detton, Directeur des études à l'Institut d'études judiciaires de l'Université Paris 13.

CHAPITRE 9

LES CLÉS

Cette épreuve imposée à l'examen d'entrée à l'école du Barreau ainsi qu'au concours d'accès à l'École nationale de la Magistrature, et que l'on retrouve dans d'autres filières juridiques et économiques ou dans des concours administratifs, est souvent redoutée des étudiants. C'est en effet un exercice particulier dont la technique ne peut être confondue avec aucune de celles traditionnellement demandées aux étudiants en Droit et exposées dans cet ouvrage (commentaire d'arrêt, cas pratique, etc.).

Il faut donc aborder cet exercice avec *méthode.* Pour y réussir l'*entraînement* est capital. Avant l'épreuve elle-même vous devez avoir fait plusieurs notes de synthèse.

Ce que l'on attend de vous

On vous remet un *dossier d'une trentaine de pages* comportant divers documents et vous avez cinq heures pour composer une note de synthèse en *quatre pages et demie maximum* (une copie plus une page recto). *Il faut être bref.*

La synthèse doit

– réduire à une forme simple les documents proposés, en les utilisant tous mais en *sélectionnant* les informations ;
– reprendre les *idées directrices* qui y sont contenues ;
– en proposer une *articulation logique*.

La synthèse ne doit pas

– *faire état de vos connaissances* théoriques ou pratiques sur la question. Vous pouvez être confronté à un sujet sur lequel vous ne disposez d'aucune compétence particulière sans que cela vous pénalise ;
– *faire état de vos propres opinions ;* vous devez montrer une parfaite objectivité et ne jamais prendre position ;
– *consister en un ou des résumés* de document. *Regrouper, sélectionner, classer, articuler* les informations n'est pas résumer, c'est faire preuve d'esprit de synthèse.

I. La préparation

A. La prise de contact avec le dossier

1. Le sujet qui vous est imposé

Le dossier comporte généralement un intitulé

Par exemple
Sujet : La prévention et la répression des infractions commises par les mineurs notamment en milieu scolaire.

Le sujet est juridique ou à dominante juridique. Il n'y a donc pas de document où la terminologie soit inconnue ou très éloignée de la matière juridique :

- si le sujet est purement juridique la note sera purement technique ;
- s'il est accompagné de considérations périphériques – philosophiques, sociologiques, économiques… – la note devra *révéler la diversité des approches du sujet.*

Il peut arriver que l'intitulé ne soit pas formulé. Cette difficulté est facilement surmontable car le thème se dégage tout naturellement après la phase de lecture.

Cependant, un intitulé est utile car il sert de guide.

2. Le dossier qui vous est remis

Après une liste numérotée des documents vous y trouverez :

- de la jurisprudence ;
- de la doctrine ;
- des commentaires ;
- des textes légaux ou réglementaires avec parfois leurs circulaires d'application ou des travaux préparatoires ;
- des articles de presse spécialisée ou non.

Le dossier comprend une trentaine de pages (20 à 40 selon la plus ou moins grande facilité de lecture).

3. Les documents à classer

➜ **Regroupez les documents par catégorie :** jugements, arrêts, doctrine, presse, textes légaux, en n'hésitant pas à dégrafer le dossier.

➜ **Classez-les chronologiquement,** dans chaque catégorie, du plus récent au plus ancien. La chronologie importe notamment pour les réformes législatives et pour les évolutions jurisprudentielles.

Une analyse rapide de chaque catégorie permet de situer le sujet avec précision si vous ne disposez pas d'un intitulé.

De grands thèmes peuvent déjà apparaître à ce stade : notez-les sur une feuille séparée.

4. Dans quel ordre aborder les documents ?

Commencez par ceux dont la lecture est plus facile et terminez par les plus ardus. Réservez toujours les textes de loi pour la fin. Lisez d'abord les articles de presse, la doctrine puis la jurisprudence. Il est bon de lire toutes les décisions de jurisprudence à la file pour pouvoir les comparer précisément.

B. L'analyse de base

1. Lisez attentivement en soulignant et en annotant

Entreprenez calmement la lecture active (v. *supra*, chapitre 1) de chaque document. Tous contiennent une ou généralement plusieurs informations sur le sujet. Ces informations peuvent être relatives au même aspect de la question ou à des aspects différents.

a) Dégagez les informations disponibles

Vous devez dégager toutes les informations contenues par le document en soulignant ou en surlignant les passages qui se rapportent au sujet de la note.

b) Faites ressortir l'idée principale de chaque texte

En même temps vous devrez déterminer le thème (l'aspect de la question) dont traite chaque information.

Vous pouvez travailler directement *sur le document* ou bien *sur des fiches séparées.* La meilleure technique est de combiner ces deux procédés, ce qui vous facilitera grandement la suite de votre travail, la synthèse et le plan.

Simultanément donc :

→ **Notez en marge du document en quelques mots le thème de chaque information.** Surtout ne recopiez pas un membre de phrase mais inscrivez quelques mots qui forment l'intitulé de l'information (cf. l'exemple ci-dessous).

→ **Établissez une fiche par thème avec un titre générique.**

Vous y reporterez toutes les informations qui s'y rattachent, sans oublier les références aux documents. Il faut, avec les documents ou avec les fiches, pouvoir retrouver tous les thèmes abordés, tous les aspects de la question traités, pour permettre ensuite la synthèse.

→ **Dans une décision de jurisprudence,** faites ressortir principalement :

- la juridiction dont elle émane ;
- sa date ;
- le problème de droit posé ;
- la solution retenue.

Faites figurer la décision sur la fiche dont le titre se rapporte exactement au problème posé.

À la fin de cette phase de lecture, l'ensemble de vos fiches constitue un véritable répertoire regroupant toutes les informations contenues dans le dossier. Chaque information est notée avec la référence du document.

Par exemple

Rappel du sujet : « La prévention et la répression des infractions commises par des mineurs notamment en milieu scolaire ».

NOTE DU PARQUET DE BOBIGNY

La lutte contre la violence en milieu scolaire

1. Une collaboration justice-enseignement-police pour lutter contre la violence scolaire	Ces formes de violence grave, qui apparaissent en milieu scolaire, préoccupent depuis longtemps les responsables d'établis-sements scolaires et plus largement les instances et professions concernées par les problèmes de justice et d'ordre éducatif. Il apparaît nécessaire cependant que pour des faits, qui sont à l'évidence du ressort de la loi, les chefs d'établis-sements puissent utilement faire appel à la Police et à la justice. Le Parquet de Bobigny a depuis la rentrée scolaire mis en œuvre le traitement

Cons. que la responsabilité, qui peut incomber à l'État pour les dommages causés aux particuliers par le fait des personnes qu'il emploie dans le service public, ne peut être régie par les principes qui sont établis dans le code civil, pour les rapports de particulier à particulier ;

Que cette responsabilité n'est ni générale, ni absolue ; qu'elle a ses règles spéciales qui varient suivant les besoins du service et la nécessité de concilier les droits de l'État avec les droits privés ;

2. Rappel de la procédure pénale et du rôle du Parquet.

I. Rappel des modes d'intervention du Parquet des mineurs

Quand les services d'enquête reçoivent une plainte, ils entendent le plaignant, les témoins et l'auteur des faits.

En application de la procédure de traitement direct ils téléphonent immédiatement au Parquet alors que le mineur est toujours dans les locaux du Commissariat ou de la Gendarmerie afin de connaître la suite donnée à la procédure.

Plusieurs possibilités s'offrent au magistrat du Parquet qui pour l'essentiel se résument de la manière suivante :

– faire présenter sans délai le mineur au Parquet, c'est-à-dire faire conduire au Parquet, par les services d'enquêtes, le mineur qui comparaît alors devant un magistrat du Parquet qui décidera :

– soit de saisir immédiatement le Juge des Enfants ou le Juge d'Instruction, pour la mise en œuvre de mesures répressives ou éducatives ;

– soit de surseoir provisoirement aux poursuites : l'affaire sera, classée définitivement si, pendant un certain temps, le mineur ne commet pas d'autres infractions et s'il accomplit l'acte de réparation nécessaire envers la victime ou le corps social.

– faire convoquer à brève échéance par la Police le mineur et ses parents devant le Parquet, convocation assortie ou non de certaines conditions préparatoires à l'examen de la situation du mineur. Après la comparution du mineur, le Parquet orientera la procédure conformément aux hypothèses ci-dessus exposées.

– faire convoquer à brève échéance par la Police le mineur et ses parents devant le Juge des Enfants.

– faire relâcher le mineur par les services de police et traiter la procédure qui est transmise au Parquet par courrier.

3. Une information réciproque.

II. La coordination des efforts des établissements scolaires de la justice et de la police

A. La collaboration entre les établissements scolaires et le Parquet des mineurs.

4. Traitement par les autorités scolaires ou information du Parquet obligatoire.

1. L'information du Parquet par les chefs d'établissement

Le signalement indirect

Le Parquet d'une manière générale demeure saisi par les services de Police qui ont été eux-mêmes destinataires des signalements effectués par les responsables des établissements scolaires ou de l'Inspection Académique, il s'agit donc, pour le Parquet, d'un signalement indirect.

Il convient à ce titre de rappeler que si certains faits commis par des élèves peuvent être efficacement traités par les assistantes sociales, les conseillers d'éducation ou le conseil de discipline, d'autres doivent provoquer une réaction judiciaire immédiate. Ainsi toute agression physique, toute atteinte aux biens commis dans un établissement scolaire, tout comportement pénalement responsable révélant une volonté de ne pas reconnaître l'autorité des enseignants devraient être ainsi signalés sans délai par les chefs d'établissement à l'Inspection Académique et aux services de Police et de Justice.

5. Possibilité d'une relation directe avec le Parquet : l'urgence.

Le signalement direct

Désormais les chefs d'établissement ont la possibilité après avoir saisi l'Inspection Académique de contacter directement le Parquet (en appelant le Substitut de permanence au 48.95.13.37 ou au 48.95.13.38), il s'agit donc d'un signalement direct qui devrait intervenir :

– *en cas d'urgence*

– ou d'une manière générale quand cette relation directe avec un magistrat du Parquet paraîtra opportun au Chef d'établissement et à l'Inspection Académique. Cette information du Parquet doit permettre dans certaines hypothèses de mieux apprécier la réponse à apporter aux faits délictueux.

6. Un suivi judiciaire du conseil de discipline.

2. La collaboration avec le Parquet en cas de conseil de discipline

Quand, suite à une infraction pénale caractérisée, un établissement envisage de procéder à l'expulsion définitive de l'auteur des faits, il est souhaitable qu'il en informe le Parquet après avoir prévenu les services de l'Inspection Académique immédiatement, au besoin par fax (48.95.13.40).

En effet, le Parquet est intéressé tant par la décision d'exclusion préalable au conseil de discipline que par la décision de convoquer le conseil de discipline susceptible de prononcer l'exclusion définitive. Ces informations peuvent être utilisées par le Parquet :

– *pour mieux apprécier la suite à donner à la procédure pénale.*

– pour requérir le cas échéant le Juge saisi de l'affaire d'ordonner à l'auteur des faits de ne plus fréquenter cet établissement scolaire et ses abords immédiats.

– pour examiner éventuellement avec le mineur les modalités futures d'insertion scolaire ou professionnelle.

7. Le droit de savoir les suites judiciaires par l'auteur du signalement.

3. L'information des chefs d'établissement par le Parquet sur les suites données à leur signalement

Toutes décisions prises par le Parquet sur le signalement direct ou indirect des Chefs d'établissement feront l'objet, tout en respectant la confidentialité de la procédure, d'une communication à l'Inspection Académique, qui transmettra au Chef d'établissement concerné.

Les chefs d'établissement qui désirent connaître immédiatement les suites qui ont été données à une plainte peuvent s'adresser, s'ils le souhaitent, au Parquet (par téléphone, ou de préférence par fax : 48.95.13.40).

8. Un exemple de comportement non délictueux qui doit être signalé au Parquet.

4. La non-fréquentation scolaire

L'Inspection Académique informe systématiquement le Parquet des cas de non-fréquentation scolaire qui lui sont signalés par les chefs d'établissement.

Le Parquet souhaite cependant traiter en priorité les cas de non-fréquentation scolaire qui peuvent être considérés comme le signal précoce d'une situation où un mineur s'engage rapidement dans la délinquance.

Pour agir au plus tôt, le Parquet a besoin d'informations détaillées, il est donc souhaitable que la fiche de renseignements qui lui est transmise via l'Inspection Académique contienne dans toute la mesure du possible :

les renseignements justifiant l'intervention rapide du Parquet

Ex : Le mineur en train de s'intégrer à une bande connue pour ses agissements délictueux.

– La source de ces renseignements – Ex : assistance sociale, élèves, professeurs, conseillers d'orientation.

– Le nom de la personne qui a rédigé la fiche avec ses coordonnées et les heures où il est le plus facile de la joindre.

9. Collaboration éducateurs des services judiciaires et établissements scolaires.

B. Le suivi des mineurs pour lesquels une mesure éducative s'exerce

Les établissements scolaires comptent parmi leurs élèves, des mineurs qui font l'objet des mesures éducatives prises dans un cadre pénal (mineurs délinquants) ou civil (assistance éducative).

Le Parquet, sans ignorer les problèmes posés par le signalement de tels cas aux chefs d'établissement, pourra éventuellement demander. dans certaines hypothèses, au Juge des Enfants en charge de ces procédures que les éducateurs concernés prennent contact avec les chefs d'établissement, ceux-ci disposant sur les mineurs d'informations privilégiées. En tout état de cause, face à une dégradation rapide et notoire de la situation d'un mineur, les chefs d'établissement et l'Inspection Académique peuvent toujours informer le Parquet des mineurs.

C. Rapports entre les établissements scolaires et la police

10. La plainte.

1. Le dépôt de plainte

Les Chefs d'établissement peuvent porter plainte pour toute infraction commise au sein de leur établissement, même si la victime (professeur ou élève) n'entend pas le faire (article 40 du Code de Procédure Pénale).

Faciliter l'intervention de la police dans l'établissement.

2. L'intervention de la police en milieu scolaire

La Police peut être amenée à procéder à des interventions en milieu scolaire notamment dans le cas d'une procédure de flagrant délit. Il convient donc de faciliter la tâche et de répondre favorablement à la demande de la Police qui agit dans des cadres strictement définis par le Code de Procédure Pénale, sous le contrôle et les directives des magistrats du Parquet.

11. La formation des personnels scolaires.

III. Les actions de formation et de prévention proposées par la police

Les établissements scolaires peuvent bénéficier :

– des actions de formation mises en place par l'Inspection Académique.

– des actions de prévention proposées par la Police (contacter la direction départementale de la police nationale (48.30.12.80).

– des actions de prévention proposées par la Justice (contacter notamment le Parquet des mineurs).

D'autres actions sont aujourd'hui en cours d'élaboration avec le concours de l'ordre des avocats du Barreau de Bobigny (permanences juridiques notamment) et le service de l'aide sociale à l'enfance. Elles feront l'objet de notes d'information spécifique. Un premier bilan des actions entreprises sera réalisé courant juin 1993.

Le procureur de la République & l'Inspecteur d'Académie

On a dégagé 11 informations.

Elles peuvent être réparties en 3 thèmes dont les intitulés seront :

– la collaboration entre la justice et l'éducation : 1-3-6-11-7-8 ;

– le traitement judiciaire de la violence en milieu scolaire : 2-5-9-10 ;

– les possibilités d'action autonome du milieu scolaire : 4.

CONSEILS PRATIQUES

– Vous consacrerez une feuille à chaque thème et vous y noterez, au fur et à mesure de votre lecture du dossier toutes les informations s'y rattachant. Vous serez probablement amené à découvrir d'autres thèmes, et vous ouvrirez d'autres rubriques de classement.
Ayez donc suffisamment de papier.

– Pour surligner et annoter, vous pouvez choisir une couleur de référence par thème. Au moment de construire le plan, les *grandes masses* vous apparaîtront nettement.

2. Sélectionnez les informations

À cette étape il vous faut exercer un certain nombre de *choix* qui seront déterminants pour la synthèse.

Vous devez maintenant reprendre vos fiches et :

– sélectionner les informations nécessaires à la compréhension du sujet ;

– établir entre elles une hiérarchie en les numérotant de façon à dégager les grands thèmes et les idées essentielles.

Il faut donc savoir choisir et savoir renoncer. Il est capital de se débarrasser des informations les plus pauvres, trop éloignées du sujet ou répétitives (vous devez rayer).

L'utilité d'une information s'apprécie en fonction du sujet de la note de synthèse uniquement et jamais en fonction de votre opinion personnelle ou de celle de l'auteur. Dans la sélection restez neutre et objectif afin de rendre compte de l'importance accordée *par le dossier* aux différents thèmes abordés.

C. La synthèse

Vous serez probablement étonné de constater la relative facilité avec laquelle vous réaliserez la synthèse pour peu que vous n'ayez rien négligé jusque-là.

Il s'agit de :

– faire ressortir les grands thèmes et les idées-forces ;

– faire ressortir les liens qui peuvent exister entre eux.

Il faudra opérer des regroupements dans vos différents thèmes et surtout noter les liens ou les passerelles existant entre eux.

À ce stade vous avez réuni tous les matériaux qui vont vous permettre de construire votre note de synthèse. Un plan cohérent peut se dégager aisément.

CONSEILS PRATIQUES

La gestion du temps

- Forcez-vous à respecter une méthode.
- Procédez par étapes.
- Imposez-vous un temps moyen pour chacune d'entre elles.

L'épreuve dure 5 heures. Il est conseillé de répartir ce temps imparti entre les différentes phases de la préparation et de l'élaboration de la note de synthèse sans rigidité excessive car vous devrez vous adapter à la nature, au nombre et à la densité des documents.

Exemple d'une répartition moyenne

- prise de contact avec l'ensemble des documents en les regroupant par catégories .... 10 à 15 min
- analyse de base : lecture approfondie et sélection .... 2 h 15
- synthèse .... 30 min
- plan .... 15 à 30 min
- rédaction .... 1 h 30

II. L'élaboration

A. Le plan

Le plan doit être la traduction de la synthèse, il n'est pas un commentaire de l'énoncé du sujet.

Souvent les étudiants considèrent comme impératif de proposer un plan original dont les intitulés doivent sortir des sentiers battus. Cela peut être une erreur si le sujet ne s'y prête pas. Le risque majeur est aussi de perdre du temps.

Vous devez avant tout démontrer la rigueur de votre analyse.

Les grands thèmes vont vous donner « l'armature » de votre plan.

C'est autour d'eux que vous devez organiser vos parties et vos sous-parties.

La règle traditionnelle du plan en deux parties et deux sous-parties n'est pas figée compte tenu de l'existence possible de plusieurs grands thèmes.

CONSEILS PRATIQUES

- vous ne devez plus avoir besoin de relire vos documents (sauf pour contrôler un détail technique : date, référence d'un document…) ;
- le plan sera sobre et rigoureux ;
- partez du principe que votre lecteur ne connaît pas le sujet ;
- assurez-vous que le plan n'est pas déséquilibré ;
- vérifiez qu'il recoupe bien l'ensemble des informations retenues dans chaque document ;
- dégagez bien l'intitulé des parties et sous-parties pour que votre copie laisse apparaître clairement votre plan.

B. La rédaction

La recherche de l'originalité du style n'est pas une fin en soi. Votre rédaction doit être *objective et claire* (les conseils de présentation et de style donnés *supra* pour la dissertation sont également valables pour la note de synthèse) :

– vous ne devez pas vous contenter de transcrire des citations tirées des documents. Éviter les guillemets ;

– ne vous contentez pas non plus d'un plan détaillé ; la note de synthèse n'est *pas un catalogue* des informations relevées ;

– composez *une articulation logique des idées* contenues dans le dossier, n'indiquez ni avis ni connaissances personnels, ne parlez pas d'une opinion doctrinale qui n'apparaît pas dans les documents ;

– l'introduction sera courte, six lignes environ, et vous permettra d'*annoncer le sujet et les grands thèmes;*

– la conclusion, courte aussi, ne doit pas être votre appréciation globale du sujet traité. Au contraire, il s'agit de terminer votre note en *rappelant les aspects dominants ou les contradictions.*

CONSEILS PRATIQUES

Faut-il faire un brouillon ?

En principe non, la rédaction de la note constitue la dernière phase de votre travail et le temps vous sera probablement compté...

Faut-il citer les documents ?

Les correcteurs sont parfois divisés sur ce point et dans ces conditions il sera impératif de vous plier à la règle qui vous aura été recommandée. Néanmoins il est préférable de citer la source des informations constituant la synthèse en indiquant simplement le titre ou le numéro du document.
Vous aurez ainsi la certitude de n'avoir rien oublié.
Vous permettrez au correcteur de vérifier la rigueur de votre lecture des documents.

CHAPITRE 10

L'exposé oral

Ne soyez pas l'étudiant…

- *qui ne vient pas le jour où il doit faire l'exposé*
- *qui n'arrive pas à se relire et semble ne rien comprendre à ce qu'il dit*
- *qui lit son exposé à toute allure, d'une voix sans timbre et monocorde*
- *qui se lance sans notes, hésite à tous les mots et ne finit pas ses phrases*

LES CLÉS

L'exposé est un exercice de communication

L'exposé n'est pas une dissertation plus ou moins mal lue, mais un exercice bien particulier destiné à vous entraîner à la parole en public d'une part, et à faire profiter tout le groupe du travail de l'un des étudiants, d'autre part. C'est donc l'occasion d'apprendre à vous exprimer oralement avec aisance et sérieux. Le droit est un art d'expression et presque toutes les professions juridiques exigent de savoir parler, expliquer, convaincre.

En préparant et en disant votre exposé, pensez à votre auditoire

Ayez pour objectif :
- de vous faire *comprendre ;*
- d'*intéresser* votre auditoire ;
- de lui *apporter* quelque chose : une étude approfondie, une synthèse, qui constitue le fruit de votre travail et que vous avez à cœur de transmettre.

Dans cet état d'esprit, attachez-vous :
- à mettre en valeur les aspects intéressants de la question ;
- à être clair ;
- à vous exprimer de manière correcte et vivante.

I. La préparation

L'exposé oral est une étude approfondie destinée à être communiquée oralement.

Comme une dissertation, un exposé se prépare par une étude approfondie des questions à traiter (v. *supra,* chapitres 4 et 5). Comme elle, il doit être bien construit et centré sur le sujet (v. *supra,* chapitre 4). Mais le texte est destiné à être dit oralement, à être compris instantanément par les autres étudiants et à retenir leur attention. Il doit donc se distinguer d'une dissertation sur certains points.

CONSEILS PRATIQUES

Prendre ou ne pas prendre d'exposé ?

Il est rare qu'un étudiant se voit imposer un exposé. Le plus souvent, on vous proposera des sujets et des dates.

Ne prenez pas l'exposé

Si vous n'êtes pas *fermement résolu à le faire, et à le faire bien.* Mieux vaut ne pas se proposer, si c'est pour se dérober au dernier moment en ne venant pas, ou pour assommer l'auditoire par un travail sans intérêt ou ânonné.

Prenez l'exposé

Si vous êtes décidé à *tirer le meilleur parti de vos études.* C'est un exercice important dans le cadre du contrôle continu, et des études supérieures en général. Il figure d'ailleurs parmi les épreuves de nombreux examens ou concours car il est très significatif de la valeur d'un candidat. Vous avez tout intérêt à vous y entraîner.

Choisissez donc un sujet et une date en ayant conscience :

– que vous devez absolument être présent le jour prévu, car votre exposé constituera une part importante de la séance de TD ;
– que deux jours de travail au moins seront nécessaires à la préparation ;
– qu'il vous faudra intéresser ceux qui vous écouteront ; vous assumez une certaine responsabilité à leur égard.

A. Les centres d'intérêt

Les centres d'intérêt ou les lignes directrices du sujet doivent être mis en relief de façon *très apparente*. Votre exposé doit s'ordonner autour d'une ou deux grandes idées qui lui donneront son unité et accrocheront l'attention. Vous rattacherez fréquemment vos développements à ces idées directrices, l'auditoire les retiendra et ne perdra pas le fil. Une impression de désordre et de décousu décourage l'attention.

B. Le plan

Le plan de l'exposé se rapproche beaucoup d'un plan de dissertation, mais il doit impérativement être *très clair*. Mieux vaut adopter un plan banal et clair (du genre conditions-effets) qu'un plan subtil et compliqué. Ceux qui écoutent et qui n'ont pas encore approfondi le sujet doivent être à même de comprendre et de noter le plan dès qu'il est annoncé.

Les intitulés des parties seront donc courts et clairs, les subdivisions nettement indiquées.

N'ayez pas peur de **marquer l'ossature de votre exposé** de manière très évidente : on doit toujours savoir exactement où l'on en est.

Au début de chaque subdivision, *annoncez* les points que vous allez traiter, et à la fin résumez-les d'une phrase avant de passer à la question suivante.

Veillez, comme dans une dissertation, à ce que les parties soient *équilibrées* et également intéressantes. Vous devez soutenir l'attention jusqu'au bout.

Et surtout, bien évidemment, *suivez* scrupuleusement le plan annoncé : l'annonce du plan et les intitulés des parties doivent parfaitement concorder.

C. L'introduction

Les premières phrases d'un exposé sont très importantes car elles donnent le ton. Un auditoire « décroche » ou s'intéresse selon la première impression. L'introduction sera donc faite pour éveiller l'intérêt. Elle doit être particulièrement soignée quant au fond et quant à la forme.

Un schéma courant d'introduction :

- attaquez vivement en montrant l'*intérêt du sujet,* sur un plan sociologique ou bien pratique, ou encore politique, économique, etc. ;
- passez au plan juridique, *situez* le sujet par rapport à l'ensemble de la matière, puis indiquez-en d'une phrase le particularisme, les caractéristiques ;
- quelques mots sur l'*évolution* historique (ancienne ou récente) et sur le droit comparé sont généralement bienvenus ;
- indiquez les *idées directrices,* les centres d'intérêt, les problèmes délicats, les « nœuds » de la question ;
- enfin, annoncez le plan.

L'introduction ne doit pas être plate, mais mettre en relief les points essentiels qui seront traités dans les développements. Vous devez y poser des questions, mais vous garder de donner aucune réponse ni solution de fond.

D. Le style

Pensez, en rédigeant, que vos phrases sont destinées à être dites à haute voix. Par conséquent, adoptez un *style intermédiaire entre le style écrit et le style parlé.* Évitez les longues périodes, le passé simple, les parenthèses. Faites des phrases courtes et claires, n'apportant qu'une information chacune.

Au début de chaque raisonnement ou argumentation, annoncez ce que vous voulez démontrer afin que l'auditoire sache où vous allez. Et, à la fin, tirez très explicitement la conclusion.

Pour bien « passer » oralement et permettre à l'auditoire de suivre, le style doit être *clair, lent,* au risque d'être même un peu lourd.

E. Le minutage

1. Respecter le temps imparti

Ne préparez pas un exposé d'une demi-heure si le temps de parole est fixé à dix minutes. C'est un aspect important de l'exercice que de respecter le temps imparti à deux ou trois minutes près et, à l'intérieur de ce cadre, d'être divisé en parties équilibrées.

2. Chronométrez-vous à l'avance

Vous lirez votre exposé très lentement (comme on le fait en public) au moins une fois à l'avance pour vous rendre compte de sa durée et pouvoir au besoin la modifier.

a) Comment allonger ?

Si votre exposé est trop court, ajoutez des exemples concrets pris dans la jurisprudence, la pratique ou l'histoire. On ne donne jamais trop d'exemples. Raconter un cas clarifie et illustre les développements.

CONSEILS PRATIQUES

La présentation des notes

Si vos notes d'exposé sont mal préparées, peu lisibles, trop serrées, vous risquez de gâcher votre travail en ânonnant.
Vous ne pourrez mettre en valeur oralement qu'un texte bien présenté par écrit.

Des notes entièrement rédigées ou un plan très détaillé ?

Vous avez le choix, mais attention ! Il est rare qu'un étudiant ait une habitude suffisante de la parole en public pour improviser des phrases correctes à partir d'un plan détaillé. Vous risquez ou bien d'être beaucoup trop bref en livrant seulement votre plan, ou bien d'avoir un style parlé, hésitant et incorrect. Il est donc prudent de rédiger entièrement vos phrases.
Des notes **claires et bien écrites** vous permettront de vous relire d'un coup d'œil et de parler avec aisance. Vous ne perdez pas votre temps en recopiant ou en tapant votre exposé au propre car vous apprenez ainsi votre texte, ce qui est indispensable pour parler en vous détachant de vos notes.
Écrivez large, sautez des lignes, soulignez (comme font les avocats sur leurs cotes de plaidoirie). Le plan doit sauter aux yeux. Soulignez, ou mieux surlignez, les mots clés, les phrases clés. Les passages importants ou difficiles doivent être signalés afin d'être mis en relief oralement par un ton plus lent et plus martelé.

b) Comment raccourcir ?

Évitez absolument de supprimer tous les exemples (vous deviendriez incompréhensible) ; évitez aussi de parler vite.

Résumez une discussion ou un raisonnement sur une question de moindre importance ; au besoin, sur certains points, indiquez seulement les solutions actuelles, le droit positif, en abandonnant les évolutions et les discussions.

En préparant votre minutage, prévoyez toujours que vous parlerez plus lentement en public que seul. Et choisissez d'être clair et de mettre en relief l'essentiel plutôt que d'être complet. Il vaut mieux que votre auditoire soit en mesure de comprendre et de retenir deux ou trois idées *essentielles* que d'être submergé par une nuée de détails.

II. La parole en public

Lorsque vous prenez la parole pour faire votre exposé, quel doit être votre objectif ?

– pas seulement de montrer au chargé de TD que vous avez accompli **un certain travail de recherche,** de **synthèse,** de **rédaction,** etc. Faire l'exposé ne consiste pas uniquement à lire une étude approfondie au chargé de TD ;

– mais aussi fournir une prestation orale satisfaisante, **vous exprimer en public correctement,** de telle manière que votre travail soit mis en valeur par votre voix, votre ton, votre débit ;

– et encore **communiquer aux autres étudiants le résultat de votre travail,** sans leur faire perdre leur temps ni les endormir, mais d'une manière qui leur soit profitable.

Pour atteindre ces objectifs, soyez motivé, faites preuve d'une certaine assurance, et observez les trois règles de la parole en public.

A. Parler lentement et distinctement

Pour être écouté et compris sans effort :

– parlez assez fort, *d'une voix qui porte* dans toute la salle ;

– articulez clairement tous les mots, *n'avalez pas la fin des phrases* en parlant vite ou en laissant tomber la voix ;

– *regardez* le plus souvent possible l'auditoire, ne gardez pas la tête dans les épaules et les yeux baissés.

On vous entendra distinctement, vous serez clair et convaincant si, par toute votre attitude, **vous vous adressez directement à ceux qui vous écoutent.**

B. Lire... mais sans en avoir l'air

Chacun sait qu'un orateur qui lit ses notes endort l'auditoire. Sa voix et son débit monotones découragent l'attention. Il est désagréable à écouter et difficile à suivre.

Mais l'improvisation est difficile, surtout pour un débutant. Comment « faire passer » oralement un travail soigné, des raisonnements précis, des formules exactes – et tout ceci en un temps strictement limité – sans suivre son texte de très près ?

Il n'existe qu'une méthode : lire ses notes, mais sans en avoir l'air. C'est le seul moyen pour exprimer de manière vivante un contenu riche, précis, nuancé.

Le travail écrit sera donc soigneusement préparé et présenté ; puis, oralement, vous direz bien exactement tout ce que contiennent vos notes, mais en essayant de **vous en détacher le plus possible** pour ne pas avoir l'air de lire.

Cela suppose :

– *de connaître votre texte,* de l'avoir déjà lu deux ou trois fois pour y être à l'aise. Si vous déchiffrez, vous ne pourrez pas vous détacher de vos notes ;

– *de suivre votre texte en y jetant de fréquents coups d'œil,* mais sans garder le regard rivé sur vos notes ; terminez vos phrases en regardant l'auditoire ;

– *d'éviter le ton monotone de la lecture ;* soyez explicatif, pédagogique et convaincant.

C. Varier le ton et le débit

Tous les passages de l'exposé ne doivent pas être dits sur le même ton et à la même vitesse.

1. Le plan

L'annonce du plan, les intitulés des parties seront énoncés distinctement et lentement pour pouvoir être intégralement notés.

À la fin de chaque subdivision (introduction, parties et sous-parties), vous garderez quelques secondes de silence pour *marquer une rupture* et indiquer que l'on va passer à un autre point.

2. Les passages difficiles

Un passage difficile doit être dit très lentement pour permettre à l'auditoire de suivre le raisonnement. Certaines phrases clés peuvent être répétées deux fois.

Au contraire, pour donner un exemple ou une illustration, vous adopterez un débit plus rapide.

3. Les idées directrices

Les grandes idées, les conclusions de votre travail seront mises en relief par un ton clair et un peu martelé, destiné à attirer l'attention.

En bref, soyez volontaire, décidé à vous faire écouter et à forcer l'attention.

Les épreuves orales

Ne soyez pas l'étudiant…

- *imprévoyant, qui se laisse submerger par le rythme des cours et accumule un retard irrattrapable*
- *acculé par le temps parce qu'il a attendu les résultats des écrits pour réviser les oraux*
- *perdu dans les notes de cours d'un camarade, dans un manuel qu'il n'a jamais ouvert, dans une terminologie inconnue ou sur legifrance*
- *incapable de se faire un plan de travail et de le suivre*
- *passif, qui récite mollement et néglige de mettre en valeur ce qu'il sait*
- *trop angoissé pour éviter le trou de mémoire*
- *trop fatigué pour tirer parti de son travail*

CHAPITRE 11

LES CLÉS

Réussir, c'est dominer

Si vous voulez réussir, si vous êtes de ceux qui y sont fermement décidés, ayez une mentalité de responsable et même de « gagneur », tant pour préparer un oral que pour passer les épreuves.

Tout au long de l'année, dominer, c'est ne pas se laisser dépasser et submerger, suivre les cours et non les subir, travailler régulièrement pour se maintenir à jour.

Devant l'examinateur, dominer, c'est donner une impression de maîtrise de soi et de maîtrise de la question, c'est avoir assez d'adresse et de présence d'esprit pour mettre en valeur ce que l'on sait.

Dominer, c'est prévoir

Pourquoi attendre d'avoir subi un échec pour admettre la nécessité de prévoir, de s'organiser, de préparer les épreuves longtemps à l'avance ?

Dans les matières où il n'existe ni séances de travaux dirigés, ni contrôle continu, personne n'impose un travail régulier, rien n'oblige à le répartir tout au long de l'année. Il appartient donc à chacun de s'organiser pour ne pas se laisser surprendre par l'ampleur des révisions et la brièveté de l'année universitaire.

I. La préparation des oraux

La préparation des oraux ne se réduit pas à une courte période située entre les écrits (ou même les résultats des écrits) et les épreuves elles-mêmes.

Les épreuves orales se préparent dès le début de l'année, méthodiquement, tranquillement, de façon à éviter toute panique et tout surmenage pendant la période des examens.

Et ne croyez pas qu'un tel dessein soit utopique et irréalisable. Ne croyez pas que le travail fait d'avance sera oublié et perdu, qu'il est illusoire d'essayer de se maintenir à jour et que, de toute manière, tout sera à refaire dans les derniers jours.

Soyez persuadé, au contraire, que *le temps travaille avec vous* et que la maturation est indispensable.

Un savoir réellement assimilé est infiniment plus utilisable et rassurant que des connaissances superficielles, parce qu'acquises trop vite et trop récemment.

Il est parfaitement possible de préparer les oraux *d'avance et efficacement,* à condition d'avoir un peu de méthode et de veiller à toujours garder trace de son travail.

A. Tout au long de l'année : se tenir à jour

En première année surtout, si vous n'avez pas la volonté de *travailler régulièrement vos matières d'oral* (bien que personne ne vous l'impose), le retard sera irrattrapable et l'échec assuré. Il est déjà difficile de réviser des centaines et des centaines de pages en quelques semaines, mais il est impossible de les apprendre pour la première fois.

Donc, dès qu'un cours (annuel ou semestriel) est commencé, vous devez :

– étudier la matière une première fois ;

– préparer vos instruments de travail.

1. Si vous avez la possibilité d'aller au cours

Tirez-en tout le profit possible. Ne vous laissez pas envahir par la torpeur, la routine, ne prenez pas des notes mécaniquement, ne sautez pas un cours sur deux.

→ **Suivez attentivement avec la volonté de comprendre la cohérence** de la matière et de dégager l'essentiel. Essayez d'avoir une vue d'ensemble, de saisir le plan général et les idées directrices.

→ **Prenez des notes avec l'intention de vous constituer un bon instrument de travail,** clair, lisible, bien présenté. En écrivant, pensez qu'il doit être possible – et même facile – de les relire, de les comprendre, de les apprendre (sur les notes de cours, v. *supra*).

→ **Revoyez vos notes pour vous tenir à jour.** Si vous vous contentez d'empiler des pages de notes dans chaque matière, vous oublierez très vite ce qu'elles contiennent et vous n'aurez en rien avancé votre travail à venir.

Pour fixer le cours dans votre esprit et préparer efficacement les révisions de fin d'année, il est indispensable de reprendre vos notes chaque semaine dans chaque matière pour :

– les relire attentivement ;

– les souligner et en améliorer la présentation ;

– les classer dans des dossiers divisés de façon à faire ressortir le plan du cours (n'oubliez pas d'inscrire les titres des subdivisions et les plans internes sur ces dossiers, v. *supra*).

Il est essentiel de faire ce travail régulièrement. Vous y passerez *peu de temps,* et en retirerez un *bénéfice considérable :*

– d'abord, les cours de la semaine suivante vous paraîtront plus intéressants et plus clairs ; vous suivrez réellement au lieu de noter sans comprendre. ;

– ensuite, à la fin de l'année (ou du semestre), vous gagnerez un temps précieux et vous éviterez tout affolement. Lorsque vous commencerez la préparation de l'épreuve orale, la matière aura déjà été vue entièrement une fois. Il s'agira véritablement de la réviser et non d'en prendre connaissance, ce qui est très différent ;

– en outre, vous disposerez d'un *excellent instrument de travail, en ordre, clair, et déjà familier.* Votre temps pourra être consacré entièrement à du travail efficace au lieu d'être gaspillé à chercher, à ranger, à essayer de comprendre de quoi il est question…

2. S'il vous est impossible d'assister au cours

Soyez conscient qu'un effort supplémentaire vous est nécessaire. Ne bénéficiant pas de l'aide et du soutien qu'apporte le cours, vous risquez de délaisser vos matières d'oral, alors qu'il vous est d'autant plus indispensable de les travailler tout au long de l'année.

a) Pour travailler efficacement

Il n'est pas recommandé d'apprendre de bout en bout n'importe quel manuel correspondant au titre du cours sans chercher à se renseigner sur ce qui est effectivement traité par le professeur.

Dans toute la mesure du possible, ayez quelques contacts avec votre professeur et avec des étudiants qui suivent son enseignement.

Procurez-vous au minimum le *plan du cours* et un *manuel conseillé.*

Avant les examens, renseignez-vous encore une fois sur le programme effectivement traité, sur les questions signalées comme importantes, sur les exigences ou les méthodes particulières que peut avoir votre professeur.

b) Pour vous tenir à jour

Régulièrement, tout au long de l'année, *vous apprendrez et vous résumerez le manuel conseillé* (selon les conseils donnés v. *supra,* chapitre 1), en respectant autant que possible le plan et l'optique du cours.

Ce travail remplacera pour vous l'assistance au cours ; car, en résumant, vous apprenez la matière et vous vous constituez un instrument de travail pour les révisions de fin d'année.

B. Deux mois avant les examens : commencer les révisions

À ce moment, il est temps de réviser calmement des questions importantes et de prendre une vue d'ensemble sur une grande partie du cours ; il est encore temps de combler des lacunes, ou de se faire expliquer ce que l'on n'a pas compris.

Ayez donc la volonté – et la prudence – de commencer à réviser vos épreuves orales en même temps que vous préparez les écrits. Après, il sera trop tard pour éviter le surmenage, les confusions, les trous de mémoire.

Pour ces révisions, inspirez-vous des conseils donnés au chapitre 1. Poursuivez toujours le double objectif de *comprendre pour retenir,* et de vous *préparer des instruments de travail* pour le moment des révisions intensives :

– lisez un manuel parallèlement au cours ;

– écrivez le résumé ou le plan détaillé des questions importantes ;

– faites des fiches de définition ;

– ne travaillez pas toujours seul : il est souvent profitable de s'exercer à exposer à un camarade une question que l'on pense connaître, ou bien d'écouter quelqu'un expliquer ce qu'il a compris.

C. Une semaine avant l'épreuve : les révisions intensives

Si vous avez suivi les conseils qui précèdent, vous abordez la période des examens sans appréhension, avec un acquis et des bases solides :

– vous êtes à l'aise dans le plan du cours, et dans sa terminologie ;

– vous avez déjà revu un bon nombre de chapitres (et les derniers, traités récemment, sont encore présents à votre esprit) ;

– vous savez exactement où trouver chaque question ;

– vous disposez de plans, de fiches, de résumés permettant des révisions rapides et efficaces.

Pendant les quelques jours de travail intensif qui précèdent l'épreuve, il vous reste à revoir une dernière fois la matière dans sa totalité.

1. Commencez par une révision générale

a) Fixez-vous pour objectif

– de prendre une vue d'ensemble du programme traité et de coordonner entre elles les diverses questions ;

– de vous remettre en mémoire les questions déjà étudiées ;

– de repérer les questions mal connues ou mal comprises.

b) Relisez vos notes de cours

Relisez vos notes ou bien le manuel dans lequel vous avez travaillé toute l'année, **dans leur intégralité** (sur la lecture active, v. *supra*).

Ne négligez ni les introductions ni les généralités.

Parcourez vite les passages que vous connaissez bien.

Rafraîchissez vos connaissances sur les points un peu oubliés en vous aidant de vos fiches, de vos plans et résumés.

c) Suivez un plan de travail préétabli

Cette révision générale doit être menée assez rapidement, et selon un plan de travail préétabli (il ne s'agit pas de passer trois jours sur le premier chapitre si le cours en compte quinze).

Si vous rencontrez des passages peu clairs, ou particulièrement difficiles à retenir, ne vous y attardez pas. Notez-les pour penser à y revenir et poursuivez votre révision jusqu'au bout. Beaucoup de difficultés se résorberont d'elles-mêmes lorsque vous aurez l'ensemble du cours présent à l'esprit.

Cependant, il restera certainement un effort à fournir.

2. Vérifiez vos connaissances et comblez les lacunes

Pendant les deux ou trois jours précédant l'épreuve, il faut travailler efficacement. Pour cela, vous alternerez deux genres d'exercices différents.

a) Vos connaissances

Sur les parties du cours que vous pensez connaître, vous testerez vos connaissances, en essayant de retrouver de mémoire :

– les définitions ;

– la place de la question dans le plan général du cours ;

– les divers points à aborder successivement pour la traiter (plan interne de la question).

Demandez-vous enfin si le contenu de la question, les développements, les précisions sont présents à votre esprit.

Ce travail peut se faire :

– soit en feuilletant les notes de cours ou le manuel ; lorsque vous rencontrerez une tête de chapitre ou le titre d'une question, tâchez d'en retrouver rapidement le plan interne, puis l'essentiel des développements ;

– soit à deux, en se testant mutuellement ; mais ne perdez pas de temps à « réciter » intégralement les questions, vérifiez seulement que vous êtes capable de vous les remémorer.

b) Vos lacunes

Sur les questions mal sues ou mal comprises, vous comblerez les lacunes, en commençant par les plus graves.

Un mémento ou aide-mémoire peut vous aider si les lacunes sont importantes et si vous vous êtes laissé acculer par le temps. Vous y trouverez des plans détaillés et des résumés qu'il vous faudra comprendre et retenir rapidement. Si vous êtes assez adroit pour en tirer parti par une bonne présentation et une bonne expression orale, ce mémento peut vous éviter l'échec.

Mais si vous avez travaillé régulièrement, il vous restera seulement à résorber quelques difficultés, à réviser quelques mécanismes délicats, à retenir par cœur quelques points précis.

Ne vous acharnez pas à travailler dix-huit heures d'affilée la veille de l'épreuve ; ayez le bon sens de vous détendre et de dormir : vous n'avez rien à gagner à paraître épuisé et hagard devant l'examinateur.

CONSEILS PRATIQUES

Soyez en bonne condition physique

À l'examen, vous ne serez pas noté sur votre mérite, mais sur vos résultats. Il est peut-être très méritoire de travailler jour et nuit sans se ménager, mais en l'occurrence, ce serait une grave erreur : que diriez-vous d'un sportif tellement épuisé par son entraînement qu'il serait incapable de jouer le match ?

En préparant vos examens, mettez-vous dans l'optique de celui qui va devoir affronter une épreuve physique et nerveuse et qui doit mettre toutes les chances de son côté.

Pour tirer le meilleur parti de votre intelligence et de votre mémoire, il vous faudra du sang-froid, de la présence d'esprit, de la lucidité.

Pour mettre en valeur ce que vous savez, il faudra vous exprimer facilement et correctement.

Une bonne forme physique est donc un atout capital. Si vous la compromettez, d'une manière ou d'une autre, vous perdrez tous vos moyens et votre travail aura été vain.

Connais-toi toi-même : tous n'ont pas la même concentration, la même mémoire, le même besoin de sommeil, la même résistance nerveuse... À chacun de se connaître et d'organiser son mode de vie et son rythme de travail pour rester en forme pendant la période des examens.

Ne gâchez pas toutes vos chances par des efforts désordonnés, excessifs, inefficaces, ménagez votre équilibre, afin de rester capable, le jour de l'épreuve, de tirer parti de ce que vous avez appris.

Préparez impeccablement une question pour le cas où l'examinateur vous laisserait le choix

Il arrive – rarement il est vrai – qu'un examinateur demande au candidat sur quelle question il souhaite être interrogé. Il peut ainsi l'inviter à choisir soit le sujet principal de l'interrogation, soit une question complémentaire ou subsidiaire.

Pour le candidat, cela peut être une grande chance. Mais pour l'examinateur, ce n'est pas seulement une faveur, mais aussi un test. Car si l'étudiant se révèle incapable de traiter correctement un sujet qu'il a choisi, ou n'arrive même pas à en choisir un qui l'inspire, c'est le signe qu'il a négligé totalement la matière, ou bien qu'il est incapable de maîtriser une question.

Sur un sujet que l'on a choisi, on ne peut se permettre d'être médiocre. Cela laisserait à penser que sur tous les autres, on serait carrément mauvais.

Ce choix laissé au candidat ne représente donc une chance que pour celui qui est capable de la saisir et qui s'y est préparé. Pour les autres, ce serait plutôt un piège.

Pour être prêt à toute éventualité, décidez d'avance de la question que vous choisiriez si on vous le propose (il est mal venu d'hésiter longuement). Choisissez un beau sujet, présentant une certaine unité, et que vous connaissez bien pour l'avoir particulièrement étudié au cours de l'année. Préparez une réponse complète et bien construite, et apprenez-la « sur le bout du doigt ».

Le cas échéant, ne récitez pas cette réponse à toute allure comme un perroquet. Donnez à l'examinateur l'impression que vous maîtrisez bien la question, mais pas que vous l'avez apprise par cœur entre toutes !

Vous saurez ainsi profiter de la chance qui vous est offerte.

II. La réponse orale

La réponse orale est, elle aussi, un exercice dont il faut apprendre la technique. À connaissances égales, la note d'oral peut varier du simple au double selon le savoir-faire, l'expression orale, la présence d'esprit et l'expérience du candidat.

Persuadez-vous que votre réussite, l'impression que vous produirez sur l'examinateur, ne dépendent pas uniquement de votre savoir, mais aussi, dans une proportion importante, **de la manière de présenter et de mettre en valeur ce savoir.** Avec un peu de méthode et d'entraînement, vous améliorerez considérablement votre « score ».

Lorsque vous entrez dans la salle d'examen et que vous tirez la question, ne considérez pas que les dés sont jetés et que vous ne pouvez plus rien à l'affaire. Il vous appartient, au contraire, de tirer le meilleur parti possible de connaissances, qui sont ce qu'elles sont, mais que vous devez vous appliquer activement :

– à rappeler à votre esprit le plus efficacement possible ;

– puis à exposer le plus avantageusement possible.

A. Comment se remémorer la réponse ?

La réponse ne revient pas toujours à l'esprit par une sorte de déclic magique. La fatigue, la tension nerveuse, l'abondance des matières révisées provoquent souvent des trous de mémoire ou des confusions.

Mais, contrairement à ce que croient beaucoup d'étudiants, de telles difficultés ne sont pas irrémédiables. On peut apprendre à les surmonter, à solliciter sa mémoire, à réfléchir afin de retrouver, de proche en proche, et par associations d'idées, des souvenirs qui vous fuient.

1. Replacez la question dans son contexte

Essayez de vous rappeler dans quelle partie du programme elle figure, puis dans quel chapitre, et quelles sont les questions voisines. À l'aide de ce contexte, vous retrouverez déjà des traits essentiels et vous susciterez des associations d'idées.

Par exemple

La question porte sur « la coutume ». En vous souvenant que la coutume a été étudiée en début d'année, dans la partie du cours relative aux « sources du droit », et dans un chapitre faisant suite à « la loi », vous amorcez déjà le processus de remémorisation.

Notez que cette démarche *suppose de connaître le plan des cours.* Mais elle vous sera toute naturelle si, depuis le début de l'année, vous avez pris l'habitude d'ordonner toutes vos connaissances – et de classer tous vos dossiers – selon ce plan (v. *supra,* chapitre 1).

2. Réfléchissez sur les mots qui composent la question

Essayez de *retrouver les définitions* (en vous aidant au besoin de l'étymologie) et de replacer les notions évoquées dans les systèmes, les ensembles, les classifications dont elles font partie.

À propos d'un terme, d'un concept, d'une notion de droit on peut généralement se poser les trois questions suivantes :

1. De quel ensemble plus général fait-il partie ?
2. Quels sont les traits qui le caractérisent et en font la spécificité ?
3. En quels sous-ensembles se subdivise-t-il lui-même ?

Par exemple

La question porte sur « les droits réels ».

1. Les droits réels font partie de la catégorie générale des droits subjectifs patrimoniaux.
2. Traits caractéristiques : ils portent directement sur une chose ; le droit de suite et le droit de préférence les rendent opposables à tous.
3. Ils se subdivisent en droits réels principaux et droits réels accessoires.

Notez que les définitions et classifications vous seront familières si vous avez pris soin toute l'année de retenir la terminologie, de faire des fiches de définition et d'utiliser un lexique juridique.

3. Essayez de retrouver les grandes subdivisions de la question

Selon quel plan est-elle traitée, quels sont les *points à étudier successivement ?* Les efforts d'approche déjà accomplis vont vous aider considérablement à retrouver le contenu de la question et sa physionomie générale.

Notez que la structure interne des questions vous reviendra facilement en mémoire si, au cours de l'année, vous avez fait des *résumés* et des *plans détaillés* et que vous les avez révisés avant l'examen.

En bref, appliquez-vous à vous-même la fameuse méthode dite « du tire-bouchon ». Son efficacité est bien connue, mais vous avez tout intérêt à solliciter vous-même votre mémoire plutôt qu'à laisser l'examinateur le faire.

Naturellement, selon le niveau de vos connaissances, l'effort de remémorisation sera plus ou moins fructueux.

Pendant le temps qui vous est généralement accordé pour préparer le sujet, **notez tout ce qui vous revient à l'esprit**, de manière très rapide et très abrégée, mais en vous efforçant autant que possible de classer un peu les éléments de réponse :

– en haut de la feuille, le cadrage du sujet, les définitions, les généralités ;

– puis la liste des points principaux à développer, que vous écrirez en laissant de larges espaces entre chaque titre ;

– puis le plus possible de subdivisions, de développements, de précisions sous chacun de ces titres.

En une dizaine de minutes, vous n'avez pas le temps d'écrire un véritable plan détaillé. Notez seulement ce petit pense-bête qu'il faudra ordonner et mettre en forme oralement.

CONSEILS PRATIQUES

Évitez, surmontez le trou de mémoire

Le trou de mémoire à l'oral n'est pas une fatalité inéluctable. Ses causes sont bien connues, il est le lot de ceux qui s'y prennent trop tard, et se trouvent acculés au bachotage et au surmenage
– le bachotage est à l'origine de connaissances superficielles et fragmentées parce qu'acquises trop vite ;
– le surmenage entraîne émotivité, manque de confiance en soi, perte de tous les moyens de réaction.

On prévient le trou de mémoire

– en préparant une épreuve assez tôt pour avoir le temps d'assimiler réellement ses connaissances, de comprendre les idées directrices, d'avoir une vue cohérente et structurée ;
– en s'organisant pour doser son effort d'après la résistance et les capacités dont on dispose ;
– en se conduisant avec bon sens avant la « rencontre ». Comment être lucide si l'on n'a pas dormi, si l'on a l'estomac vide, si l'on a abusé des excitants ou des calmants ?

On surmonte le trou de mémoire

On déclenche le rappel des connaissances, par la maîtrise de soi, par la réflexion, par les associations d'idées. En pays de connaissance, on ne reste pas longtemps perdu. Seule l'ignorance ne se surmonte pas.

Devant l'examinateur, invoquer un trou de mémoire est donc une excuse qui risque de se retourner contre vous. C'est seulement le signe que vous n'avez pas travaillé intelligemment, que vous n'avez aucun point de repère où vous raccrocher, que vous vous êtes épuisé sans résultat.
Si vous perdez le fil de votre exposé, respirez à fond, souriez, reprenez ce que vous venez de dire et réfléchissez, raisonnez, même tout haut, pour faire preuve – au moins – de sang-froid et de réflexion.

B. Comment présenter la réponse ?

Que la réponse préparée soit maigre ou étoffée vous gagnerez des points en la présentant correctement.

Il ne s'agit pas de déverser en désordre ce que vous savez, ni de vous arrêter de parler au bout de trente secondes. Quelles que soient vos connaissances – et surtout si elles sont superficielles – *mettez-les en valeur en les présentant de manière progressive, structurée et adroite.* Ne livrez pas tout de go l'essentiel (ou le peu que vous savez), montrez-vous réfléchi et maître de la situation.

1. Une réponse orale se construit comme un petit exposé

Cet exposé comporte une introduction, une annonce des points à traiter, puis le développement de ces points.

a) L'introduction

Dans l'introduction, en quelques phrases précises :

- situez, délimitez, définissez (comme toujours) ;
- donnez les traits caractéristiques essentiels ;
- annoncez les divers points que vous allez développer.

Cette entrée en matière ne doit pas contenir des banalités ou des généralités sans intérêt, mais, au contraire, apporter d'emblée les *précisions nécessaires pour cerner la question et l'éclairer.*

Une introduction ainsi conçue crée une *impression tout à fait favorable* sur l'examinateur. Elle montre que vous possédez la technique de l'exposé oral, adroit et structuré, et elle donne l'impression que vous dominez le sujet. Si par la suite, vos développements sont un peu superficiels, on vous pardonnera mieux d'ignorer certains détails.

b) Les développements

En exposant les développements, veillez à :

– structurer et ordonner l'exposé ;

– poser les problèmes avant de donner les solutions, poser les hypothèses avant de donner les règles applicables ;

– éviter les zones d'ombres : si vous ne vous souvenez pas d'une précision ou d'un chiffre ne le faites pas remarquer maladroitement, employez une périphrase et continuez sans vous arrêter ;

– développer tous les points que vous avez annoncé, sans perdre le fil même si l'examinateur vous interrompt par une question : répondez-lui, puis reprenez votre exposé.

2. La qualité de la réponse ne dépend pas seulement de la mémoire

Vous allez être jugé, et noté, au terme d'un entretien. Prenez conscience de tous les paramètres qui contribuent à créer une impression favorable ou défavorable. Comme font les candidats à un emploi, apprenez à mettre toutes les chances de votre côté, pour plaire et être pris. Cela vous servira bientôt sur le marché du travail.

En plus, ou, pourquoi pas, à la place de connaissances, quelles qualités entrent donc en ligne de compte dans l'appréciation d'un examinateur ?

– d'abord (comme on l'a dit), l'habileté à « amener » le sujet et à structurer la réponse ;

– puis la réflexion, le bon sens, l'esprit juridique ;

– la qualité de l'expression orale : parler distinctement en regardant l'interlocuteur, terminer ses phrases, employer un vocabulaire riche, une terminologie exacte, une syntaxe correcte ;

– la culture générale, l'intérêt porté à l'actualité, une certaine maturité d'esprit dépassant le « scolaire » ;

– le savoir-vivre : on ne quitte pas l'examinateur ou l'examinatrice en lui disant « bonne journée » mais « au revoir, monsieur/madame » (même s'il est tout à fait admissible de dire « passe une bonne journée », à une personne à laquelle on est lié) ;

– et enfin, l'amabilité, le sang-froid, l'aisance dans une attitude ferme et résolue.

Bref, à l'examen, comme dans la vie, ce que l'on *est* compte autant que ce que l'on *sait*.

Que cela vous détourne une dernière fois de compter uniquement sur votre mémoire pour réussir ; que cela vous incite à profiter pleinement de ces années d'études supérieures pour vous exercer à la curiosité, à l'initiative, au plaisir d'apprendre.

Si je ne termine pas ces conseils aux étudiants en droit en leur recommandant d'être « motivés », c'est que je préfère réserver cet adjectif aux décisions de justice, et, pour m'adresser aux étudiants, reprendre la pressante interpellation de Gide à son lecteur : « Nathanaël, je t'enseignerai la ferveur ».

Table des matières

Chapitre 4 : Chercher et trouver de la documentation 73

Photocomposition : Nord Compo
59650 VILLENEUVE D'ASCQ

PEFC 10-31-1895

721543-721923 - (I) - CSB-G 80 - NOR (CDR)
Achevé d'imprimer en juin 2022 sur les presses de l'Imprimerie CHIRAT - 42540 Saint-Just-la-Pendue
Dépôt légal : juillet 2022 - N° 202206.0036

Imprimé en France